von Oertzen · Das ist Polen

F. W. von Oertzen

Das ist Polen

Verlag für ganzheitliche Forschung und Kultur

Diese Veröffentlichung ist eine Faksimile-Ausgabe.
Sie dient wissenschaftlichen Zwecken,
ihr Inhalt findet nicht die ungeteilte Zustimmung des Verlages.

Reihe *Ostpolitische Studien*
Band 7
Herausgeber der Reihe: Roland Bohlinger

1993
Nachdruck der Ausgabe von 1932 (11.–15.Tsd.)
Lizenzausgabe des Verlages Albert Langen/Georg Müller, München
Verlag für ganzheitliche Forschung und Kultur, 25884 Viöl
Druck: Bäuerliche Druckerei, 25856 Hattstedt

ISBN: 3-927933-32-5

I. Kapitel

Das unbekannte Land

Wir Deutschen sind ein merkwürdiges Volk. Wir sind stolz auf unsern Geist, stolzer vielleicht noch auf die großen Geister, die unserer Gemeinschaft entstammen, und wir blicken mit einer gewissen Verachtung auf andere Völker herab, bei denen der Prozentsatz der Analphabeten größer ist als bei uns. Das allgemeine Bildungsniveau in Deutschland ist aber, was die historischen Kenntnisse der breiten Bevölkerungsmassen betrifft, milde gesagt, etwas einseitig. Jedes durchschnittliche Schulgeschichtsbuch beweist das mit schlagender Deutlichkeit. Daß es eine objektive Geschichtsschreibung nicht geben kann, ist selbstverständlich. Jeder, der Historie schreibt, jeder, der geschichtliche Entwicklungen darstellt, ist das Produkt seines Bildungskreises, seines Landes, und er sieht auch dann unwillkürlich mit den Augen seines Volkes, wenn er glaubt, von nationalen Bindungen frei zu sein. Es braucht also an sich kein Vorwurf zu sein, wenn man feststellt, daß die durchschnittliche deutsche Geschichtsschreibung die historischen Vorgänge aus deutschem Blickwinkel sieht und darstellt. Aber es ist kein gutes Zeichen für die historische und politische Urteilsfähigkeit der deutschen Schulhistoriker, wenn sie in all ihren Darstellungen die Geschichte des Ostens von Europa gegenüber dem Westen in einer Weise vernachlässigen, daß die Vorstellungen der breiten Masse des deutschen Volkes vom Osten kaum mehr als dämmerhaft sind.

Nur da, wo die Geschichte Osteuropas unmittelbar in Berührung mit der deutschen Geschichte kommt, wird ihrer überhaupt Erwähnung getan. Das Bild, das so entstehen muß, ist notgedrungen schief und vollständig irreführend.

Wer sich zum Beispiel einmal das Vergnügen macht, in einem beliebigen Kreis von Angehörigen der sogenannten gebildeten Schichten

Deutschlands die Frage zu stellen, welches die älteste Universität nördlich der Alpen sei, wird sehr verschiedenartige Antworten erhalten, aber kaum eine von ihnen wird darüber Aufklärung geben, daß älter als alle Universitäten im Raume des heutigen deutschen Reiches die polnische Universität Krakau ist. Man kann dieses Spiel beliebig lange fortsetzen. Von zehn deutschen Abiturienten werden neun nicht wissen, daß Warschau von der dritten Teilung Polens an eine Reihe von Jahren zu Preußen gehörte und daß E. T. A. Hoffmann mehrere Jahre lang dort seines Amtes als preußischer Kammergerichtsrat waltete, wo er, ebenso wie in Berlin Lutter und Wegener, ein uraltes von Deutschen gegründetes Weinlokal zu seinem Stammsitz erkor, das noch heute als Fuggersche Weinstube am alten Markt in Warschau existiert.

Was sich in deutschen Geschichtsbüchern über die Teilungen Polens findet, ist, abgesehen von der verständlichen Tendenz, die Politik Friedrichs des Großen gegenüber seinem östlichen Nachbarn in möglichst günstigem Licht erscheinen zu lassen, zumeist von so unerhörter Dürftigkeit, daß niemand, der seine Kenntnisse auf diese Quellen stützt, — und das ist schließlich doch die übergroße Mehrheit des gesamten deutschen Volkes — auch nur eine Ahnung von den wirklichen Zusammenhängen dieser historisch bis in unsere Tage unerhört wichtigen Ereignisse erhält. Was der deutsche Sekundaner oder Primaner über diese Dinge erfährt, beschränkt sich im allgemeinen darauf, daß Friedrich der Große infolge der fürchterlichen inneren Zustände in Polen, die eine Bedrohung aller seiner Nachbarn zu werden schienen, gezwungen gewesen sei, sich mit Österreich und Rußland über eine Teilung dieses absterbenden Staates zu verständigen. Das Polen der zweiten Hälfte des achtzehnten Jahrhunderts war, so lernt man, nicht mehr im Stande, sich selber zu regieren, und seine Nachbarn haben eigentlich nur ein gutes Werk getan, wenn sie eingriffen und dem Zustand von allgemeiner Zerrissenheit und Korruption ein Ende bereiteten.

Polnische Historiker, die Anspruch darauf erheben, ernst genommen zu werden, bestreiten durchaus nicht, daß die Zustände im polnischen Reich des Stanislaus August Poniatowski alles andere als einwandfrei und begeisternd gewesen sind. Wer Ähnliches etwa vom Deutschland der Jahre 1930 und 1931 behaupten wollte, würde vermutlich bei den meisten einsichtigen Deutschen ebenfalls nicht auf heftigen Widerspruch stoßen. Gleichwohl ist das deutsche Volk in seiner Gesamtheit wohl kaum der Meinung, daß es den Beweis erbracht habe, sich nicht selbst regieren und verwalten zu können.

Man wird also, wenn man die Entwicklung des polnischen Volkes seit dem Ende des achtzehnten Jahrhunderts verstehen will, davon ausgehen müssen, daß dieses Volk die gewaltsame Unterdrückung seiner nationalen und staatlichen Selbständigkeit durch die Teilungsmächte Rußland, Österreich und Preußen als ein ungeheuerliches historisches Unrecht in jedem Augenblick seines Daseins angesehen hat. Wer sich dieser Erkenntnis verschließt, wird niemals in der Lage sein, die Vorgänge zutreffend zu beurteilen, die während und nach dem großen Kriege zur Bildung des heutigen polnischen Staates und zu seiner Stellung gegenüber den beiden der ehemaligen Teilungsmächte, die im Nachkriegseuropa noch eine Rolle spielen, nämlich gegenüber Deutschland und Sowjet-Rußland geführt haben. Es herrscht bei uns vielfach die unausgesprochene Furcht, daß die genaue Kenntnis oder auch nur ein eingehendes Studium anderer Völker uns dazu verführen könnte, im Verstehen der fremden Geschichte die eigenen Belange zu vergessen und zu vernachlässigen. Es ist manchmal ein wenig so, als ob wir Deutschen uns unbedingt verlieben müßten, wenn wir ein anderes Volk ein wenig näher ansehen. Daß das wirklich nicht notwendig ist, dafür sind die Polen selber das beste Beispiel. Große Teile ihrer Intelligenz haben durch Generationen an deutschen Universitäten studiert; ihre fähigsten Verwaltungsbeamten sind durch die preußische Beamtenschule gegangen, und polnische Intellektuelle aller Berufsstände kennen keineswegs nur die Polenlieder der deutschen Romantiker, sondern sind über die deutsche Literatur und das kulturelle Leben Deutschlands ausgezeichnet unterrichtet. Aber gerade ihre genaue Kenntnis deutschen Wesens und deutscher Leistungen stärkt auf politischem Gebiet ihre aus Furcht und Achtung gemischte Abneigung gegen das politische Deutschland. Man liebt in Polen, und zwar nicht nur in den Teilen des Landes, die unter preußischer Herrschaft gestanden haben, den Deutschen häufig umsoweniger, je besser man ihn kennt oder zu kennen glaubt. Im Gegenteil, man beehrt ihn gerade dann mit einem Gefühl, für das es in unserer Sprache nur das eine Wort gibt: Haß.

Der größte Teil des ehemaligen Königreichs Polen war durch den Wiener Kongreß an Rußland gefallen und fristete als kongreß-polnisches Königreich unter russischer Oberhoheit ein Schattendasein bis zu dem Aufstand des Jahres 1830, um dann völlig von Rußland annektiert zu werden. Fast drei Menschenalter hat in Warschau ein russischer Gouverneur residiert, haben russische Beamte ein eisernes und brutales Regime in Polen geführt. — Anders lagen die Dinge in dem österreichischen Teil Polens, in Galizien. Hier hat die habsburgische Monarchie den Versuch gemacht, die polnische Oberschicht an den Staat heranzuziehen und dem Lande selbst ein verhältnismäßig großes Maß kultureller Selbständigkeit zu lassen. Noch heute, mehr als zehn Jahre nach der Wiedergeburt eines selbständigen polnischen Staates, spielen im öffentlichen Leben Polens eine Reihe von Männern eine Rolle, die im alten Österreich hohe Regierungsposten bekleidet haben. Polens Unterhändler bei den langwierigen und schwierigen deutsch-polnischen Handelsvertragsverhandlungen war in den letzten Jahren der frühere österreichische Handelsminister Twardowski.

Die polnische Bevölkerung in den Teilen des alten Polens, die durch die Teilungen an Preußen gefallen waren, hat ein von den andern Teilungsgebieten ganz verschiedenes Schicksal gehabt. Wohl keine der Teilungsmächte hat praktisch so viel für die wirtschaftliche und verwaltungsmäßige Organisation ihrer polnischen Gebiete getan wie das königliche Preußen. Aber es ist niemals gelungen, die große Mehrheit der polnischen Bevölkerung innerlich an Preußen heranzubringen. Man nahm mit, was an wirtschaftlichen und kulturellen Leistungen in das Land hineingesteckt wurde. Aber kaum einer der Polen in den preußischen Provinzen Posen und Westpreußen wurde dadurch wirklich für Preußen gewonnen. Selbst die kleine Zahl von polnischen Aristokraten, die im gesellschaftlichen und teilweise sogar im politischen Leben des kaiserlichen Berlin eine große Rolle gespielt haben, und die gerne die Liebenswürdigkeiten und Auszeichnungen entgegennahmen, mit denen insbesondere Wilhelm II. sie bedachte, hat nicht gezögert, sich für die Wiedererrichtung eines selbständigen polnischen Staates unter Einbeziehung der preußischen Teile des ehemaligen Polens einzusetzen, als dieser Einsatz Erfolg zu versprechen schien.

Aus der Verschiedenartigkeit des Lebens der polnischen Bevölkerung unter der Herrschaft der drei Teilungsmächte ergibt sich eine starke Verschiedenartigkeit der politischen Tendenzen und Kräfte, die bei der Errichtung des neuen polnischen Staates und in der Führung seiner Politik nach der Wiedergeburt wirksam werden mußten.

Es lag in der Natur der Sache, daß alle politisch interessierten Kreise des polnischen Volkes, die die wesentliche Aufgabe ihres Kampfes in der Zusammenfassung aller Polen zu einem selbständigen Staate unter starker Anlehnung an Rußland als die größte slavische Macht erblickten, sich in Warschau zusammenfanden. Ihre Organisation war seit dem Ende des neunzehnten Jahrhunderts die nationaldemokratische Partei unter der Führung von Roman Dmowski. Den Tendenzen ihrer Politik entsprach durchaus der Aufruf, den der russische Oberbefehlshaber Großfürst Nikolai Nikolajewitsch am 1. August 1914 erließ, und in dem er alle Polen aufforderte, sich unter dem Zepter des mächtigen russischen Zaren zu sammeln.

Ganz anders war die Stellung der polnischen Sozialdemokratie, die in dem Zarismus ihren Hauptgegner erblickte. Der Führer dieser absolut antirussischen Richtung war Josef Pilsudski, der schon Jahre lang vor dem Kriege von Galizien aus, wohin er aus Kongreßpolen hatte flüchten müssen, den bewaffneten Kampf gegen das Zarenrußland vorbereitete.

Diese Zweiteilung der politischen Tendenzen fand während des Krieges ihren schärfsten Ausdruck darin, daß Josef Pilsudski Seite an Seite mit deutschen und österreichischen Truppen bis zum Jahre 1916 aktiv gegen Rußland focht, während Dmowski und sein Freund, der berühmte polnische Pianist Paderewski zunächst in Paris und später, nach dem Eintritt Amerikas in den Krieg, zeitweise in Washington für ein selbständiges Polen wirkten.

Wirkliches Gewicht gewann diese Arbeit allerdings erst nach dem Zusammenbruch des Zarenreichs. Jetzt war der Moment gekommen, den achtzig Jahre vorher Polens größter Dichter Mickiewicz in dem Gebet herbeiflehte: »Um den allgemeinen Krieg bitten wir Dich, o Herr, für die Freiheit der Völker.« Jetzt konnte der Kampf mit dem Ziel einer Zusammenfassung aller ehemals polnischen Gebiete in einen selbständigen, auch von Rußland unabhängigen Staat erst mit wirklicher Aussicht auf Erfolg aufgenommen werden.

Der französische Historiker René Martel schildert in seinem Buch »Les frontières orientales de l'Allemagne« die zielbewußte und durch keinen Mißerfolg des Augenblicks aufgehaltene Arbeit Paderewskis in Amerika, die dem Zweck diente, den Präsidenten Wilson den polnischen Unabhängigkeitswünschen geneigt zu machen. In enger Zusammenarbeit zwischen Paderewski und dem Vertrauten Wilsons, dem Obersten House, wurde die Stimmung in Amerika allmählich so vorbereitet, daß der Präsident sich bereits im Januar 1918 für die Schaffung eines unabhängigen polnischen Staates aussprach und die Forderung aufstellte, daß dieser Staat alle von einer unbestritten polnischen Bevölkerung bewohnten Provinzen umfassen und einen freien und sicheren Zugang zum Meere erhalten müsse.

So war die Situation, als im Zuge der Pariser Verhandlungen über die Ausarbeitung der Friedensbedingungen für Deutschland auch die polnische Frage zur Sprache kam. Roman Dmowski, der bei diesen Verhandlungen die polnischen Forderungen vertrat, hatte noch am 8. Oktober 1918 dem Präsidenten Wilson eine ausführliche Denkschrift vorgelegt, in der er die territorialen Wünsche Polens genau umriß und begründete. In dieser Denkschrift forderte Dmowski nicht nur die preußischen Provinzen Westpreußen und Posen, sowie ganz Oberschlesien und die Stadt Danzig, sondern auch die Provinz Ostpreußen. Er sagt darüber in seiner Denkschrift wörtlich Folgendes:

»Wenn Ostpreußen ein zusammenhängender Teil des deutschen Gebiets bleiben soll, muß auch das polnische Westpreußen im Besitze Deutschlands bleiben. Wenn Ostpreußen, als gesonderter preußischer Besitz von der Hauptmasse des Landes durch die dazwischen liegenden polnischen Gebiete abgeschnitten, in deutscher Hand bleibt, wird es eine dauernde Quelle nie endenden Streites zwischen Polen und Deutschland sein, das beständig bemüht sein wird, auf Kosten Polens sich eine Verbindung zu schaffen. Wenn Polen ein wirklich freies, von Deutschland unabhängiges Volk sein soll, so sind nur zwei Lösungen der ostpreußischen Frage möglich: Entweder die Provinz Königsberg, das heißt der Teil Ostpreußens, dessen Bevölkerung deutsch spricht, muß mit dem polnischen Staat auf der Basis der Autonomie vereinigt oder es muß eine kleine unabhängige, mit Polen durch Zollunion verbundene Republik werden.«

Das Endziel dieser Forderung erläutert Dmowski in seiner Denkschrift folgendermaßen: »Durch wirtschaftliche Verbindung mit Polen würde eine neue Periode des Wohlstandes für dieses dünn besiedelte Land beginnen. In der Folge würde eine polnische Einwanderung erfolgen und schließlich die Verbindung zwischen beiden Ländern stärken. Man kann durchaus erwarten, daß die wirtschaftlichen Einflüsse hinreichen werden, um die Sonderstellung des Deutschtums und des Königsberger Landes zu zerstören, und daß dieses Land, ohne irgendeinen politischen Druck, mit der Zeit polnisches Kerngebiet mit gemischter deutscher und polnischer Bevölkerung werden wird.«

Ein vernichtenderes Urteil über die Unsinnigkeit der Versailler Grenzziehung, die schließlich als das Resultat endloser Diskussionen über die polnische Frage zur Schaffung des sogenannten polnischen Korridors führte, kann wohl kaum gefällt werden. Der polnische Nationalistenführer selber sagt hier, daß der Korridor unter allen Umständen für die Dauer ein Pfahl im Fleische Deutschlands sein und bleiben müsse. Seinen Ausführungen gegenüber werden alle jene polnischen Behauptungen hinfällig, die seitdem die Erträglichkeit des Korridors für Deutschland damit begründen wollen, daß bis zur ersten Teilung Polens im Jahre 1772 Ostpreußen auch nur ein mit dem preußischen Staat nicht unmittelbar verbundenes Kolonialland gewesen sei, und daß in der heutigen Zeit die Schaffung einiger Verkehrserleichterungen bei der Durchfahrt durch den Korridor ausreichend seien, um das abgetrennte Ostpreußen mit dem deutschen Hauptgebiet zu verbinden.

Der Korridor wurde geschaffen. Seine Bevölkerung wurde ebenso wenig wie die der Provinz Posen um ihre Meinung gefragt. Die soeben für heilig erklärten Grundsätze, das Selbstbestimmungsrecht der Völker, hatten keine Gültigkeit, wenn es sich um Deutschland handelte.

Nur da, wo die polnischen Wünsche nach Gebietszuteilung auf Kosten Deutschlands über jedes Maß der Vernunft hinausgingen, verstand man sich zur Befragung der Bevölkerung. Die rein deutsche Stadt Danzig allerdings, die man nicht ohne weiteres Polen zuschanzen konnte, wurde vom Reich losgerissen und ungefragt in eine »selbständige« freie Stadt verwandelt. Die polnischen Ansprüche auf Teile Ostpreußens und auf einen Teil des westpreußischen Regierungsbezirks Marienwerder wurden von dem Ausgang einer Volksabstimmung abhängig gemacht, die am 11. Juni 1920 stattfand. Im Kreise Allenstein wurden von 371083 Stimmen 363159, das heißt 97,5 Prozent für Deutschland abgegeben. Im Kreis Marienwerder betrug der Prozentsatz der deutschen Stimmen fast 93 Prozent, nämlich 96895 Stimmen von 104842. Trotzdem wurden drei Dörfer des Kreises Osterode zu Polen geschlagen und vom Kreise Marienwerder fünf Ortschaften, die auf dem rechten Weichselufer gelegenen Dörfer Kramershof, Kleinfelde, Johannisdorf, Außendeich und Neuliebenau.

Nach langen Verhandlungen, bei denen die polnischen Wünsche von Frankreich ständig unterstützt wurden, wurde für Oberschlesien, das die Polen ebenfalls ganz für sich beanspruchten, eine Volksabstimmung festgelegt. Aber auch von vier mittelschlesischen Kreisen wurden beträchtliche Teile ohne Volksbefragung an Polen gegeben. Besonders der Kreis Groß-Wartenberg, der rund die Hälfte seines Bestandes an Land und Bewohnern verlor, ist dadurch in seiner Lebensfähigkeit auf das allerschwerste bedroht.

Nicht ganz das gleiche Entgegenkommen zeigte man in Paris den polnischen Wünschen auf eine möglichst weit nach Osten getragene Grenze. Die Situation gegenüber dem bolschewistischen Rußland war noch zu ungeklärt, und auch die Franzosen, die nacheinander eine Reihe von gegenrevolutionären Aktionen in Rußland tatkräftig unterstützten, rechneten damals noch damit, daß in späterer Zeit ein nicht bolschewistisches Rußland den Polen beträchtliche Schwierigkeiten bereiten werde, wenn die polnischen Grenzen im Osten allzuviel nicht polnische Bevölkerungsteile umfaßten.

Das neue Polen, das aus den Friedensverträgen entstanden war, ging also unter recht schwierigen Umständen an den Aufbau seiner Staatlichkeit. Zu Beginn des Jahres 1920 standen weder im Westen noch im Norden, Osten oder Südosten seine Grenzen endgültig fest. Das eigentliche polnische Kernland, Kongreßpolen, hatte während des Krieges teilweise schwer gelitten. Die Behebung der Kriegsschäden erforderte ein ungewöhnlich großes Maß von Arbeit und Geldmitteln. Eine staatliche Organisation bestand nur sehr andeutungsweise. Die während des Krieges von den Deutschen im okkupierten Gebiet ins Leben gerufene polnische Verwaltung reichte nicht entfernt aus, um die mannigfachen Aufgaben zu bewältigen, die drängend an den neuen Staat herantraten. Um nur ein Beispiel herauszugreifen: In Kongreßpolen war von den Russen durch viele Jahrzehnte hindurch das polnische Schulwesen systematisch unterdrückt und vernachlässigt worden. Es fehlte an Schulgebäuden und Lehrmitteln, vor allem aber an der erforderlichen Zahl ausreichend gebildeter Lehrkräfte.

So gab es Schwierigkeiten auf fast allen Gebieten. Auf der wirtschaftlichen Seite wurden sie noch dadurch vergrößert, daß die Unsicherheit über die endgültige Gestaltung der Grenzen keinen auch nur annähernden Überschlag über die wirtschaftliche Leistungsfähigkeit des neuen Staates ermöglichte. Das Vertrauen des Auslandes konnte daher natürlich nicht übertrieben groß sein, und der Kapitalzufluß, den die ersten polnischen Regierungen zur Durchführung der ihrer harrenden Aufgaben unbedingt gebraucht hätten, blieb aus.

Daß trotzdem in verhältnismäßig kurzer Zeit eine gewisse äußerliche Konsolidierung des neuen Staatswesens gelang, ist ganz zweifellos eine anerkennenswerte Leistung, die ein großes Maß von Energie beweist. Aber diese Konsolidierung konnte bei den ungeheuer großen Aufgaben, die zu lösen waren, natürlich nur äußerlich sein. Allein die Behebung der Kriegsschäden hätte alle verfügbaren Kräfte auf sich ziehen müssen, denn nicht weniger als 342000 Quadratkilometer polnischen Landes waren vom Krieg mehr oder weniger schwer mitgenommen. Städte wie Brest-Litowsk und eine Reihe von anderen waren zum allergrößten Teil zerstört, und auch auf dem flachen Lande waren unendliche Werte an Gebäuden und lebendem und totem Inventar vernichtet worden. Ein besonders trauriges Kapitel bildeten die Kunststraßen und die Eisenbahnanlagen. Mehr als 63 Prozent aller Bahnhöfe und Haltestellen waren im Laufe des Krieges zerstört oder beschädigt worden. Von etwa 900 Eisenbahnbrücken im Gebiet des polnischen Staates waren fast 400 bei der Übernahme durch die polnische Eisenbahnverwaltung unbrauchbar.

Diese wenigen trockenen Zahlen, die naturgemäß nur ganz andeutungsweise Ausschnitte geben können, zeigen bereits, wo die Hauptschwierigkeiten für den Aufbau des neuen Polen lagen. Aber nicht ihrer

Bewältigung wurde in der allerersten Zeit nach dem Kriege das Hauptaugenmerk zugewandt.

Den neuen Herren in Warschau kam es in erster Linie darauf an, die Grenzen des polnischen Staates nach allen Richtungen so weit als nur irgend möglich zu stecken. Darüber vergaß man die Schwierigkeiten, die sich für den schwer ringenden jungen Staat daraus ergeben mußten, daß viele Millionen von Nicht-Polen unter die Warschauer Herrschaft kamen. Man vergaß oder wollte vergessen, daß nationale Minderheiten in großen Mengen eine schwere Belastung für jeden Staat bilden, der nicht von vornherein sich darauf einstellt, ein Nationalitätenstaat zu sein. Man sah nur die Grenzen des alten Polen, die Grenzen von 1772, und machte den krampfhaften Versuch, hier wieder anzuknüpfen. Von den dazwischen liegenden anderthalb Jahrhunderten wollte man nichts wissen und unterschlug geflissentlich die Entwicklung dieser ganzen Zeit. Vor den Augen der Männer, die in Warschau jetzt regierten, stand einzig und allein das große alte Polen, das in dieser seiner ehemaligen Größe und Bedeutung unter allen Umständen wieder hergestellt werden sollte.

Das ist vielleicht gefühlsmäßig zu verstehen. Diese Männer, die ein Leben lang für die Freiheit ihres Volkes gekämpft und gelitten hatten, die zumeist nur allzugut Sibirien und die russischen Gefängnisse kannten, sahen sich jetzt auf einmal am Ziele ihrer Wünsche. Es wäre wohl zuviel verlangt gewesen, von ihnen Bescheidung auf ein vernünftiges Maß zu erwarten. Aber es war auch niemand da, der eine derartige Forderung mit dem notwendigen Nachdruck erhoben hätte. Die Sieger des Weltkrieges waren viel zu sehr mit ihren eigenen Angelegenheiten beschäftigt, als daß sie rechtzeitig die großen Gefahren hätten erkennen können, die hier im Osten für ganz Europa zu entstehen drohten. Insbesondere die Franzosen glaubten ein Interesse daran zu haben, das neue Polen möglichst groß und mächtig zu sehen, denn nach dem Ausfall Rußlands war dieser neue polnische Staat für die französische Politik der gegebene Bundesgenosse, der dazu dienen sollte, Deutschland auch von Osten her unter Druck zu halten.

Das war die Situation nach Abschluß der Friedensverträge von 1919, und so lagen die Verhältnisse, unter denen der neue polnische Staat ins Leben trat.

II. Kapitel

Das Wunder an der Weichsel

Der polnisch-russische Krieg 1920

Grau kriecht der Morgen in die große Vorhalle des Warschauer Hauptbahnhofs. Bahnhöfe bei Tagesanbruch haben stets etwas bleiern Trostloses, etwas unendlich Deprimierendes. Der niedere Holzbau des Warschauer Hauptbahnhofs macht davon keine Ausnahme. Frierend und müde hocken hunderte von Menschen eng zusammengedrückt auf den harten Holzbänken, die in der großen Vorhalle stehen. Es scheint, als wüßten sie alle, daß sie noch viele Stunden zu warten haben, ehe ein Zug geht, der sie zu ihrem Ziel bringt. Schon die ganze Nacht haben sie gewartet, die Männer, Frauen und Kinder, die da in ihr Schicksal ergeben kauern und sitzen. Man kennt diese Typen: diese Männer mit den kantigen, ein wenig stumpfen Gesichtern, diese Frauen mit bunten Kopftüchern und großen Ballen, in denen ihre Habe zusammengepackt ist. Hin und wieder weint ein Kind, hin und wieder hört man einen Fluch. Die Männer rauchen melancholisch wartend ihre Zigaretten. Sie sprechen kaum. Sie füllen den Raum wie die Statisten eines Films, bei dem es nicht darauf ankommt, ob die Komparserie zwei oder dreihundert Köpfe mehr oder weniger umfaßt.

Es sind merkwürdig wenig junge Männer unter all den Hunderten, die an diesem Märzmorgen des Jahres 1920 im Warschauer Hauptbahnhof warten. Es scheint, als ob es in Polen um diese Zeit kaum noch junge Männer gäbe. Das ist natürlich ein Irrtum. Aber die Mehrzahl von ihnen trägt den Militärrock. Das neue Polen hat einen ungeheuren Bedarf an Soldaten. Dieses Land, geboren aus dem Zusammenbruch dreier Kaiserreiche, steht unter dem Kommando von Militärs. Und diese Militärs sind der Meinung, daß das erste Erfordernis eines selbständigen Staates eine starke Armee sei.

Den Kern des neuen polnischen Heeres bilden die Trümmer der von Pilsudski während des Krieges aufgestellten polnischen Legion und die Mitglieder der geheimen polnischen Militärorganisation P. O. W. (Polska Organicacja Woykowska), die schon während der letzten Zeit der deutschen Okkupation unter ihrem Führer, dem Obersten Koc, im deutschen Etappengebiet zusammengezogen worden waren, und deren Hauptaufgabe darin bestanden hatte, die zurückgehenden deutschen Etappenformationen zu entwaffnen. 25—30000 Mann sind es zunächst, auf die Marschall Pilsudski und seine engsten Mitarbeiter sich stützen können. Das ist natürlich zu wenig. Deshalb beginnt man mit aller Energie, wehrfähige Männer zusammenzufassen und in militärische Formationen zu pressen. Die Offiziere der polnischen Legion, die zumeist nicht einmal Berufsoffiziere sind, bilden auch hier den Kern. Zu ihnen stoßen eine große Zahl von ehemaligen österreichischen Offizieren polnischer Nationalität. Die Zahl der in die polnische Armee übertretenden deutschen Offiziere dagegen ist verhältnismäßig gering. Immerhin verfügt der Marschall bereits Mitte Februar 1919 über 8800 Offiziere und etwa 147000 Mann. Die Ausrüstung und Bewaffnung ist ungleichmäßig, zum großen Teil sogar ausgesprochen schlecht. Russische, deutsche und österreichische Gewehre sind in den einzelnen Formationen vertreten. Die Munition der deutschen Maschinengewehre paßt nicht zu den vorhandenen russischen Modellen. Die Uniformierung ist nur teilweise durchgeführt. Oft vertritt ein Stück Bindfaden die Stelle des Koppels, und Rucksäcke dienen neben deutschen Tornistern der bunt zusammengewürfelten Schar als notdürftiger Gepäckbehelf.

Aber noch immer ist es nicht genug. Marschall Pilsudski braucht viel viel mehr Soldaten, um Polen so aufzubauen, wie er es wünscht. Seine Energie ist ungebrochen durch die Monate, die er in den Kasematten der Festung Magdeburg zubringen mußte. Er kennt nur ein Ziel, für das er sein ganzes Leben lang gekämpft hat: ein großes und freies Polen, ein Polen, dessen Grenzen zum mindesten so weit gesteckt sind wie die des alten polnischen Königreiches vor der ersten Teilung im Jahre 1772.

Alle drei Mächte, die Polen damals von der Karte Europas fortradierten, sind zusammengebrochen. Das ist eine Konstellation, wie sie so günstig niemals wiederkehren wird. Sie muß genutzt werden, und wo Diplomatie und freundschaftliche Bitten bei den siegreichen Großmächten des Weltkrieges nicht ausreichen, wird es Aufgabe der polnischen Waffen sein, vollendete Tatsachen zu schaffen.

Die Männer um den Marschall Pilsudski halten nicht viel von diplomatischen Aktionen. Ihre Vergangenheit als polnische Revolutionäre gegen den russischen Zarismus hat sie gelehrt, daß die Welt der Tatsachen noch niemals durch papierne Akten gestaltet worden ist, daß es noch stets auf die harte männliche Tat ankam, wenn es galt, Schicksale zu meistern. Unter diesen Männern ist kaum einer, der nicht die Gefängnisse Rußlands kennen gelernt hat. Die meisten von ihnen haben viele Jahre ihres Lebens als flüchtige Revolutionäre im Ausland zubringen müssen. Sie haben mit allen Mitteln gekämpft, die ihnen zur Verfügung standen, und sie haben sich nicht gescheut, mit dem Anarchismus und seinen terroristischen Methoden gemeinsame Sache zu machen, wenn sie nur auf diese Weise dem polnischen Freiheitskampf nutzen konnten.

In dem kleinen Belvedere-Schlößchen am Ende der Aleja Ujastowska herrscht in diesem Frühjahr 1920 Hochbetrieb. Pilsudskis engste Mitarbeiter gehen aus und ein. Die schmale elegante Figur des Kriegsministers General Sosnkowski ist fast zu jeder Tages- und Nachtstunde in diesen Räumen zu sehen. Dieser Mann scheint keinen Schlaf zu brauchen. Er organisiert mit fieberhaftem Eifer. Er stampft im wahrsten Sinne des Wortes Armeen aus dem Boden. Seit dem Februar 1919 hat er die polnische Armee auf beinahe 600000 Mann gebracht. Bei dem Mangel einer organisatorischen Vorbereitung ist das eine ungeheure Leistung. Eine Leistung, die nur der brennende nationale Ehrgeiz dieses Mannes und seiner Mitarbeiter zustande bringen konnte. Aber die Männer, die ihm zur Seite stehen, sind es gewohnt, sich bis zum Letzten für ihre Sache einzusetzen. Wie ein Gespenst mutet die Erscheinung des Obersten Slawek an, der ebenso wie Sosnkowski Tag und Nacht auf den Beinen ist, um die polnische Armee zu verstärken und aktionsfähig für die Durchführung der großen Pläne des Marschalls zu machen. Dieser Oberst Slawek, der jetzt Divisionen aufstellt und Armeekorps organisiert, hat vor Jahren anderes getan. Er war einer von denen, die zur Finanzierung der polnischen Geheimorganisationen im zaristischen Rußland Bombenattentate auf russische Eisenbahnzüge unternahm, in denen Geldsendungen transportiert wurden. Der struppige schwarze Bart, der die untere Gesichtshälfte Slaweks bedeckt, stammt aus jener Zeit: nach einer Reihe von geglückten Unternehmungen explodierte dem Terroristen Slawek eine selbst fabrizierte Bombe einige Sekunden zu früh in der Hand. Die Narben von damals deckt heute sein struppiger Bart.

Zur Organisation gehört Propaganda. Das wissen diese Männer aus alter Erfahrung sehr wohl. Sie haben die Absicht, Polens Grenzen so weit zu stecken nach Osten und nach Westen, wie es nur irgend möglich ist. Sie schufen in Eile eine große Armee, aber sie wissen, daß das noch nicht genug ist. Nach vier und einhalb Jahren Krieg wäre es immerhin nicht ausgeschlossen, daß selbst die Freunde in Paris kein Verständnis dafür aufbringen könnten, wenn im Osten Europas neue Kriege geführt werden. Also wird es notwendig sein, Situationen zu schaffen, die den Einsatz der neuen polnischen Armee als notwendig erweisen. Sowjet-Rußland wird der erste Gegner sein. Aber die Welt weiß, daß die neuen Herren im Moskauer Kreml alle Hände voll zu tun haben, um sich der Armeen von Koltschak, Denikin und Judenitsch zu erwehren. Die Russen legen nicht den geringsten Wert darauf, auch noch gegen Polen kämpfen zu müssen. Sie sehen aber mit wachsender Besorgnis die unerhörten militärischen Anstrengungen Warschaus und sie können sich mit Leichtigkeit ausrechnen, gegen wen diese Kräfte angesetzt werden sollen. Deshalb versuchen sie zu einem friedlichen Arrangement mit dem neuen Nachbarn im Westen zu kommen. Ende Januar 1920 richtet die Sowjet-Union an Polen eine Note, in der sie offiziell eine Zusammenarbeit beider Staaten vorschlägt. Sie macht dabei folgende Zugeständnisse: 1. Rußland erkennt die Unabhängigkeit Polens an; 2. Rußland beabsichtigt keine Angriffe gegen Polen. Die roten Truppen sollen weder an der weiß-russischen noch an der ukrainischen Front die in diesem Augenblick gehaltene Linie überschreiten; 3. die Sowjetregierung wird weder mit Deutschland, noch mit einem andern Lande ein Abkommen treffen, das sich direkt oder indirekt gegen Polen richtet; 4. der Rat der Volkskommissare erklärt, daß es keine territoriale oder wirtschaftliche Frage zwischen Polen und Rußland gibt, die nicht auf dem Wege friedlicher Verhandlungen gelöst werden könnte; 5. der Rat der Volkskommissare ist bereit, dem Zentralvollzugsausschuß, der im Februar zusammentreten soll, die feierliche Bestätigung dieser Erklärung zu wiederholen.

Dieser Friedensvorschlag paßt aber keineswegs in die Pläne der polnischen Politik hinein. Er kommt zu spät. Das Aktionsprogramm Pilsudskis liegt bereits fest. Es ist schon ein Vertrag mit dem Hetman der Ukraine Petljura geschlossen worden, in dem sich Polen verpflichtet, die sowjetrussischen Truppen aus der Ukraine zu vertreiben. Dafür verzichtet Petljura auf die Westukraine und Wolhynien. Das ist die eine Seite des Pilsudskischen Programms. Auf der andern Seite, im Nordosten, hat er ähnliche weitgehende Absichten. Er will einen weiß-russischen Staat mit der Hauptstadt Minsk gründen, der natürlich ebenso wie die Ukraine politisch ganz von Polen abhängig sein würde, und dazu will er, der geborene Wilnaer, das ganze Wilna-Gebiet, dessen Bevölkerung zu weit über sechzig Prozent aus Weißrussen besteht, für Polen annektieren. Das alles ist vorbereitet. Zur Durchführung dieser Pläne stehen 600000 Soldaten bereit. Was soll da ein Friedensangebot?

Das Einzige, was man tun kann, ist, der westlichen Welt die Gefahr einer großen russischen Offensive zu suggerieren, damit die polnische Armee später den Ruhm für sich in Anspruch nehmen darf, Europa vor der großen Sowjet-Invasion geschützt zu haben. Das ist der Deckmantel, unter dem alles andere verborgen wird.

Polens Antwort auf das russische Angebot kann unter diesen Umständen nicht anders als schroff ablehnend lauten. Der Ausschuß für auswärtige Angelegenheiten, den Pilsudski in Warschau zusammenberuft, legt folgende Richtlinien fest: Polen fordert die endgültige Wiedergutmachung der in der Vergangenheit vorgenommenen Teilungen und die Beseitigung des ihm widerfahrenen geschichtlichen Unrechts. Die polnische Republik verlangt die Volksabstimmung in den jenseits der gegenwärtigen polnischen Verwaltungsgrenzen liegenden Gebieten, die vor dem Jahre 1772 zu Polen gehörten.

Nun kann man sich in Moskau keiner Täuschung über die polnischen Absichten mehr hingeben. Der Rat der Volkskommissare weiß in diesem Augenblick, daß es zu einem Waffengang mit Polen kommen muß. Die Polen wollen nicht anders.

Der russische Nachrichtendienst arbeitet nicht schlecht. Kamenew, der die politische Führung der roten Armee hat, ist sehr schnell im Besitz der polnischen Operationspläne. Bisher hatten die Russen an der Front gegenüber Polen nur schwache Kräfte. Nun beginnen sie, größere Truppenmengen zusammenzuziehen, was ihnen dadurch erleichtert wird, daß die Armee des Generals Denikin, die ihnen bis zum Frühjahr 1920 große

Schwierigkeiten gemacht hatte, jetzt zurückgedrängt ist. Aber noch glaubt Kamenew, durch eine großzügige Vorbeugungsmaßnahme den Krieg vermeiden zu können. Nördlich der Pripet-Sümpfe zieht er unter dem General Tuchatschewski eine sehr beträchtliche Armee zusammen. Er tut das, weil er erfahren hat, daß Pilsudski auf Grund seines Bündnisses mit Petljura zunächst nach Südosten in Richtung auf Kiew vorstoßen will. Kamenew ist der Meinung, daß die Drohung im Norden den polnischen Marschall dazu veranlassen werde, von seinem Plan abzustehen. Zur Sicherheit schiebt er in die Ukraine die Reiterarmee des Generals Budjenni.

Das ist keine angenehme Situation für die polnischen Generale. Marschall Pilsudski ist in diesen Tagen noch nervöser, noch gröber als es sonst seine Art zu sein pflegt. Jede Stunde, die er zögert, verschiebt die Situation zu seinen Ungunsten. In seiner bisherigen militärischen Laufbahn ist dieses vielleicht der schwerwiegendste Augenblick. Verzichtet er jetzt auf den geplanten Offensivstoß, dann ist nicht abzusehen, ob eine ähnlich günstige Gelegenheit noch einmal wiederkommt. Unternimmt er ihn, so ist es mehr als ein Vabanquespiel. Die russischen Formationen, die bisher den Polen gegenübergelegen haben, waren schwach und schlecht ausgerüstet. Die Truppen, über die Tuchatschewski jetzt verfügt, sind weit besser. Sie haben einen siegreichen Feldzug gegen Denikin hinter sich, und sie sind zudem recht gut mit Maschinengewehren und Artillerie versehen. Geht der Stoß, den Pilsudski nach Südosten führen will, nicht ganz glatt vor sich, so kann das sehr leicht zu einer Katastrophe für Polen führen. Denn dann wird im Norden eine russische Gegenoffensive einsetzen, deren Folgen sich überhaupt nicht übersehen lassen.

Vielleicht ist es gerade die strategische Unerfahrenheit der polnischen Führer, die sie dazu veranlaßt, alle militärischen Erwägungen zurückzustellen und trotzdem die Offensive zu beginnen. Denn unerfahren in großen strategischen Operationen sind fast alle diese Männer. Pilsudski selber hat während des Krieges seine polnische Legion geführt. Er hat das sicherlich nicht schlecht gemacht. Aber niemals sind dabei wirkliche strategische Entscheidungen an ihn herangetreten. Die früheren österreichischen Generalstabsoffiziere, die ihn jetzt beraten, sind ebenfalls alles andere als militärische Genies. Sie sind gute Techniker der alten habsburgischen

Armee. Kaum mehr. Das einzige Moment, was vielleicht für den Beginn der Offensive gegen Rußland sprechen könnte, ist die Überlegung, daß die russische Führung kaum wesentlich besser sein wird als die polnische.

So beginnt ein Krieg, der einer der merkwürdigsten in der Geschichte der Kriege bleiben wird.

*

Am 25. April 1920 tritt eine polnische Armee in Stärke von 8 Infanterie-Divisionen, einer Sonderbrigade und 4 Kavallerie-Brigaden den Vormarsch in Richtung Kiew an. Dieser Termin liegt etwas früher, als ursprünglich beabsichtigt war. Die Drohung im Norden hat Pilsudski veranlaßt, seine Aktion in die Ukraine zu beschleunigen. In den Dörfern und Städten, in die die polnischen Truppen einrücken, werden hochtrabende Proklamationen angeschlagen, in denen Pilsudski versichert, daß er die Ukraine von den fremden Bedrückern befreien will. Siegesmeldung folgt auf Siegesmeldung. Am 29. schon wird Schitomir besetzt. Am selben Tage erreicht eine andere Gruppe Berdytschow. Eine Kavallerie-Division stößt in gewaltsamer Erkundung bis nach Kosiatyn südwestlich von Kiew vor. Die Verluste sind erstaunlich gering. Die Russen leisten nur schwachen Widerstand. Die polnischen Formationen glauben zwar, daß sie starke russische Kräfte vor sich haben, aber in Wirklichkeit handelt es sich nur um verhältnismäßig kleine Teile der Armee Budjennis, die planmäßig und ohne sich auf ernsthafte Kämpfe einzulassen, zurückweichen.

Schon in diesem Stadium der Operation hätte die polnische Heeresleitung unbedingt merken müssen, daß die Dinge keineswegs so liefen, wie sie glaubte. Eine immerhin sehr beträchtliche polnische Armee wird nach Südosten gelockt und entfernt sich täglich mehr vom Zentrum Polens. Aber die polnischen Führer lassen sich von dem Geländegewinn blenden. Sie melden Siege, die in Wirklichkeit gar keine Siege sind, und sie vertrauen darauf, daß sie im Norden durch eine verhältnismäßig schwache Gruppe gedeckt werden, die bereits Ende März bis an die Pripetsümpfe vorgeschoben ist. Sie wissen nicht einmal, daß die Reiterarmee Budjennis ihnen gegenübersteht. Daß es für die Kavallerie-Divisionen der Russen ein leichtes wäre, in den weiten Räumen der Ukraine mit

Umgehungen den Polen in die Flanke und in den Rücken zu kommen und ihnen bereits jetzt erheblich zuzusetzen. Die polnischen Generale sehen nur das eine Ziel: Kiew, das sie magnetisch anzieht. Die polnischen Heeresberichte sprechen jubelnd davon, daß eine riesige russische Armee von 28 Divisionen Infanterie und 17 Kavallerie-Divisionen geschlagen sei und sich fluchtartig zurückziehe. In Wirklichkeit steht den Polen an dieser Front wahrscheinlich noch nicht einmal der achte Teil der von ihnen genannten Truppenmengen gegenüber.

So siegen sie weiter. In Warschau herrscht Begeisterung, als am 7. Mai die siegreiche Einnahme von Kiew gemeldet wird. Die Grenzen von 1772 sind erreicht und überschritten. Ebenso wie man die militärischen Erfolge maßlos übertreibt, werden auch die politischen unerhört aufgebauscht. Die polnische Presse spricht davon, daß das ukrainische Volk unter der Führung der Hetmane Machno und Tjutjusik sich erhoben habe und 60000 bewaffnete Ukrainer sich der polnischen Armee angeschlossen hätten. In Wirklichkeit verfügt der alte Räuberhauptmann Machno über ein paar Tausend gut bewaffneter Leute, mit denen er jederzeit für den Meistbietenden ficht. Noch wenige Monate vorher stand er auf seiten der Russen, nachdem diese Denikin geschlagen hatten, den Machno vorher unterstützt hatte.

Die ukrainischen Bauern, deren Sympathien für die Sowjetleute sicherlich nicht groß sind, halten zunächst die vorgehenden Polen für kaiserlich-russische Truppen. Teilweise schließen sie sich wirklich den Polen an, und zwar unter der Losung: »Das ganze Land dem Volke. Das ganze Volk dem Zaren.« Die Meinung der gebildeten Ukrainer geht aus einer Äußerung hervor, die Hans Vorst in einem Artikel im Berliner Tageblatt vom Mai 1920 wiedergibt. In einem Gespräch, das Vorst mit einem der politischen Führer der Ukraine in diesen Tagen hatte, wird ihm gesagt: »Wir hatten zwischen den Bolschewisten und den Polen zu wählen. Was wollen Sie da machen? Etwas Gutes wird aus dem polnischen Vorgehen in jedem Falle entstehen. Entweder es gelingt, dann haben wir ein kleines ukrainisches Land, das wenigstens Ruhe hat. Oder die polnische Armee geht in der Ukraine ebenso kaputt wie seinerzeit die deutsche, und das wäre die beste Lösung der polnischen Frage vom Standpunkt der ukrainischen Politik.«

So also sieht in Wirklichkeit die Begeisterung der Ukrainer über die polnische Befreiung aus.

Nach der Eroberung von Kiew, die in Wahrheit eine kampflose Besetzung der offenen Stadt ist, wird der polnischen Führung aber doch ein wenig unheimlich. Wie weit sollen sie noch laufen? Sie wissen selber, trotz ihrer Siegesberichte, daß sie die russischen Hauptkräfte keineswegs geschlagen oder gar vernichtet haben. Sollen sie bis Odessa gehen? Das ist unmöglich. Damit entfernen sie sich allzuweit von ihrer Basis. Und wenn auch die Warschauer Zeitungen von der begeisterten Unterstützung des ukrainischen Volkes sprechen, so wissen doch die Generale an der Kiewer Front genau, daß es ein sehr gefährliches Spiel wäre, noch weiter vorzustoßen und die bewaffneten Banden von Machno und seinen Kollegen dabei im Rücken zu haben. Außerdem wird die Gefahr eines russischen Gegenangriffs im Norden, auf der Front zwischen Pripet und Düna, immer drohender. Pilsudski beschließt deshalb, in Kiew stehenzubleiben und möglichst viele Truppen sofort aus der Ukraine wieder herauszuziehen, um Mitte Mai nördlich der Pripetsümpfe eine neue Offensive zu beginnen, deren erstes strategisches Ziel Zlobin und Mohilew sein sollen.

Doch dazu kommt es nicht mehr. Am 14. Mai beginnt der russische Gegenstoß, mit dem man unbedingt hätte rechnen müssen. Mit 6 Infanterie-Divisionen und einer Kavallerie-Division greift der rote General Tuchatschewski an der Düna und am Oberlauf der Beresina die schwachen Kräfte der Polen an, die ihm dort gegenüberstehen, und wirft sie im ersten Ansturm nach Westen zurück.

Und hier setzt das erste aus jener Reihe von Wundern ein, denen der polnische Staat in diesem Kriege seine Existenz zu danken hat.

Die strategische Anlage des Rückzuges in der Ukraine war ohne Zweifel eine ausgezeichnete militärische Konzeption. Die Hauptkräfte der Polen werden von ihrer Basis abgezogen und weit im Süden bei Kiew festgehalten. Im Norden zwischen Pripet und Düna erfolgt die Bereitstellung der russischen Hauptkräfte. Sie greifen an und werfen die Polen zurück. Nichts hätte in diesem Augenblick Tuchatschewski hindern können, mit dem Hauptgewicht seines Offensivstoßes auf dem rechten Flügel umfassend über Wilna auf Warschau vorzustoßen. Die ihm gegenüberstehenden Kräfte der Polen hätten ihn an einer derartigen Operation kaum hindern können. Es wäre den Polen nur übriggeblieben, mit möglichster Beschleunigung ihre Hauptarmee aus der Ukraine nach Warschau zurückzunehmen, eine Operation, die kaum hätte glücken können, wenn Budjenni so wirksam in Aktion getreten wäre, wie er es kurz darauf tatsächlich getan hat.

Es wird nie geklärt werden, weshalb Tuchatschewski nicht so operiert hat, sondern sich durch die Pripetsümpfe verlocken ließ, mit seinem rechten Flügel viel zu kurz einzuschwenken und den Versuch zu machen, die ihm gegenüberstehenden polnischen Kräfte in die riesigen Sümpfe zu werfen. Bei diesem Versuch mußte er ganz natürlich auf die von Pilsudski für seine zweite Offensive bereitgestellten polnischen Truppen nördlich der Pripetsümpfe stoßen, die seinem Vormarsch ein schnelles Ende bereiteten.

Die Unzulänglichkeit der russischen Führung hatte zum erstenmal die Polen gerettet.

Aber der Schreckschuß hatte seine Wirkung doch nicht ganz verfehlt. Pilsudski sieht in diesem Moment die riesige Gefahr, in die er sich durch den unüberlegten Vorstoß auf Kiew begeben hatte, in ihrem ganzen Umfange ein. Er gibt den Befehl, Kiew zu räumen und langsam zurückzugehen. Aber das ist leichter gesagt als getan. Die Russen beginnen, einen ungemein interessanten Reiterkrieg zu führen, der die polnischen Kräfte völlig demoralisiert. Mit Umgehungen und unerhört großen Märschen stoßen starke russische Kavalleriekräfte in den Rücken der Polen vor. Die Verbindungen werden gestört. Wege und Brücken werden unbrauchbar gemacht. Die Telegraphenlinien funktionieren nicht mehr. Die Polen sind so von ihrer Basis abgeschnitten, daß der Oberkommandierende der polnischen Armee in der Ukraine, der General Rydz Smigly, tagelang keine Befehle aus Warschau erhalten kann und sogar der Befehl zum Rückzug ihn 48 Stunden zu spät erreicht. Die an sich schon nicht sehr fest gefügten polnischen Verbände geraten bald vollständig in Unordnung, und der zunächst planmäßige und geordnete Rückzug artet immer mehr in ein fluchtartiges Zurückfluten aus. Auf einmal ist auch die Polenbegeisterung der ukrainischen Bevölkerung verschwunden. In den Dörfern, durch die die Nachhuten der zurückgehenden Polen kommen, werden kleine

Abteilungen aus dem Hinterhalt überfallen und grausam ermordet. Wer liegenbleibt, ist verloren. Daß der Hetman Machno mit seinen Banden in diesem Augenblick von den Polen abfällt, ist nur eine Selbstverständlichkeit, die aber für die weichende polnische Armee außergewöhnlich unangenehm ist. Der große Sieg zerfließt den Polen zwischen den Händen. Ihre Verluste sind ungewöhnlich groß. Sie glauben, sehr starken Kräften gegenüberzustehen, während in Wirklichkeit die Reiterarmee Budjennis niemals stärker als 6 Kavallerie-Divisionen gewesen ist. Am 5. Juni hat die Offensive Budjennis begonnen, und knapp zehn Tage später ist die Armee des Generals Rydz Smigly bereits bis auf ihre Ausgangsstellung zurückgeworfen. Und diese Armee ist eigentlich nur noch ein wirrer Haufen schlecht bewaffneter und verängstigter Menschen, die in jeder russischen Kavallerie-Patrouille, die in ihrem Rücken auftaucht, überlegene feindliche Kräfte vermuten. Jetzt rächt es sich, daß die schnell zusammengerafften polnischen Formationen keinen inneren Zusammenhalt haben, daß die Führung ungenügend und die Ausrüstung schlecht ist.

Am 5. Juli besetzt russische Kavallerie die Stadt Rowno. Damit ist der letzte Zusammenhang zwischen der polnischen Südarmee und den weiter nördlich stehenden Kräften zerrissen. Der Weg ist frei für die große, entscheidende Offensive der Russen im Norden, die menschlicher Voraussicht nach zu einer vernichtenden Niederlage der Polen führen muß.

Nach seinem ersten Teilerfolg ist Tuchatschewski dazu übergegangen, die zweite Offensive besser vorzubereiten. Er verfügt jetzt über 21 Infanterie- und 2 Kavallerie-Divisionen, denen nur sehr viel schwächere polnische Kräfte gegenüberstehen. Aber auch er muß mit der Unzulänglichkeit seiner Truppen rechnen. Auch seine Formationen sind nicht das, was man unter einer fest gefügten Truppe versteht. Seine Armee ist mit einem ungeheuren Troß belastet, der die Beweglichkeit hindert und seinen Vormarsch peinlich verlangsamt. Er verfügt nur über wenig Artillerie; schwere Waffen wie Tanks fehlen ihm vollständig. Seine Offiziere sind zum großen Teil ehemalige Angehörige der Zarenarmee, deren politische Zuverlässigkeit sehr fraglich ist. Er kann zwar damit rechnen, daß diese Leute gegen die Polen fechten werden, weil sie sie hassen. Aber es ist trotzdem für einen Armeeführer kein angenehmes Gefühl, mit einem Offizierkorps arbeiten zu müssen, das dem System, in dessen Dienst es kämpfen soll, ablehnend und feindlich gegenübersteht.

Am 4. Juli beginnt Tuchatschewski seine zweite Offensive. Er hat inzwischen aus dem Fehler, den er im Mai begangen hat, gelernt. Das Hauptgewicht seines Angriffs liegt diesmal im Norden an der Düna. 12 Infanterie-Divisionen und fast seine gesamte Kavallerie werden hier zum Stoß angesetzt und werfen in zweitägigem Kampf die um die Hälfte unterlegenen Polen. In der Nacht vom 6. zum 7. Juli gehen fünf weitere russische Divisionen über die Beresina und drängen die ihnen gegenüberstehenden drei polnischen Divisionen nach Westen ab.

Die Lawine ist im Rollen. Der polnische Widerstand ist damit im wesentlichen gebrochen. Wo werden die Polen jetzt zum Frieden kommen? Das Schicksal des neuen polnischen Staates steht auf des Messers Schneide.

Noch bricht in Warschau keine Panik aus. Es ist, als ob eine große Erstarrung über der Bevölkerung der Hauptstadt liegt. Wie ist das alles möglich? Vor wenigen Wochen noch war man Sieger. Vor wenigen Wochen noch konnten die Zeitungen täglich von Erfolgen melden, die Beute an Kriegsmaterial wurde mit ungeheuren Zahlen angegeben. Jetzt auf einmal soll das alles nicht mehr wahr sein? Jetzt weichen auf allen Fronten die polnischen Truppen. Jetzt kommen täglich Meldungen von neuen Niederlagen.

Josef Pilsudski zeigt in diesem Moment, daß er ein Mann von nicht nur durchschnittlichen Qualitäten ist. Jetzt, da seine Generale anfangen, die Nerven zu verlieren, bleibt er unerschütterlich ruhig. Er ist sich absolut klar darüber, daß es beinahe unmöglich sein wird, den russischen Vormarsch schnell zum Stehen zu bringen. Und selbst wenn ihm das gelänge, wäre damit wenig gewonnen. Auf einer Linie, die nicht weit östlich von Brest-Litowsk liegt, in einen Stellungskrieg hineinzugeraten, das wäre in der Praxis die Aufgabe aller seiner weitgreifenden Pläne für die Festlegung der polnischen Ostgrenzen. Ein derartiger Entschluß wäre gleichbedeutend mit dem Eingeständnis, daß seine politischen Ideen gescheitert sind. Ein anderer Mann als Pilsudski hätte sich vielleicht mit dem Versuch begnügt, die Russen irgendwie zum Stehen zu bringen, um damit die unmittelbare Gefahr für die Hauptstadt und den Bestand des ganzen polnischen Staates abzuwehren. Aber Pilsudski hat in seinem Leben schon zu oft Vabanque gespielt, als daß er an diese geringe Möglichkeit auch nur dächte. Er gibt den Befehl, unter allen Umständen die polnische Front in der Linie des Narew und des Bug zu halten, um damit Zeit zu gewinnen, vom Oberlauf des Bug her mit einem Flankenstoß die russische Front aufzurollen. Aber sein Gegenspieler Tuchatschewski läßt ihm nicht genügend Zeit zur Durchführung dieses Plans. Er stößt so schnell nach, daß die polnischen Truppen die befohlene Linie am Narew und am Bug nicht zu halten vermögen. Sie fluten weiter zurück. Sie verlieren Tausende von Gefangenen und große Mengen von Material. Ihre Verbände werden immer lockerer. Die Disziplin läßt nach. Die polnische Nordarmee ist in diesem Augenblick ebensowenig mehr eine kampfkräftige Truppe wie die ukrainische Armee des Generals Rydz Smigly, die um diese Zeit schon verzweifelt die Russen von Lemberg abzuhalten versuchen muß.

Neben Pilsudski hat der Kriegsminister General Sosnkowski noch die besten Nerven. Er holt den letzten Mann vom Pfluge zur Armee. Er bringt es fertig, in diesen Tagen noch einmal über hunderttausend Mann zusammenzuraffen, die notdürftig ausgebildet und schlecht bewaffnet zur Verteidigung der Hauptstadt Warschau bereitgestellt werden. Wenn Polen in diesem Kriege untergeht, wenn es von der russischen Dampfwalze zermalmt wird, dann soll die Welt nicht sagen dürfen, daß die polnische Armee und das polnische Volk keinen Widerstand geleistet haben.

Inzwischen geht das Verhängnis scheinbar unabwendbar seinen Gang. Am 14. Juli besetzt russische Kavallerie Wilna, das von den Russen sofort den Litauern übergeben wird. Andere wichtige Punkte fallen. Unaufhaltsam geht der russische Vormarsch in Richtung auf Warschau weiter. Aber gerade diese Unaufhaltsamkeit, gerade diese ganz unerwartete Geschwindigkeit der polnischen Niederlage enthält bereits den Ansatz zu dem, was man später das Wunder an der Weichsel genannt hat. Die Schnelligkeit, mit der die Russen vordringen, läßt es als ganz unwahrscheinlich erscheinen, daß die Polen ihnen an irgendeiner Stelle noch einmal ernsthaft Widerstand leisten könnten. Die russische Führung wird aus diesem Grunde ganz unvorstellbar leichtsinnig. Tuchatschewski drückt frontal westlich auf Warschau. Er ist der Meinung, daß dieser nächste Weg zur Erreichung seines Operationszieles ihm durch nichts mehr verlegt werden kann. Er vergißt dabei vollständig die ursprüngliche Anlage seines Offensivplans. Anstatt langsam im Osten von Warschau vorzugehen und seinen linken Flügel auf alle Fälle gegen etwaige Überraschungen stark zu sichern und die Umgehung im Norden in großem Bogen bis nordwestlich und westlich von Warschau durchzuführen, legt er das Hauptgewicht auf den Frontalangriff, für den unter normalen Umständen, das heißt bei auch nur einigermaßen wirksamem polnischem Widerstand seine östlich von Warschau stehenden Kräfte viel zu schwach sind. Er läßt mehr als zwei Drittel seiner gesamten Armee zwar im Norden Warschaus vorgehen, aber den eigentlichen Angriff führt er von Osten her mit einer Gruppe, die kaum stärker als 30000 Mann ist.

Das alles ist nur erklärlich, wenn man sich überlegt, daß die polnische Nordfront im Laufe von zwanzig Tagen um rund 450 Kilometer nach Westen geworfen worden ist. Nur so wird es verständlich, daß Tuchatschewski glauben konnte, unter Außerachtlassung der einfachsten Sicherungsmaßnahmen Warschau schnell überrennen zu können.

Vorläufig geht ja auch alles noch nach Wunsch. Pilsudskis Plan eines Flankenstoßes von Süden her ist undurchführbar geworden, weil im Norden die polnische Front schon längst durchbrochen ist. Brest-Litowsk ist in Händen der Russen, nördlich von Warschau stehen sie zu Beginn des Monats August bereits in Lomza.

Das ist die Lage, als am 25. Juli auf dem Warschauer Hauptbahnhof ein Zug eintrifft, dem General Maxime Weygand, der ehemalige Generalstabschef des Marschalls Foch, und eine größere Anzahl jüngerer französischer Generalstabsoffiziere entsteigen. Sie kommen in die Hauptstadt eines Landes, das dem Zusammenbruch um ein beträchtliches näher ist, als Frankreich vor dem Wunder an der Marne. Weygand weiß, wie es in einer Hauptstadt aussieht, in der die Ministerien und Ämter bereits ihre Koffer gepackt haben, um fliehen zu können. Er hat den Auftrag, den Polen die erbetene militärische Unterstützung zu ersetzen. Es war nicht möglich, wie man es ursprünglich beabsichtigt hatte, 100000 Franzosen an die polnische Front zu werfen. Er, Maxime Weygand, und seine Generalstabsoffiziere werden diese 100000 Gewehre ersetzen müssen. Zunächst handelt es sich darum, einen klaren Überblick über die Lage zu bekommen. Weygand sitzt mit Pilsudski und Sosnkowski zusammen und überlegt. Ruhelos läuft bei diesen Unterhaltungen Marschall Pilsudski durch sein riesiges Arbeitszimmer. Wenn er mit untergeordneten Leuten zu tun hat, reißt er sich zusammen. Niemand merkt ihm dann die furchtbare innere Spannung an, in der er sich seit Wochen befindet. Aber hier im kleinen Kreise kann er sich doch nicht so beherrschen, wie er es gerne möchte.

Weygand ist kalt und unbeteiligt. Er sieht momentan nicht die Möglichkeit zu einem ernsthaften Widerstand. Am liebsten würde er die ganze polnische Front bis westlich der Weichsel zurücknehmen, um die Formationen zu ordnen und wieder zu militärisch brauchbaren Gebilden zu machen. Pilsudski widerspricht heftig und erregt. Niemals wird er auf diese Weise Warschau preisgeben. Wütend und verzweifelt zerbeißt er die Pappmundstücke unzähliger Zigaretten, die er in diesen Stunden der schwerwiegendsten Entscheidung raucht.

Weygand zuckt die Achseln. Was soll man tun? Man kann an ein paar Stellen der Front französische Offiziere an die Maschinengewehre setzen. Aber das wird nicht viel helfen. 35 oder 40 Franzosen werden nicht eine Viertelmillion Russen aufhalten können.

Die Polen reden heftig gestikulierend auf ihn ein. Es muß einen Weg geben, Warschau zu halten. Das ist notwendig, weil sonst die schon bis auf ein Minimum gesunkene moralische Widerstandskraft des Volkes vollends zusammenbricht.

Mit einer Handbewegung schiebt Weygand die polnischen Generale beiseite. Er wird sich die ganze Situation noch einmal genau durch den Kopf gehen lassen, und er wird ihnen Bescheid geben, was man unter diesen Umständen mit einiger Aussicht auf Erfolg unternehmen kann. Er bittet um eine ganz genaue Lagedisposition der polnischen Truppen in diesem Augenblick. Alle in den nächsten Stunden eingehenden Nachrichten über die Bewegungen der Russen sollen seinem Generalstabschef sofort mitgeteilt werden. Der größere Teil seiner Offiziere wird sofort auf die höheren polnischen Frontstäbe verteilt. Wenn das alles geschieht, was er jetzt angeordnet hat, so wird er in längstens achtundvierzig Stunden ein ganz klares Bild haben, was vielleicht in dieser beinahe verzweifelten Situation zu machen ist.

Weygands Ungerührtheit erbittert im Augenblick die Polen maßlos. Sie sind in einer Stimmung, in der tröstender Zuspruch ihnen sehr notwendig wäre. Doch dieser Franzose sitzt da, als ob es sich um die Leitung eines Kriegsspiels handele und nicht um das Schicksal eines Staates und eines Volkes. Aber Weygand ist sich vollständig im klaren darüber, daß nur seine völlig unbeteiligten Nerven die Rettung bringen können. Er muß einen klaren und kühlen Kopf behalten, wenn er seinen Auftrag durchführen will. Wenn er sich auf Sentiments einläßt, ist es aus.

Achtundvierzig Stunden später merken die Polen, daß dieser kühle und ungerührte Franzose in der allgemeinen heillosen Verwirrung ihre Rettung sein wird, wenn es überhaupt noch etwas gibt, was Polen retten kann. Weygand legt ihnen einen Plan vor, der in seiner ganzen Konzeption ungeheuer einfach ist. Die große Skizze, die der Franzose sich von der gesamten Lage gemacht hat, zeigt deutlich, daß die Russen mit dem Schwergewicht ihrer Kräfte nunmehr nördlich von Warschau stehen. Ihr linker Flügel, der von Brest-Litowsk kommend aus östlicher Richtung auf Warschau vorgeht, hängt vollständig in der Luft. Eine schwache Gruppe von etwa zwei Divisionen, die zur Flankensicherung ursprünglich angesetzt war, scheint noch sehr weit zurück zu sein. Sie hat bei Mozyr gestanden, und nach den letzten Meldungen ist sie noch nicht nachgezogen worden. Das ist die Lage bei den Russen. Auf der polnischen Seite sieht es allerdings schlimm aus. Östlich von Warschau stehen kaum noch nennenswerte verwendbare Kräfte. Nördlich von der Hauptstadt sind bessere Formationen vorhanden, die aber zahlenmäßig den Russen stark unterlegen sind und deren moralische Qualitäten durch den überhasteten, beinahe fluchtartigen Rückzug der letzten Wochen beträchtlich gelitten haben. Dagegen ist es der polnischen Südarmee, die etwa bei Lemberg steht, gelungen, sich einigermaßen zu konsolidieren. Es werden zwar noch heftige Abwehrkämpfe gegen die nachdrängenden Russen geführt, aber hier ist die Möglichkeit, einige Divisionen freizumachen und sie zur Entlastung Warschaus anzusetzen. Etwa hunderttausend Mann hat General Sosnkowski in und um Warschau zusammengezogen. Auch auf sie wird man zurückgreifen können. Allerdings wird dadurch die Verteidigung Warschaus gefährdet werden. Doch in der augenblicklichen Situation muß man diese Gefahren in den Kauf nehmen. Ohne Risiko für die Hauptstadt geht es nicht mehr ab.

General Weygand rechnet in dieser allgemeinen Lage folgendermaßen: Wenn es gelingt, eine einigermaßen brauchbare und bewegliche polnische Angriffsarmee zu formieren und in der linken Flanke der Russen anzusetzen, so ist das die einzige Möglichkeit, die polnische Hauptstadt zu retten. Viel Zeit ist allerdings nicht mehr zu verlieren. Man wird unmittelbar östlich und nordöstlich von Warschau einige Befestigungen anlegen und diese Linie mit verhältnismäßig schwachen Kräften gegen den russischen Angriff von Osten her vielleicht noch vierzehn Tage halten können. Unangenehmer ist die Situation im Norden. Auch hier wird es notwendig sein, noch vierzehn Tage Zeit zu gewinnen, denn so lange wird man brauchen, um eine einigermaßen nennenswerte Stoßtruppe bereitzustellen. Der beste Ansatzpunkt wird südöstlich von Warschau am Wieprz sein, einem rechten Nebenfluß der Weichsel, der etwa hundert Kilometer südöstlich von Warschau in die Weichsel mündet.

Aber alle verfügbaren Kräfte scheinen nicht zu reichen. Die Berechnungen, daß man wesentliche Teile der Südarmee freimachen könne, erweisen sich als falsch. Die Russen halten die bei Lemberg stehenden polnischen Kräfte so eisern fest, daß es nach erbitterten Gefechten nur möglich ist, e i n e Division freizubekommen.

Weygand verliert keineswegs die Nerven. Es hat während des großen Krieges in Frankreich oft genug Situationen gegeben, in denen es beinahe noch schwerer war, einen klaren Kopf zu behalten. Wenn man von Süden her nicht genügend Kräfte freibekommen kann, so wird man die Linie nördlich von Warschau noch weiter zurücknehmen müssen, um durch die Verengerung des Ringes Kräfte auszusparen. In der Nacht vom 7. zum 8. August geben die Polen, seit Wochen zum erstenmal planmäßig, ihre bis zu diesem Augenblick gehaltene Stellung am Bug auf. Unter geradezu phantastischen Gewaltmärschen werden einige Divisionen nach dem Süden geholt. Die Narewfront soll noch gehalten werden, um die Russen zu verhindern, Warschau von Westen her fassen zu können.

In diesen Tagen kommt es zur letzten und beinahe schwersten Krise des ganzen Feldzuges. Die polnischen Truppen am Narew halten dem russischen Druck nicht stand, und in einer kurzen Zeitspanne wird ganz

Nordpolen von den Bolschewisten besetzt. Praznitsch fällt, Cziechannow wird genommen. Russische Kavallerie dringt entlang der ostpreußischen Grenze bis in den Korridor hinein und steht nicht weit von Thorn und Graudenz. Eine andere russische Gruppe steht etwa am 10. August in kurzer Entfernung von Plocz, also im Westen von Warschau, und hat den Auftrag, über die Weichsel zu gehen und weichselaufwärts von Westen her in Warschau einzurücken. Es ist, als ob sich alles gegen die Polen verschworen hätte.

Im russischen Hauptquartier ist man des endgültigen Sieges absolut sicher. Ein Armeebefehl des Generals Tuchatschewski bestimmt den 15. August als Tag der Einnahme Warschaus. Die Sicherheit ist so groß, daß die Russen die bei ihnen einlaufenden Meldungen von starken polnischen Truppenkonzentrationen am Wieprz vollständig unbeachtet lassen. Was kann ihnen jetzt noch passieren? Von Osten, Norden und Westen ist Warschau eingeschlossen. Ernsthafter Widerstand wird nur noch im Norden geleistet. Jedenfalls scheint das so. Tuchatschewski gibt deshalb Befehl, daß die östliche Gruppe den unmittelbaren Vormarsch auf Warschau antritt, ohne auf die Auswirkung der strategischen Umgehung im Norden und Westen zu warten. Er wünscht die Einnahme Warschaus nach Moskau melden zu können, und dieser Wunsch, diese all zu große Sicherheit werden ihm zum Verhängnis.

Es ist heute bei rückschauender Betrachtung des Verlaufes dieses Stadiums des russisch-polnischen Krieges vollständig unverständlich, weshalb Tuchatschewski so operierte, wie er es getan hat. Er brauchte nur den Angriff von Norden und Westen auslaufen zu lassen, um Warschau in die Hand zu bekommen. Wenn er gleichzeitig seine östlich von Warschau stehenden Kräfte anhielt und zur Abwehr eines von Süden kommenden polnischen Gegenstoßes bereitstellte, so war er der Sieger, selbst dann, wenn die polnische Gegenoffensive seine zahlenmäßig unterlegenen Kräfte ein wenig nach Norden zurückgedrängt hätte. Eine neue Umgruppierung der Polen zur Abwehr des Angriffs von Westen her wäre unzweifelhaft zur Rettung von Warschau viel zu spät gekommen. Er hätte vielleicht nicht am 15., aber spätestens am 25. August in Warschau einziehen können, ohne daß Pilsudski oder Weygand ihn ernsthaft hätten daran hindern können.

Doch das Schicksal will es anders. Tuchatschewski arbeitet Weygands Plan in die Hand. Seine schwachen Kräfte östlich von Warschau werden zum Angriff auf das befestigte Lager der Hauptstadt angesetzt und dort von General Sosnkowski in erbitterten Kämpfen festgehalten. Eine Flankendeckung nach Süden existiert nicht. Der Weg für die Mitte August fertig aufmarschierte polnische Angriffsarmee am Wieprz ist frei.

Diese letzten Tage vor dem endgültigen Umschwung, vor dem Wunder an der Weichsel sind mit unerhörter Spannung geladen. Kaum zwanzig Kilometer östlich von Warschau stehen die Russen. Wenn man im Café Europeski, im Zentrum Warschaus, seinen Tee trinkt, hört man das Geschützfeuer nicht nur als dumpfes Grollen aus der Ferne, sondern man kann beinahe jeden einzelnen Abschuß deutlich feststellen. Die Stadt ist angefüllt mit geflüchteten Bewohnern der Dörfer und Städte im Osten. Die Fuhrwerke sind samt und sonders zum Transport von Munition an die Front und zum Rücktransport von Verwundeten requiriert. Auf dem Bahnhof wird dauernd eine bestimmte Anzahl von Lokomotiven unter Dampf gehalten, um im äußersten Falle die wichtigsten Regierungsbehörden nach der einzig freien Südseite retten zu können.

Es ist merkwürdig, daß trotz alledem eine ausgesprochene Panikstimmung nicht herrscht. Dazu ist vielleicht die unmittelbare Gefahr schon zu nahe. Man hat keine Zeit mehr zum Verzweifeln. Wenn der Russe so unmittelbar vor den Toren der Hauptstadt steht, bleibt nichts anderes übrig, als die Zähne zusammenzubeißen und im schlimmsten Falle mit Pflastersteinen sich gegen den Feind zu wehren. Einmal nur in diesen entscheidenden Tagen des neuen Polens brandet eine Welle des Entsetzens und der Verzweiflung über die Bevölkerung hinweg. Das ist der Augenblick, als russische Kavallerie bis nach Praga hinein, bis an die große Weichselbrücke vordringt und diese Brücke zu sprengen versucht. Das ist, als ob der Lebensnerv dieser Stadt und dieses Volkes getroffen werde. Selbst der eiserne Sosnkowski verliert für einen Augenblick den Kopf. Verzweifelt bittet er den Marschall, doch seine für den 17. August vorgesehene Offensive sofort beginnen zu lassen. Doch Pilsudski lehnt das ab. Er ist seit Tagen bereits bei der Angriffsarmee, und er weiß, daß es absolut sinnlos wäre, mit diesen Menschen, die teilweise Märsche von 80 Kilometer und mehr innerhalb von sechsunddreißig Stunden hinter sich haben, sofort zum Angriff vorzugehen. Er telegraphiert nach Warschau zurück, daß die Hauptstadt unter allen Umständen gehalten werden müsse. Früher als am 16. sei es gänzlich ausgeschlossen, den Angriff zu beginnen. Der 14. und der 15. August 1920 sind die Tage, die in der Geschichte Warschaus nicht so bald vergessen werden. Die Nachrichten von den Kämpfen östlich der Stadt überstürzen sich. Fast alle halbe Stunde kommen wechselnde und widersprechende Berichte über den Stand der Schlacht. Das kleine Städtchen Radzymin, knapp zwanzig Kilometer vom Zentrum Warschaus entfernt, wechselt zwei- oder dreimal in vierundzwanzig Stunden den Besitzer. Nur die Verzweiflung macht den Widerstand der verhältnismäßig schwachen polnischen Kräfte gegen die ihres Sieges sicheren Russen einigermaßen verständlich. Am Abend des 14. August ist die Situation so, daß Sosnkowski den ihm unterstellten, nördlich von Warschau stehenden General Sikorski anweist, unter allen Umständen zur Entlastung der Hauptstadt einen Gegenangriff zu unternehmen. Wenn es nicht glückt, auf diese Weise ein wenig Luft zu bekommen, dann wird es nicht möglich sein, die Russen bis zum 16. von Warschau fernzuhalten. Am 15. August sind die vordersten Teile der russischen Hauptstreitkräfte nur noch fünfzehn Kilometer vom Stadtzentrum entfernt. Die östlichen Vororte liegen unter dauerndem Artilleriefeuer, das Ende scheint nahe zu sein. Die Widerstandskraft der Verteidiger Warschaus ist gebrochen. Die wichtigsten Akten der Ministerien werden auf den Bahnhof geschafft und in die bereitgestellten Züge verladen. Es kann nur noch eine Frage von höchstens vierundzwanzig Stunden sein, daß in der polnischen Hauptstadt die russische Flagge weht.

*

Am 16. August um vier Uhr nachmittags treten die polnischen Truppen, die am Wieprz bereitgestellt sind, zum Angriff an. Das Wort Angriff trifft allerdings eigentlich die Form dieses Vorstoßes nicht ganz. Die Polen haben absolut keinen Gegner gegenüber. Sie haben nichts weiter zu tun, als in Gewaltmärschen, vom Feind völlig unbehindert, der großen Straße Warschau—Brest-Litowsk zuzustreben. Eine Gruppe dieser Armee, die von Marschall Pilsudski kommandiert wird, soll bereits im Laufe des 17. die Chaussee nach Brest erreichen. Es kommt hier zu einem jener für diesen Krieg besonders typischen Zusammenstöße. Die von Süden kommenden Polen stoßen ganz unvermutet auf eine russische Division der bei Mozyr von Tuchatschewski zurückgelassenen Sicherungsgruppe, die sich auf dem Marsche nach Westen befindet. Man wird kaum mit Bestimmtheit sagen können, wer bei diesem Zusammentreffen überraschter gewesen ist: die völlig ahnungslos durchs Gelände spazierenden Russen oder die Polen, die so weit östlich keine stärkeren russischen Truppen mehr anzutreffen erwartet hatten. Das Überraschungsmoment wirkt sich naturgemäß in erster Linie für die Polen günstig aus. Der ungeheuer große Wagentroß der ohne jede Deckung marschierenden Russen macht ein schnelles Einschwenken nach Süden unmöglich, und die Polen kommen auf diese Weise zu einem völlig unerwarteten Anfangserfolg, indem die russische Division einfach auseinanderläuft, soweit sie nicht von den Polen gefangengenommen oder — besser gesagt, verhaftet wird.

Noch am selben Tage stoßen weiter westlich andere polnische Divisionen unter dem General Rydz Smigly, der von Lemberg aus zur Führung dieses neuen Unternehmens mit herangezogen worden ist, auf eine zweite russische Division, die inzwischen anscheinend von der überraschenden Niederlage der östlichen Gruppe gehört hat und sich auf dem Marsch nach Osten zu ihrer Unterstützung befindet. Hier kommt es bereits zu etwas heftigeren Kämpfen, da die Russen nunmehr im Bilde sind, daß sie mit einem ernsthaften polnischen Flankenstoß zu rechnen haben. Aber die Überlegenheit der Polen ist so groß, daß auch diese zweite russische Division ziemlich schnell völlig aufgerieben wird.

Die Situation am Abend des siebzehnten ist nun so, daß der gesamte linke Flügel der östlichen Gruppe von Tuchatschewski völlig ohne Deckung dasteht. Infolge seiner zahlenmäßigen Schwäche ist es gänzlich unmöglich, genügend Truppen aus der Kampffront bei Warschau herauszulösen, um eine neue Flankendeckung herzustellen. Der strategische Erfolg des polnischen Vorstoßes ist also nach dreißig Stunden schon beinahe sichergestellt.

Unter völliger Auspumpung der Marschfähigkeit seiner Truppen stößt Pilsudski weiter nach Norden vor, um die eigentliche russische

Angriffsgruppe auf Warschau endgültig zu fassen. In der Nacht vom siebzehnten zum achtzehnten hetzt Pilsudski, ohne seinen Leuten auch nur eine halbe Stunde zum Ausruhen zu geben, immer weiter nach Norden. Er weiß, daß auch jetzt noch jede Minute Verzögerung unter Umständen die Katastrophe für Warschau bedeuten könnte. Die Märsche dieser Nacht werden denen, die sie mitgemacht haben, im Gedächtnis bleiben. Die polnischen Formationen, die zum größten Teil aus jungen, kümmerlich ausgebildeten Freiwilligen bestehen, taumeln nur noch vorwärts auf den schlechten Straßen. Die Verluste an Marschkranken sind unheimlich groß. Die ganze polnische Angriffsarmee ist in diesem Augenblick wahrscheinlich militärisch nur von sehr fraglichem Wert. Zwei oder drei frische und disziplinierte russische Divisionen würden ausreichen, um die besinnungslos müden und ausgepumpten Polen in einem einzigen Schwung wieder auf ihre Ausgangsstellungen zurückzuwerfen. Aber Pilsudski rechnet damit, daß die russischen Kräfte, auf die er stoßen muß, sich kaum in einem besseren Zustande befinden werden als seine eigenen Leute. Seine Rechnung ist richtig. Die Russen haben in den vorhergehenden Tagen und Wochen ebenfalls enorme Marschleistungen hinter sich bringen müssen. Sie stehen jetzt seit vier Tagen in einem erbitterten Gefecht mit den Verteidigern Warschaus, und es bedarf daher eigentlich nur noch eines psychologischen Anstoßes, um sie zurückzuwerfen.

Anders ist es wirklich nicht zu erklären, daß die Polen am achtzehnten, als sie auf die zwei südlichsten Divisionen der Warschauer Angriffstruppe stoßen, nach einem kurzen Gefecht etwa 10000 Gefangene machen und damit die Warschau angreifenden Russen um beinahe die Hälfte schwächen. Das, was noch übrigbleibt, flieht völlig desorganisiert und erschüttert nach Nordosten.

Warschau ist gerettet.

Daß das Wunder an der Weichsel so schnell und so verhältnismäßig unblutig vonstatten ging, ist nur zu verstehen, wenn man bedenkt, daß die gesamte russische Armee dieses Feldzuges keineswegs mit den Armeen des Weltkrieges verglichen werden kann. Die bewaffneten Haufen der Russen hatten so wenig inneren Zusammenhalt und waren so wenig fest in der Hand ihrer Offiziere, daß ein geordneter Rückzug, der ja immer schwieriger durchzuführen ist als ein Vormarsch, mit ihnen einfach nicht zu machen war. Hätte diese Möglichkeit bestanden, so wäre der Feldzug noch keineswegs endgültig zugunsten der Polen entschieden gewesen. Die russische Führung hätte dann nur ihre im Norden und Nordosten von Warschau stehenden Kräfte langsam und planmäßig zurückzunehmen brauchen und gleichzeitig mit aller Kraft von Westen her den Stoß auf Warschau fortsetzen müssen. Es wäre dann ohne Zweifel dazu gekommen, daß die Polen sich nördlich und nordöstlich von Warschau mit allen ihnen zur Verfügung stehenden Kräften an den langsam zurückgehenden Russen festgebissen hätten, ohne eine Möglichkeit, Warschau nach Westen hin genügend zu decken.

So aber, wie die Verhältnisse in der russischen Armee einmal lagen, konnte ein derartiger strategischer Rückzug nicht durchgeführt werden. In dem Moment, wo die Kampftruppen zurückgenommen wurden, kam das ganze Gebäude der russischen Front ins Wanken, und es bedurfte nur eines verhältnismäßig schwachen polnischen Nachstoßes, um den Rückzug in eine völlig ungeregelte Flucht zu verwandeln.

Mit beinahe noch größerer Geschwindigkeit, als der russische Vormarsch erfolgt war, erfolgt jetzt die Flucht. Bis zum 25. August ist bereits die ganze nördlich, nordöstlich und nordwestlich von Warschau stehende russische Armee völlig aufgelöst. 65000 Gefangene, 231 Geschütze und 1023 Maschinengewehre fallen in diesen Tagen den Polen beinahe kampflos in die Hände. Eine starke russische Gruppe von mehr als 30000 Mann überschreitet auf der Flucht die ostpreußische Grenze und wird von den eilig zusammengezogenen preußischen Gendarmen und einigen hundert Mann Militär widerstandslos entwaffnet.

Die Armee Tuchatschewskis, die zu Beginn der zweiten russischen Offensive annähernd eine Viertelmillion Mann zählte, hat über die Hälfte ihres Bestandes an Menschen und Material verloren. Ehe sie wieder irgendwie verwendungsfähig werden kann, müssen Wochen vergehen.

Pilsudski ist nicht gesonnen, den Russen diese Erholungspause zu gönnen. Nachdem die Katastrophe noch einmal vermieden worden ist, sieht er jetzt die Möglichkeit, die politischen Ziele, die er sich im Frühjahr gesteckt hatte, wenigstens teilweise zu verwirklichen.

Als General Weygand nach der erfolgreichen Durchführung der ihm gestellten Aufgaben Warschau verläßt, warnt er den Marschall vor einer allzu rigorosen Ausnutzung seiner militärischen Erfolge. Pilsudski zuckt die Achseln. Er denkt nicht daran, auf halbem Wege stehenzubleiben. Jetzt muß er weitergehen, sonst ist all das Blut, das diese Monate gekostet haben, doch vergeblich geflossen.

Ein dem Kreise des Marschalls nahestehender Mann hat später in einer Broschüre, die den etwas anspruchsvollen Titel führt: »Wie Sowjet-Rußland von Europa ferngehalten wurde«, die Absichten des Marschalls zu diesem Zeitpunkt folgendermaßen umrissen:

»So stand denn, wie schon frühzeitig während des Weltkrieges, und dann seit November 1918 sein Entschluß weiterhin fest, durch Schaffung von vollzogenen Tatsachen allzu kurzsichtigen Freunden wie allzu hartnäckigen Feinden die polnische Staatsraison als einen bei Neuregelung des politischen Status von Europa nicht zu umgehenden Faktor entgegenzustellen.«

Die vollzogenen Tatsachen, die nunmehr nach der Zurückwerfung der Russen geschaffen werden sollten und geschaffen wurden, bestanden zunächst darin, daß ganz Ostgalizien von den Polen wieder in Besitz genommen wurde, um es von diesem Zeitpunkt an gegen den Willen der überwiegenden Mehrheit der ukrainischen Bevölkerung mit eiserner Faust festzuhalten. Noch im August 1920 wurden die zu diesem Zwecke notwendigen militärischen Operationen durchgeführt. Sie boten keine wesentlichen Schwierigkeiten mehr, denn die Reiterarmee Budjennis konnte gegen die nunmehr wieder sehr verstärkten Polen keinen nennenswerten Widerstand mehr leisten. Im September stoßen die Polen bis weit nach Wolhynien und in die Polesie hinein. Mit der Einnahme von Pinsk am 26. September finden hier die Operationen ihren Abschluß.

Schon kurz vorher, am 19. September, hat eine ähnliche Aktion auch im Norden begonnen. Es kommt hier noch einmal zu erbitterten Kämpfen bei Lida, wo größere Teile der Armee von Tuchatschewski wieder zusammengefaßt worden waren. Die Polen bleiben auch hier ohne Schwierigkeiten siegreich. 50000 Gefangene und 160 erbeutete Geschütze sind der Stolz ihrer Heeresberichte.

*

Diese letzten Kämpfe finden schon zu einer Zeit statt, in der in Riga die Delegationen der Warschauer und der Moskauer Regierung über einen Waffenstillstand, über einen Frieden verhandeln. Die siegestrunkenen Polen lehnen den Abschluß eines Waffenstillstands strikt ab, wenn nicht gleichzeitig ein Präliminarfriede geschlossen wird. Der Führer der russischen Delegation, Joffe, ist zwar als Verhandlungstaktiker seinem polnischen Gegenspieler, dem Unterstaatssekretär Dombski weit überlegen. Aber er sieht trotzdem bald ein, daß der Moskauer Regierung in der augenblicklichen Situation kaum etwas anderes übrigbleiben wird, als sich sehr nachgiebig zu zeigen. Die militärischen Schlappen gegenüber den Polen sind nicht der Hauptbeweggrund dafür. Die Verluste sind zwar schwer, aber das ungeheure russische Menschenreservoir kann natürlich die Lücken sehr leicht ausfüllen. Selbst wenn noch einige Wochen oder Monate vergehen sollten, ehe wieder eine neue rote Armee gegen die Polen auf den Beinen steht, so ist das kein Unglück. Denn die Polen selber haben schon so ziemlich alles, was ein Gewehr tragen kann, aus ihrem Lande herausgeholt. Wenn es der Energie des polnischen Kriegsministers Sosnkowski gelingt, noch weitere 200000 Mann zu mobilisieren, dann ist damit das letzte auf diesem Gebiet möglich gemacht worden. Militärische Erwägungen sind also nicht unbedingt ausschlaggebend.

Anders aber liegt es mit den politischen Überlegungen. Die Russen sehen bereits in diesem Augenblick sehr deutlich, daß der polnische Imperialismus in Wirklichkeit nur die gewandt gebrauchte Waffe einer ganz anderen Macht ist. Sie kennen die Rolle, die General Weygand und seine Offiziere gespielt haben. Sie wissen, daß trotz der größten anfänglichen Schwierigkeiten jetzt Tag um Tag französische Lastdampfer mit Kriegsmaterial für die Polen in Danzig entladen werden, und sie sind sich schließlich keineswegs im unklaren darüber, daß die französische Anerkennung der Regierung des konterrevolutionären Generals von Wrangel in der Ukraine ausschlaggebend für die Erfolge gewesen ist, die gerade um diese Zeit Wrangel mit seinen Vorstößen von der Krim her erzielt.

Die Gesamtlage Rußlands ist aber nicht so, daß es im Augenblick zweckmäßig erscheint, wiederum an verschiedenen Fronten gegen die von Frankreich unterstützten Interventionsarmeen zu kämpfen. Man wird zunächst einmal alle verfügbaren Kräfte gegen Wrangel einsetzen müssen, um die Ukraine, diese unerhört wertvolle Kornkammer, wieder in die Hand zu bekommen, denn die Arbeiter in Moskau und Petersburg wollen ernährt werden. Man muß also wohl oder übel den Polen Konzessionen machen. Das geschieht, und am 12. Oktober wird in Riga der Präliminarfrieden zwischen Rußland und Polen unterzeichnet. Es ist ein Frieden, bei dem die Polen in politischer Beziehung den größten Teil dessen erhalten, was sie zu Beginn ihrer Offensive zu erhalten gewünscht hatten. Sie werden in der Westukraine bleiben können, und was besonders wertvoll für sie ist, Moskau erklärt sich für desinteressiert an der Lösung der Wilnafrage. Der Besitz des früheren russischen Gouvernements Wilna wird nach dem Wortlaut des Rigaer Friedensvertrages ausdrücklich als eine Angelegenheit erklärt, die nur zwischen Polen und Litauen zu regeln sei.

Pilsudski triumphiert und wird in Warschau als der große Sieger, als der Retter des Vaterlandes gefeiert. Niemand denkt in diesem Augenblick daran, daß Pilsudski selber es gewesen ist, der das neue Polen durch seine Offensive vom Frühjahr an den Rand des Verderbens gebracht hat. Die leicht begeisterten Massen des polnischen Volkes sehen nur den augenblicklichen Erfolg, der ihnen schwarz auf weiß durch den Friedensvertrag mit Rußland bestätigt wird. Sie empfinden nicht die ungeheure Gefahr, die darin liegt, daß durch den Gewaltfrieden von Riga das bolschewistische Rußland zu einem unerbittlichen Feinde des neuen Polen werden mußte. Sie sind stolz darauf, die Grenzen des polnischen Staates so weit nach Osten gerückt zu sehen, wie sie nur je gehofft hatten. Und sie sehen nicht, daß diese Grenze ein Pfahl im Fleische Rußlands bleiben wird, denn sie wollen und können nicht erkennen, daß dieses bolschewistische Rußland um nichts weniger nationalistisch ist und sein wird als es das zaristische Rußland der Vorkriegszeit war.

Der Frieden von Riga, der die Krönung des Wunders an der Weichsel darstellt, ist ebensowenig ein wirklicher Frieden wie jedes andere Friedensdiktat, das nur durch die Gewalt der Waffen gestützt wird. Wenn Polen seine Grenze im Osten halten will, so wird es bis an die Zähne bewaffnet bleiben müssen.

Das ist das Resultat des »siegreichen Krieges«, den Polen im Jahre 1920 gegen Rußland geführt hat.

III. Kapitel

Vollendete Tatsachen

Der Handstreich auf Wilna und der Konflikt mit Litauen

Der Marktplatz der Stadt Suwalki ist während der Mittagsstunden eines glühend heißen Sommertages kein unbedingt angenehmer Aufenthalt. Die sengenden Strahlen der Sonne treffen schonungslos auf die Haufen von mehr oder weniger wohlriechenden Abfällen, die geruhsam darauf warten, daß ein wohltuender Regen sie eines Tages fortspülen werde. Nur hin und wieder wird die träge Ruhe dieser Mittagsstunde durch das Rumpeln eines Bauernfuhrwerks über die Gebirgsformationen des Kopfsteinpflasters unterbrochen.

Das Gewehr umgehängt, den Stahlhelm ein bißchen unvorschriftsmäßig ins Genick geschoben patrouilliert der deutsche Posten vor der Hauptwache am Marktplatz auf und ab. Er döst ein ganz klein wenig in die Sonnenglut hinein. Er kann sich das gestatten, weil um diese Zeit normalerweise nichts passieren wird, was seine dienstliche Aufmerksamkeit in Anspruch nehmen könnte.

In diesem Sommer 1919 stehen noch immer deutsche Truppen in Suwalki. Sie tun das nicht freiwillig. Die Botschafterkonferenz in Paris hat ausdrücklich den Wunsch geäußert, daß die Deutschen die Gebiete des ehemaligen russischen Gouvernements Suwalki besetzt halten sollen, bis endgültig über die Zugehörigkeit dieses Landes, auf das die Polen ebenso wie die Litauer Anspruch erheben, entschieden worden ist. Aber die Deutschen haben noch eine andere Aufgabe. Sie sollen verhindern, daß die Bolschewisten als dritte Macht, die auf diesen Zipfel des ehemaligen russischen Reiches Anspruch erhebt, hier ihre Herrschaft errichten. So stehen denn freiwillige deutsche Formationen unter dem Kommando des Obersten von Diebitsch seit dem Februar 1919 in und um Suwalki. Im Süden, nicht weit von Grodno, verläuft die Demarkationslinie gegen die Polen und etwa 80 bis 100 Kilometer östlich von Suwalki, etwa in der Höhe von Orany, steht so etwas wie eine dünne Front gegen die Bolschewisten, und an beiden Fronten gibt es täglich Patrouillen-Kämpfe, Schießereien und kleinere Unternehmungen, bei denen oft genug Tote und Verwundete zu beklagen sind. Im übrigen aber führen die Deutschen ein ruhiges und beinahe behäbiges Leben. Der Dienst ist nicht allzu anstrengend und der tägliche Kleinkrieg bildet für die alten Frontsoldaten des Weltkrieges, die anderes gewöhnt sind, eigentlich nur eine nicht ganz ernst genommene Unterbrechung des täglichen Einerlei.

Anders wird die Situation erst, als mit Genehmigung der allmächtigen Pariser Botschafterkonferenz aktive litauische Truppen in das Gebiet von Suwalki einrücken. Die Litauer sind gewiß ein harmloses friedliches Bauernvolk und ihr Militär versucht ehrlich, sich mit den Deutschen gut zu stellen. Aber trotzdem ist ihre Anwesenheit für die Deutschen eine unangenehme Belastung. Sie sind verantwortlich für die Ruhe und Ordnung in dem ganzen Gebiet und sie haben schon einigermaßen damit zu tun, die etwas rauhen alten Soldaten, aus denen ihre eigenen Formationen zusammengesetzt sind, in Rand und Band zu halten. Nun kommen die Litauer, und es gibt jetzt beinahe täglich blutige Kämpfe mit der polnischen Miliz, die sich ebenfalls mit allerhöchster Genehmigung von Paris aus im okkupierten Gebiet gebildet hat. Oft genug kommt es vor, daß die Deutschen mit ein paar Maschinengewehren eingreifen müssen, um die Straßen des Städtchens Suwalki frei zu bekommen, auf denen Polen und Litauer erbitterte Gefechte auskämpfen.

Aber Oberst von Diebitsch ist kein Mann, der sich durch solche Dinge aus der Ruhe bringen läßt. Er darf weder die Polen noch die Litauer entwaffnen, obwohl das natürlich das Einfachste wäre. Aus diesem Dilemma findet er einen beinahe genialen Ausweg. Wenn er den Streithähnen die Gewehre nicht wegnehmen darf, weil die Pariser Herren das aus irgendeinem Grunde nicht wünschen, so wird er sie ihnen lassen, aber er wird aus diesen Gewehren die Schlösser entfernen und unter seine Obhut nehmen.

Diese Aktion spielt sich so ab, daß der Oberst sich die Führer der polnischen Miliz kommen läßt und ihnen eine kleine, aber gänzlich unmißverständliche Ansprache hält. Seine untersetzte straffe Figur in der Uniform des ruhmreichen alten Regiments der Grenadiere zu Pferde reckt sich, als die polnischen Milizoffiziere vor ihm stehen. Es ist ein merkwürdiges Bild, diese Männer mit ihren breiten blanken Schleppsäbeln und den Pistolen im Gürtel vor dem grauhaarigen energischen Offizier stehen zu sehen, der keinerlei Waffe trägt und die polnischen Herren abkanzelt, wie etwa ein Lehrer seine unbotmäßigen Schüler. Die Herren mit den großen Schwertern, die anfänglich angeblich kein Deutsch verstanden, werden auf einmal hellhörig, als Oberst von Diebitsch ihnen ankündigt, daß sie innerhalb von vierundzwanzig Stunden ihre Gewehrschlösser an die Deutschen abzugeben hätten. Erregt protestieren sie und erklären, daß die Sicherheit der polnischen Bevölkerung von der Existenz der bewaffneten Miliz abhänge.

»Für die Sicherheit der Bevölkerung, ob polnisch, jüdisch oder litauisch, sorge ich«, fährt Oberst von Diebitsch sie an. »Wenn meinem Befehl nicht in der angegebenen Zeit Folge geleistet ist, werde ich durch meine Leute die Entwaffnung durchführen und außerdem Sie, meine Herren, wegen Widerstand gegen die Anordnungen der okkupierenden Macht festnehmen lassen.«

Das wirkt. Dieses Deutsch verstehen die Polen. Und innerhalb von vierundzwanzig Stunden sind die Gewehrschlösser abgegeben. Merkwürdigerweise geben es daraufhin die polnischen Milizsoldaten auf, mit ihren nunmehr ungefährlichen Gewehren durch die Straßen von Suwalki zu paradieren. Sie empfinden die Lächerlichkeit, der sie sich aussetzen, wenn sie in einem solchen Aufzuge sich noch als die Beschützer der Bevölkerung aufspielen würden.

Der Kommandeur des aktiven litauischen Regiments, das bisher Suwalki ebenfalls ein wenig unsicher gemacht hat, ein alter in Ehren grau gewordener russischer Feldwebelleutnant, zieht es nach einer ausführlichen Aussprache mit dem deutschen Kommandanten vor, mit seinem Regiment aus Suwalki zu verschwinden und sich weiter nördlich in die Gegend von Seiny, wo es keine polnische Miliz gibt, zurückzuziehen. Die Ruhe und Ordnung in diesem Teil des von Polen und Litauen umstrittenen Gebietes ist wieder hergestellt. Das energische Auftreten des Obersten von Diebitsch und die Anwesenheit deutscher Truppen haben für die folgende Zeit unnützes Blutvergießen unmöglich gemacht.

*

Aber nicht überall sieht es so günstig aus. Das Wilna-Gebiet, auf das ebenfalls Polen und Litauer reflektierten, und das für die Litauer dadurch von besonderer Bedeutung ist, daß Wilna die alte Hauptstadt des früheren litauischen Reiches ist, hat nicht das Glück, von einer neutralen Macht in Ordnung gehalten zu werden.

Schon im Frühjahr 1919 besetzen polnische Truppen die Stadt Wilna. Mit dem Tage ihres Einzuges beginnt eine rigorose Verfolgung alles Litauischen in Stadt und Land Wilna. Unter dem Vorwande des Sympathisierens mit den Bolschewisten wird eine große Zahl angesehener litauischer Bürger von Wilna verhaftet und ins Gefängnis geworfen. Die Polen erlassen ein Verbot, auf den Straßen von Wilna litauisch zu sprechen. Alle litauischen Firmenschilder müssen entfernt werden. Zeitungsverbote und Verwaltungsschikanen aller Art vervollkommnen das Programm der neuen polnischen Herren. Diese Ära der polnischen Herrschaft dauert bis zum Sommer 1920, bis zu dem Augenblick, in dem die Kosaken des russischen Generals Tuchatschewski die polnische Verwaltung aus Wilna verjagen. Die Russen haben nicht den Wunsch, selber das Wilnagebiet für sich in Anspruch zu nehmen. Schon wenige Tage, nachdem die ersten russischen Truppen in Wilna eingezogen sind, kann die litauische Verwaltung die Stadt wieder übernehmen. Die Russen betrachten sich absolut nur als die Gäste der rechtmäßigen litauischen Herren.

So bleibt die Lage, bis nach dem Wunder an der Weichsel die Russen Wilna wieder räumen müssen. Aber noch befinden sich die Litauer in der Stadt. Noch ist in Paris, wo die Botschafterkonferenz über die Schicksale der neuen Staaten im Osten Europas entscheiden soll, kein Beschluß über die endgültige Grenzführung zwischen Polen und Litauen gefaßt worden.

Das ist ein Zustand, den Marschall Pilsudski nicht zu dulden gewillt ist. Im Anschluß an die Säuberungsaktion im Norden Polens dringen zunächst polnische Truppen über Grodno in das Gebiet von Suwalki und Seiny vor, das bereits seit einem Jahr von den Deutschen geräumt worden ist. Es kommt zu heftigen und blutigen Kämpfen mit den litauischen Truppen, die jedoch auf die Dauer den weit überlegenen Polen keinen ernsthaften Widerstand leisten können. Bis Seiny stoßen die polnischen Bataillone vor. In einem ausführlichen Protest der litauischen Regierung gegen diese offenkundige Kriegshandlung Polens wird unter anderm festgestellt, daß die polnische Soldateska, die Ende September

1920 in das Städtchen Seiny eingedrungen ist, während eines nur etwa zweitägigen Aufenthalts nicht weniger als 25 Geschäfte und 150 Privathäuser geplündert und 22 Mädchen vergewaltigt hat. Der angerichtete Sachschaden in dem armen, kaum mehr als 1800 Einwohner zählenden Örtchen wird mit zwei Millionen Mark angegeben.

Verhandlungen, die etwa zur selben Zeit zwischen Polen und Litauern in Kalvaria geführt werden, führen zu keinem Erfolg.

Dem litauischen Notschrei kann die Botschafterkonferenz und auch der Völkerbund nicht ganz sein Ohr versagen. Anfang Oktober geht eine Völkerbundskommission unter der Führung des französischen Obersten Chardigny nach dem Osten, um zwischen Polen und Litauen zu vermitteln. Die Abreise dieser Kommission wird mit Recht in Warschau dahin gedeutet, daß nunmehr Gefahr im Verzuge ist. Wenn der Völkerbund erst ernsthaft mit der Prüfung der tatsächlichen Verhältnisse in den strittigen Gebieten beginnt, dann sinken die polnischen Aussichten auf diese Landesteile sehr schnell. Man wird also irgendetwas unternehmen müssen. Die Frage ist nur, was. Es geht nicht gut an, der Völkerbundskommission offiziell die kalte Schulter zu zeigen. In dieser Kommission sitzen außer dem französischen Obersten ein Italiener, ein Engländer und ein Japaner. Hätte man es nur mit den Franzosen alleine zu tun, so würde man schon eine günstige Entscheidung herbeiführen können. Aber so besteht die Gefahr, daß der französische Freund überstimmt wird. Die Völkerbundskommission muß also auf irgendeine Weise ausgeschaltet werden.

In den Tagen vom 6. bis 8. Oktober finden in Suwalki, diesmal unter der Obhut der Völkerbundskommission, neue Verhandlungen zwischen den Polen und den Litauern statt. Die polnische Regierung ist offiziell vertreten und der Warschauer Außenminister Fürst Sapieha fließt vor Liebenswürdigkeit und Hochachtung nur so über vor den hochmögenden Herren des Völkerbundes. Seine Aufgabe bei diesen Verhandlungen besteht darin, nicht gleich am ersten Tage eine Einigung zustande kommen zu lassen. Man braucht in Warschau nicht viel Zeit, aber einige Tage werden doch nötig sein, um die Vorbereitungen für die Aktion zu treffen, mit der man jede nur denkbare Entscheidung der Kommission zu paralysieren hofft. Bis zum 8. kann Sapieha die Verhandlungen hinziehen. Dann kommt ein Vertrag zustande, nach dem eine vorläufige Grenze zwischen Polen und Litauen festgelegt wird. Diese Grenzlinie verläuft südlich von Wilna, läßt also die Stadt selbst im Besitz der Litauer.

Höflich lächelnd unterschreibt der polnische Fürst dieses feierliche Abkommen, das den Kämpfen ein Ende machen soll. Er unterschreibt, obwohl er genau weiß, daß innerhalb von vierundzwanzig Stunden dieses eben geschlossene Abkommen gebrochen werden wird. Nach der Unterzeichnung packt er allerdings ein wenig beschleunigt seine Koffer, um nach Warschau zurückzukehren. Es wäre denn doch von beträchtlicher Peinlichkeit, würde er noch am 9. in Suwalki weilen und den Mitgliedern der Völkerbundskommission unter die Augen treten müssen. Denn an diesem Tage besetzt der polnische General Zeligowski an der Spitze einer polnischen Division die Stadt Wilna.

Das ist nicht mehr und nicht weniger als eine offene und brutale Verletzung des soeben abgeschlossenen Abkommens von Suwalki. Das weiß man in Warschau und man ist sich natürlich auch nicht einen Augenblick darüber im Unklaren, wie eine derartige Friedensverletzung in Paris und in Genf wirken muß. Man greift daher, um das Gesicht zu wahren, zu einer mehr als fadenscheinigen Komödie.

Man erklärt Zeligowski und seine Division für Meuterer. Keinerlei Anweisung sei von Warschau gegeben worden. Man mißbilligt in den schärfsten Tönen das selbständige Vorgehen des meuternden Generals.

Nur eine Kleinigkeit haben dabei die Warschauer Herren vergessen, und diese Kleinigkeit besteht darin, daß der Vertrag von Suwalki erst am 8. Oktober geschlossen wurde. Daß also der General Zeligowski, als er in der Nacht vom 8. zum 9. seine Division in Marsch setzte, kaum den genauen Inhalt dieses Vertrages, der überhaupt offiziell zu diesem Zeitpunkt noch gar nicht veröffentlicht worden war, kennen konnte, daß also die Behauptung, der General habe sich, empört über die ungerechte Entscheidung von Suwalki, selbständig in den Besitz der Stadt Wilna gesetzt, ganz unhaltbar ist.

Aber auch ohne diesen zeitlichen Rechenfehler kann in der Welt draußen über den wahren Zusammenhang kein Zweifel bestehen. Denn, kaum hat der angebliche Meuterer Zeligowski Stadt und Land Wilna besetzt, und mit einer eigenen »autonomen Wilnaregierung« beglückt, als bereits die ersten offiziellen Schritte von Warschau aus unternommen werden, um den Völkerbund zur Vornahme einer Volksabstimmung im Wilna-Gebiet zu veranlassen.

In Genf und Paris herrscht Bestürzung und Verlegenheit. Man ist sich durchaus im unklaren darüber, was man unternehmen soll. Es wäre sinnlos, den Litauern zu gestatten, sich Wilna mit Waffengewalt wiederzuholen, denn dazu sind die Litauer praktisch gar nicht in der Lage. Aber noch unmöglicher ist es, auf andere Weise die Polen zur Herausgabe der geraubten Stadt zu zwingen. Man überlegt hin und her und findet keinen Ausweg, obwohl es ihn natürlich gegeben hätte. In diesem Augenblick war nichts anderes nötig, als der Warschauer Regierung kategorisch zu erklären, daß sie sofort mit oder ohne Gewalt die Räumung von Wilna zu veranlassen habe, widrigenfalls dies der Beweis sei, daß die polnische Regierung nicht imstande sei, für Ruhe und Ordnung zu sorgen. Und man brauchte nichts anderes zu tun, als die Ankündigung hinzuzufügen, daß man unter diesen Umständen nicht in der Lage sei, wirtschaftlich und kulturell hochstehende Gebiete wie die preußischen Provinzen Posen und Westpreußen bei diesem, seiner eigenen Militärs nicht mächtigen Staate zu belassen.

Der Erfolg einer solchen Maßnahme wäre ohne Zweifel frappierend gewesen. Aber das hätte ja bedeutet, daß man den von Frankreich mit soviel Liebe in die Welt gesetzten polnischen Staat zu Gunsten Deutschlands geschwächt hätte. Das konnte natürlich für die Franzosen niemals auch nur einen Augenblick ernsthaft in Frage kommen.

Also bleibt es bei lahmen Protesten und dem Zugeständnis, daß im Wilna-Gebiet eine Volksabstimmung stattfinden werde, sobald der aufrühreriſche General Zeligowski mit seinen Truppen das Gebiet wieder verlassen hat.

Grade das hört man in Warschau besonders gern. Günstiger hätte es garnicht kommen können. Denn nun liegt die Lösung sozusagen auf der Hand. Zeligowski braucht sich jetzt nur noch weiterhin dem formellen Räumungsbefehl aus Warschau zu widersetzen, dann geht alles in Ordnung. Dann wird die immerhin nicht ungefährliche Volksabstimmung gar nicht stattfinden. Sollte aber der Völkerbund seine ursprüngliche Forderung abändern und die Volksabstimmung trotz der Anwesenheit Zeligowskis stattfinden lassen, dann wird dieser alte Haudegen schon dafür sorgen, daß sie so ausfällt, wie man es in Warschau wünscht.

Um über die Gefühle der polnischen Regierung gegenüber dem General Zeligowski keinerlei Zweifel aufkommen zu lassen, wird noch im Dezember 1920 erklärt, daß nicht beabsichtigt sei, irgendwelche Maßnahmen gegen den General zu unternehmen. Auf die dringlichen Telegramme und Noten des Völkerbundes antwortet die polnische Regierung in einem Ton, der nur aus der großen Sicherheit zu erklären ist, mit der sie weiß, daß praktisch nichts ernsthaftes gegen Polen unternommen werden wird. So heißt es in einer polnischen Note vom 6. Januar 1921 an den Rat des Völkerbundes: »Der Rat kann auf die unbeschränkte moralische Unterstützung der polnischen Regierung zählen, um die Entwaffnung, Entlassung oder den Rückzug der Truppen des Generals Zeligowski zu erwirken oder um eine örtliche Neugestaltung der Verwaltung der von ihm besetzten Gebiete, wie sie vom Rat notwendig erachtet werden könnte, durchzuführen.«

Ihre moralische Unterstützung sagt also die Warschauer Regierung gütigst zu. Von der praktischen Durchführung ist mit keinem Worte die Rede, obwohl man in Warschau natürlich genau weiß, daß es eine Kleinigkeit wäre, den General aus Wilna zurückzupfeifen.

Inzwischen sitzt Zeligowski ungerührt von dem Papierkrieg, der zwischen Warschau und Genf geführt wird, in Wilna und organisiert seine Regierung, zu der, um den Hohn auf den Völkerbund voll zu machen, Warschau einen diplomatischen »Bevollmächtigten« entsendet. Man erkennt also, um sich dieses diplomatischen Ausdruckes zu bedienen, de jure die Regierung desselben Generals offiziell an, den man dem Völkerbund gegenüber als Meuterer bezeichnet hat. Zeligowski macht sich während dieser Zeit an die Vorbereitungen, eine »Volksvertretung« in dem von ihm besetzten Gebiet wählen zu lassen. Die Vorbereitungen, die er trifft, sind derart, daß nicht nur die Litauer, die sich seiner Herrschaft erfreuen, sondern auch die Juden und die Weißrussen sehr bald erklären, daß es angesichts des von den Polen ausgeübten Terrors eine Farce sei, wählen zu wollen und daß der einzig mögliche Protest die völlige Wahlenthaltung der ihnen zugehörenden Volksgruppen sei. Das bedeutet in der Praxis, daß von den etwa 220000 Einwohnern der Stadt Wilna die 33 Prozent Juden und der mindestens ebenso hohe Prozentsatz von Weißrussen nicht wählen werden, daß also im besten Falle überhaupt nur ein

Drittel der Bevölkerung seine Stimme abgeben wird. Draußen im Lande, wo der Bevölkerungsanteil der Weißrussen noch weit höher ist, liegen die Verhältnisse, im ganzen genommen, kaum anders.

Aber das alles interessiert den General nicht im geringsten. Er weiß ganz genau, daß dieses Land, vielleicht nicht in seiner Mehrheit, litauisch ist. Daß es aber noch weit weniger polnisch ist. Wenn er jetzt die Komödie einer Wahl aufführt, so ist das nichts anderes als ein weiterer Akt der von Warschau aus in Szene gesetzten Groteske, bei der er nichts anderes als ein ausführendes Organ, als ein Soldat seines Marschalls ist. Weshalb soll er sich also Gedanken über Recht oder Unrecht machen?

Vorläufig allerdings erscheint es den Warschauer Herren noch nicht ratsam, zu den bisherigen Provokationen diese neue hinzuzufügen. Sie müssen sich noch damit begnügen, daß Zeligowski in Wilna sitzt. Sie können die Wahlkomödie noch nicht machen lassen, die den Zweck hat, den Anschluß des Wilna-Gebietes an Polen durch die gewählten Vertreter des Herrn Zeligowski proklamieren zu lassen. Zunächst muß noch weiter verhandelt werden. Der Gedanke einer wirklichen Volksabstimmung ist noch nicht ganz tot. Man denkt in Genf daran, unter dem Kommando des Obersten Chardigny 1500 französische Soldaten, denen zur Dekoration als internationale Truppen einige Schweden und Holländer beigegeben werden sollen, nach Wilna zu entsenden, um die ungestörte Durchführung der Volksabstimmung zu überwachen.

Wie unsicher man in Warschau gegenüber der Stimmung der Wilnarer Bevölkerung ist, oder vielmehr wie sicher man der glatten Ablehnung der polnischen Herrschaft ist, geht daraus hervor, daß die Warschauer Regierung selbst diesen wirklich sehr entgegenkommenden Vorschlag nach besten Kräften sabotiert. Jetzt macht man auf einmal das Argument geltend, daß diese 1500 Völkerbundssoldaten nicht in der Lage sein würden, das Wilna-Gebiet gegen etwaige bolschewistische Angriffe zu schützen. Man hat die Stirn, das zu behaupten, obwohl in dem Rigaer Friedensvertrage mit Rußland Moskau ausdrücklich erklärt hat, daß es die Regelung der Wilnafrage als eine Angelegenheit betrachte, die nur zwischen Polen und Litauen zu erledigen sei. Aber gerade mit diesem russischen Zugeständnis jongliert man jetzt. Man behauptet, daß Moskau das Auftreten einer Völkerbundstruppe im Wilna-Gebiet als eine Verletzung des Friedens von Riga betrachten und deshalb zu militärischen Maßnahmen greifen werde.

Daß sich Genf überhaupt auf eine derartige Argumentation einläßt, ist nur mit dem starken Einfluß zu erklären, den während dieser ganzen Zeit Frankreich zu Gunsten des polnischen Freundes ausübt.

Wieder gehen Monate ins Land, in denen diesmal unter dem Vorsitz des Belgiers Hymans verhandelt wird und in denen Zeligowski in Wilna unbeirrt mit seiner Polonisierungspolitik fortfährt. Es ist nun schon ein ganzes Jahr her, seitdem Zeligowski Wilna besetzte, als endlich der Völkerbundsrat mit einem neuen Vergleichsvorschlag herauskommt. Hymans empfiehlt die Schaffung eines autonomen Wilna im Rahmen des litauischen Staates. Eine Forderung, die der polnische Vertreter beim Völkerbunde, Professor Aschkenasy, glatt ablehnt.

Aber der ganze Verlauf dieser Verhandlungen hat der Warschauer Regierung gezeigt, wie wenig ernst es dem Völkerbund mit seinen Protesten gegen die widerrechtliche Okkupierung Wilnas in Wahrheit ist. Diese Erkenntnis ist wertvoll, denn nun ist die Zeit gekommen, in der man Zeligowski den Wink geben kann, die schon lange geplanten Wahlen in Wilna vorzunehmen.

Der Wahlkampf ist natürlich nichts anderes als eine glatte Farce. Es gibt keine Möglichkeit für die Gegner des polnischen Regimes, in irgendeiner annehmbaren Form zu Worte zu kommen. Wer sich rührt, wird eingesperrt. Das polnische Militär sorgt für eine Kirchhofsruhe. Um wenigstens einigermaßen nach außen hin das Gesicht zu wahren, verläßt Zeligowski einige Tage vor den Wahlen für seine Person die Stadt Wilna, aber seine Soldaten bleiben und der General weiß, daß er sich auf den von ihm zurückgelassenen Wahlkommissar Grajowski voll und ganz verlassen kann.

Weder Juden, noch Weißrussen, noch Litauer beteiligen sich an dieser Komödie, die den Namen Wahl führt. Der Erfolg ist so wie die Warschauer Politik ihn wünscht. Einige zwanzig Abgeordnete, die in Wahrheit mehr oder weniger von Zeligowski ernannt sind, bilden den neuen Wilnaer Landtag, der am 20. Februar 1922 über die staatliche Zugehörigkeit des Wilna-Gebiets abstimmt. Nur vier von diesen Männern schlägt in dieser Stunde das Gewissen. Sie wagen natürlich nicht, gegen die Zuteilung Wilnas zu Polen zu stimmen, aber sie enthalten sich wenigstens ihres Votums. Zeligowski wütet über diesen Schönheitsfehler in der so herrlich in Szene gesetzten Groteske einer einmütigen Volkserklärung für Warschau. Die Methoden, die er anwendet, haben später gelehrige Nachahmer genug in den Reihen der Polen und der polnischen Polizei gefunden. Der Erfolg spricht für ihn. Als am 24. März die Abgeordneten ihre Unterschriften unter die Staatsakte setzen, die die Einverleibung Wilnas in den polnischen Staat vollzieht, sind auch jene vier, die sich noch einen Monat vorher der Stimme enthielten, weich geworden und unterschreiben. Am 25. Mai nimmt in feierlicher Sitzung der Warschauer Sejm Kenntnis von dem ‚freien Entschluß' der Wilnaer Bevölkerung, sich Polen einzugliedern, und unter großen Zeremonien werden die Abgeordneten des Wilnaer Landtages als vollgültige polnische Abgeordnete in den Sejm aufgenommen.

Die Komödie, die in Wahrheit weit eher eine Tragödie ist, ist damit vorläufig beendet. Hilflos sitzen die Herren in Genf. Sie wissen nicht, was man nun anfangen soll. Die Tatsachen sind unwiderruflich, und es wird daher das Beste sein, sie in irgendeiner Weise anzuerkennen. Das tut man natürlich nicht sofort, sondern man wendet das oft bewährte Prinzip an, möglichst viel Zeit vergehen zu lassen, damit inzwischen andere Dinge in den Vordergrund des Interesses gerückt sind und dadurch die Blamage ein wenig kleiner wird. Erst am 14. März 1923 erkennt der Völkerbundsrat die tatsächlichen Machtverhältnisse im Wilna-Gebiet an.

*

Seit diesem Tage herrscht an der litauisch-polnischen Grenze ein Zustand, wie man ihn sonst nirgends in Europa kennt. Die Staaten befinden sich im Kriegszustand. Aber es wird kein Krieg geführt. Ebensowenig allerdings gibt es irgend eine Art von Beziehung oder von Verbindung zwischen ihnen. Das wirkt sich im internationalen diplomatischen Leben oft genug unbequem und peinlich aus. Es ist unmöglich, in irgendeiner Hauptstadt Europas den litauischen und den polnischen Gesandten gleichzeitig in demselben Salon zu empfangen. Mancher Chef des Protokolls in irgendeinem europäischen Außenministerium hat über der Erledigung dieser und ähnlicher schwieriger Etikettefragen schlaflose Nächte gehabt.

Aber das sind gesellschaftliche Spielereien. Dort, wo die beiden Staaten wirklich aneinander grenzen, sieht es ernst und oft erschütternd aus. Keine Bahn, kein Weg führt über die Grenzen. Bis an die Zähne bewaffnete Grenzwachsoldaten patrouillieren auf beiden Seiten, und das Knallen der Gewehre ist etwas so Selbstverständliches im Leben der Menschen dort an der Grenze geworden wie für den Großstädter der Ton der vor seinem Hause vorbeifahrenden Autos. Die Bauern, durch deren ärmliche kleine Anwesen häufig genug die Grenze mitten hindurchschneidet, müssen den Teil ihres Besitzes, der »drüben« liegt, verkommen lassen. Wenn sie den Versuch machen, die Grenze zu überschreiten, auch nur um das Heu auf der anderen Seite zu schneiden, so ist das mit Lebensgefahr verbunden. Aber das menschlich Furchtbare liegt darin, daß diese Grenze, die trennender ist, als je die chinesische Mauer es sein konnte, etwas ganz Neues, etwas ganz Unorganisches ist. Sie zerschneidet nicht nur die Anwesen der Bauern. Sie zerreißt auf beiden Seiten bis tief ins Land hinein die Bande der Familien, der menschlichen Beziehungen in schroffster und grausamster Form. Brüder können einander nicht mehr sehen. Eltern sterben, ohne daß ihre nur wenige Kilometer entfernten Kinder zu ihnen gelangen können. Jahrzehnte alte Freundschaftsbande und nachbarliche Beziehungen zwischen Menschen ein und desselben Volkes und ein und derselben Sprache sind hoffnungslos zerrissen.

Gegenüber diesem allen spielen die wirtschaftlichen Folgen dieses latenten Kriegszustandes beinahe die geringere Rolle. Die Holzflößerei auf dem Memel, früher eine der lohnendsten Erwerbszweige des ganzen Landes, ist tot. Das Holz, das aus Polen kommt, wird an der Demarkationslinie, wie die Litauer die Grenze bezeichnen, die sie nicht anerkennen wollen, angehalten. Die polnischen Holzflößer werden beschossen, sobald sie nur den Versuch machen, die Stämme den Fluß weiter hinuntertreiben zu lassen.

Die Entfernung von Wilna nach Kowno, die unter normalen Umständen nur einige Autostunden beträgt, erfordert heute mehr als eine ganze Tagesreise. Es ist notwendig, über Ostpreußen und Riga zu fahren, wenn man von Wilna nach Kowno zu reisen wünscht. Denselben Weg muß jede Postsendung gehen. Dieser Zustand herrscht zwischen zwei Staaten, die jahrhundertelang gemeinsam ein großes Reich bildeten, deren führende Männer zeitweise als groteskes Beispiel der Unsinnigkeit jeder aus dem anderen Lande, aus dem Blute des ärgsten Feindes stammen. Denn Josef Pilsudski ist der Nachkomme eines alten litauischen Adelsgeschlechts, und sein großer Gegenspieler, der sprachgewandte kleine Professor Woldemaras stammt aus Polen. Ein direkter Neffe von ihm dient als aktiver Offizier in der polnischen Armee. Aber wenn die Verwandten sich schreiben wollten, so müßten ihre Briefe auf den grotesken Umwegen an ihr Ziel gelangen.

Jahrelang währt schon dieser Zustand. Jahrelang gibt es keine Tagung des Völkerbundsrates, auf der nicht polnische oder litauische Beschwerden über Grenzverletzungen, Überfälle durch irreguläre Banden, über Zwischenfälle aller Art auf der Tagesordnung stehen. Der polnisch-litauische Streit ist schon zu einem beinahe selbstverständlichen Bestandteil jeder Völkerbundsarbeit geworden, und es vergeht kein Jahr, in dem nicht mindestens einmal Europa in nervöse Erregung gerät, weil die Gefahr des offenen Kriegsausbruches anstelle des bestehenden latenten Kriegszustandes akut zu werden droht.

Man zerbricht sich in Genf den Kopf, wie man diese Wunde heilen kann, an deren Entstehung die Schwäche der Genfer Institution ein nicht geringes Maß von Schuld trägt. Deshalb wird für die Dezembertagung des Völkerbundsrates im Jahre 1927 noch einmal der Versuch einer endgültigen Aussöhnung zwischen Polen und Litauen gemacht. Wenigstens der Kriegszustand soll beendet werden. Das ist der mehr als bescheidene Wunsch, den man in Genf hat.

Die Spannung auf das Ergebnis dieser Tagung wächst ungeheuer, als bekannt wird, daß außer dem polnischen Außenminister Zaleski Marschall Pilsudski selber nach Genf kommen will. Er wird hier Auge in Auge dem litauischen Diktator Woldemaras gegenüberstehen. Das ist eine internationale Sensation, deren politische Bedeutung von großer Tragweite sein kann.

Den Auftakt zu dieser Begegnung auf dem neutralen Boden von Genf bildet eine jener merkwürdigen Presseerklärungen Pilsudskis, die der Marschall von Zeit zu Zeit, meist in Fragen der inneren Politik seines Landes, abgibt, und die nach Inhalt und Form mit den politisch abgewogenen Emanationen anderer Staatsmänner auch nicht die geringste

Ähnlichkeit haben. In dieser an die polnische Öffentlichkeit gerichteten Erklärung, die wenige Tage vor dem Zusammentritt des Völkerbundsrates hinausgeht, sagt Marschall Pilsudski, daß der fiktive Kriegszustand zwischen Polen und Litauen der einzige sei, der heute in Europa bestehe. »An der polnisch-litauischen Grenze spielt sich das Leben unter Waffen ab. Brüder können sich jahrelang nicht sehen und Mütter müssen sterben, ohne ihre Kinder zu sich rufen lassen zu können.« Nachdem der Konflikt, den Polen durch Ruhe und Ausdauer zu beenden gesucht habe, auf litauische Veranlassung vor den Völkerbundsrat gebracht worden sei, sei Woldemaras so nervös geworden, daß er sogar zu Mobilmachungsmaßnahmen gegriffen habe. In dieser Situation habe er, Pilsudski, vor der Entscheidung zwischen Krieg und Frieden gestanden. Ungeheuer schwer habe ihn die Verantwortung dafür gedrückt, daß eventuelle polnische Mobilmachungsmaßnahmen zu spät kommen könnten. »Ich war zwar sicher, daß der Sieg in kurzer Zeit mein sein würde, aber ich zitterte vor der Kriegsgefahr für jene Teile unseres Landes, deren Besetzung ich dann vielleicht nicht durch rechtzeitige Hilfe hätte verhindern können. Eine Nacht lang habe ich mit mir gerungen, aber am nächsten Morgen habe ich dem französischen Botschafter mitteilen lassen, daß ich mich für die höhere Logik des Friedens und gegen die Anwendung kriegerischer Mittel entschieden habe.« Zum Schluß seiner Erklärung kommt Pilsudski dann auf die Persönlichkeit seines litauischen Kollegen Woldemaras zu sprechen und sagt von ihm, er könne nicht zurechnungsfähig sein, wenn er annähme, daß Polen für die Beendigung des Kriegszustandes etwas bezahlen werde, und als besonders angenehmen Auftakt für die persönliche Begegnung zwischen Pilsudski und Woldemaras fordert der polnische Marschall seine Landsleute auf, die Ruhe zu bewahren gegenüber »der Drohung des Schwertes in der Hand eines Irrsinnigen.«

Diese Art der Einleitung von Friedensverhandlungen ist nicht nur für die Genfer Diplomaten neu und absolut überraschend. Sie trägt auch dazu bei, die Spannung auf das persönliche Zusammentreffen zwischen diesen beiden Männern, von denen der Eine den Andern als einen Irrsinnigen beschimpft hat, noch mehr zu erhöhen. Obgleich zu Beginn der Ratstagung am 7. Dezember 1927 Pilsudski noch nicht anwesend ist, und Polen nur durch den Außenminister Zaleski vertreten wird, ist der

Andrang zu der ersten Sitzung, auf deren Tagesordnung die polnisch-litauische Frage steht, ungeheuer stark. Die Journalisten der ganzen Welt wittern Sensationen. Sie sehen Ereignisse voraus, die dramatischer und schildernswerter sein werden, als es sonst im allgemeinen die vornehm gedämpften Genfer Verhandlungen zu sein pflegen. Auch wenn Pilsudski noch nicht selber in Aktion tritt, so werden sie nicht enttäuscht. Die erste Sitzung ist ausgefüllt mit einem Rededuell zwischen Zaleski und Woldemaras, das an Schärfe kaum zu überbieten ist.

Sofort nach Eröffnung erhält Woldemaras das Wort zur Begründung der litauischen Beschwerden gegen Polen. Der kleine Professor mit dem kantigen Bauernschädel und den steil in die Höhe gebürsteten kurzen Kopfhaaren spricht für seine Verhältnisse ziemlich konzentriert und kurz. Er, der nicht nur zwölf Sprachen fließend spricht, sondern auch in der Geschichte Osteuropas so wohlbewandert ist, wie kaum ein anderer, beginnt nicht, wie er es sonst meist zu tun pflegt, seine Ausführungen mit dem zwölften Jahrhundert. Er ist heute ganz aktuellste politische Spannung und seine mit dem harten östlichen Akzent in fließendem Französisch gehaltene Rede beschäftigt sich mit den letzten Kriegsdrohungen Polens gegen Litauen. Er fordert, daß der Völkerbundsrat eine Kommission einsetzen möge, die die Zustände an der polnisch-litauischen Grenze untersuchen soll. Er verlangt weiter die Untersuchung über die Bandenbildung auf polnischem Boden nahe der Grenze, und er bittet den Völkerbund, Vorkehrungen zu treffen, daß die dauernden Verfolgungen litauischer Bürger im Wilna-Gebiet endlich ein Ende finden.

Die Mitglieder des Rates sind verhältnismäßig angenehm von der Kürze überrascht, mit der Woldemaras zum Schluß kommt. Sie sind es aus vielfachen früheren Debatten gewöhnt, daß der litauische Diktator nicht unter zwei bis drei Stunden spricht. Die Wirkung seiner heutigen Ausführungen ist deshalb nicht gering.

Sein Gegner Zaleski hat keinen ganz leichten Stand. Der kluge, zurückhaltende polnische Diplomat, der seinem politischen Auftreten stets einen gewissen Schimmer von gutartiger Bauernschlauheit zu geben versteht, übergeht mit ein paar Sätzen die hauptsächlichsten litauischen Vorwürfe. Was soll er ihnen auch entgegnen? Polen hat zwar sicherlich nicht daran gedacht, den kleinen litauischen Nachbarn mit Heeresmacht zu überfallen, aber die Zustände an der Grenze sind wirklich unmöglich und die Drangsalierung der litauischen Minderheit im Wilna-Gebiet ist ein Thema, auf das kein polnischer Außenminister sich gerne einlassen wird. Also läßt August Zaleski diese Dinge lieber unter den Tisch fallen und geht selber dazu über, Vorwürfe gegen Litauen zu erheben. Er macht das nicht ungewandt, wenn er darauf hinweist, daß zum Beispiel die Sperrung des Memel nicht nur für Polen, sondern auch für die andern baltischen Staaten, insbesondere für Lettland, schwere wirtschaftliche Schäden mit sich bringt. Die von Litauen streng aufrecht erhaltene Grenzsperre sei eine Unmöglichkeit, gegen die der Völkerbundsrat unter allen Umständen etwas Wirksames unternehmen müsse.

Das ist nun sehr schön gesagt, aber sehr schwer getan. Keiner beneidet den vom Rate ernannten Berichterstatter, den holländischen Außenminister Belaert van Blookland, um die undankbare Aufgabe, hier ein Kompromiß zu finden, das wirklich einen Fortschritt darstellt.

Erst nach zwei Tagen legt der Holländer drei Empfehlungen des Rates an die beiden streitenden Mächte vor.

Der litauischen Regierung wird angeraten, den Kriegszustand zwischen Polen und Litauen für beendet zu erklären.

Der polnischen und der litauischen Regierung wird empfohlen, sofort Verhandlungen über die Wiederaufnahme normaler Beziehungen, besonders auf den Gebieten von Post, Telegraphie, Flößerei, Grenzverkehr usw. einzuleiten, unter deren Abbruch die Nachbarstaaten gelitten haben. Dabei erklärt sich der Völkerbundsrat bereit, selbst oder durch einzelne seiner Mitglieder bei der Wiederaufnahme der Beziehungen seine guten Dienste anzubieten. Als drittes empfiehlt Blookland die Einsetzung einer Völkerbundskommission, die entsprechend dem Antrage des litauischen Ministerpräsidenten Woldemaras die Verhältnisse beiderseits der Grenze untersuchen und eine Zeitlang kontrollieren soll.

Dieser letzte Punkt stößt auf den erbitterten Widerstand Zaleskis, der genau weiß, daß Pilsudski, der in den nächsten Tagen in Genf eintreffen soll, sich nie mit ihm einverstanden erklären würde.

Es gehört zu den Eigenartigkeiten der Völkerbundsinstitution, daß energischer Widerstand gegen eine Empfehlung des Rates meist zu ihrer Abänderung und absoluten Verwässerung führt. Zaleski weiß das und er ist deshalb keineswegs erstaunt, daß nach weiteren zwei Tagen dieser dritte Punkt sich dahin umgewandelt hat, daß ein Komitee, bestehend aus den gegenwärtigen Ratspräsidenten und zwei anderen Ratsmitgliedern »zu gegebener Zeit« einen Bericht erstatten soll. Wie dieser Bericht zustande kommen wird, darüber wird nichts gesagt und Zaleski hütet sich sehr wohl, diesen Punkt besonders breit zu treten.

Das Interesse aller Anwesenden ist jetzt auch viel weniger auf diese sachlichen Auseinandersetzungen konzentriert als auf die unmittelbar bevorstehende Begegnung zwischen Woldemaras und Pilsudski, der inzwischen eingetroffen ist.

Der Raum, in dem die Mitglieder des Völkerbundsrates sich zu ihren vertraulichen Sitzungen zu versammeln pflegen, ist mit elektrischer Spannung geladen, wie selten zuvor, als bei Eröffnung der Sitzung vom 10. Dezember Marschall Josef Pilsudski offiziell nur als Zuhörer der Verhandlungen seinen Platz einnimmt. Es ist etwas völlig Ungewohntes für die Außenminister und Botschafter dieses Gremiums, einem Mann gegenüberzustehen, von dem sie alle unendlich viel gehört haben und den kaum einer von ihnen bisher persönlich kennen gelernt hat. Man weiß zuviel von diesem Diktator des polnischen Reiches, als daß man nicht auf Überraschungen gefaßt wäre. Aber alle, die hier im Raume anwesend sind, können sich im Augenblick keine rechte Vorstellung machen, wie die Überraschung dieses Tages aussehen wird.

Die Reden und Erklärungen zu Beginn der Sitzung rauschen an den Ohren der Ratsmitglieder vorüber, ohne daß der Inhalt wirklich geistig verarbeitet wird. Immer wieder schweifen die Blicke zu Josef Pilsudski, der durch die ganze Breite des Raumes getrennt von Woldemaras regungslos da sitzt. Er liebt nicht, in dieser Form Gegenstand der allgemeinen Aufmerksamkeit zu sein und fühlt sich nicht wohl in der ungewohnten und ihm unsympathischen zivilen Kleidung, die er hier tragen muß. Und er weiß nicht, daß er so, wie er hier sitzt, äußerlich auf eine Reihe der ihn beobachtenden Staatsmänner einen erschütternden Eindruck macht, erschütternd deshalb, weil sein harter, kantiger Kopf mit dem buschigen ergrauenden Schnurrbart und den starken Augenbrauen in den Beobachtern unwillkürlich den Vergleich mit dem Kopf des alternden Nietzsche lebendig werden läßt.

Die Reden verklingen und noch immer sitzt Josef Pilsudski, ohne sich zu rühren. Noch immer schaut er scheinbar völlig teilnahmslos auf den Parkettboden zu seinen Füßen. Was soll er hier vor diesen glatten Diplomaten sprechen? Nicht, daß er sich fürchtete. Das ist eine Empfindung, die diesem Mann fremd ist. Aber er fühlt sich unsicher. Er weiß, daß er sehr wohl die Kunst der Rede beherrscht. Aber die Formen, die hier üblich sind, sind ihm verhaßt. Eine kluge, staatsmännisch geformte Rede hat er in seinem Leben noch nie gehalten und wird es auch nicht tun. Aber er hat das peinliche Gefühl, daß man so etwas von ihm erwartet.

Doch da erwacht der Trotz in ihm. Wer sind denn diese Leute, die ihm, Josef Pilsudski, Vorschriften machen möchten, wie er hier aufzutreten hat? Plötzlich lächelt er leicht. Eine groteske Vorstellung schießt ihm durch den Kopf. Er denkt daran, wie wohl dieser oder jener der geschliffenen Diplomaten sich in der russischen Gefängniszelle ausnehmen würde, die er, der alte Revolutionär, so genau kennt. Und in diesem Augenblick hat er seine Sicherheit wieder. In diesem Augenblick hebt er den Kopf, steht auf und geht quer durch den Saal auf seinen Gegner Woldemaras los.

Den Ratsmitgliedern und den wenigen Gästen bleibt eine Sekunde lang der Atem stehen. Was wird nun passieren? Man denkt unwillkürlich an die ungezügelten Worte, die dieser Mann, der jetzt mit langsamen schweren Schritten den Raum kreuzt, noch wenige Tage vorher ausgesprochen hat. Aber da ist es schon zu spät zu weiteren Überlegungen. Groß und wuchtig, ein wenig breitbeinig, so etwa wie ein alter Sergeant vor einem Rekruten, so steht Josef Pilsudski vor dem Professor Woldemaras.

Und kurz, militärisch, knapp kommen die Worte aus seinem Munde: »Also, was wollen Sie? Herr Woldemaras? Krieg oder Frieden?«

Das hat man in diesem Raum noch nie gehört. Das ist etwas völlig unglaubhaft Unerhörtes. Keiner von denen, die mit ihren Ohren, mit ihren Hirnen diese Worte erfassen, zweifelt auch nur den Bruchteil einer Sekunde an ihrem Ernst. Hier in diesem einen Satz wird wirklich die Frage Krieg oder Frieden ohne jeden diplomatischen Umschweif, ohne jede mildernde Verklausulierung gestellt.

Auch Woldemaras fühlt das. Er sieht vor sich den polnischen Diktator stehen, der ihm jetzt langsam die Hand entgegenstreckt. Und wie unter dem Zwang einer Hypnose nimmt er diese Hand und sagt nur das eine Wort: »Frieden.«

*

Das ist der Friedensschluß zwischen Polen und Litauen. Nie ist in der Geschichte der modernen Völker ein Frieden auf ähnliche Weise zustande gekommen. Aber es hat noch niemals einen Friedensschluß gegeben, der so wenig praktische Folgen gehabt hat wie dieser Frieden des 10. Dezember 1927. Die Erleichterung, die in dem Augenblick, als Woldemaras das rettende Wort sprach, durch den Genfer Ratssaal und die europäische Öffentlichkeit ging, hat bald einer bitteren Enttäuschung Platz gemacht. Der Kriegszustand zwischen Polen und Litauen war zwar beendet. Aber der Frieden ist trotzdem nicht gekommen.

Auf Wunsch des Völkerbundsrates haben in den folgenden Jahren eine Reihe von Konferenzen zwischen Polen und Litauen stattgefunden. Alle sind zu Ende gegangen, ohne daß das Ziel erreicht wurde, natürliche nachbarliche Beziehungen zwischen beiden Ländern herzustellen.

Auch heute noch bestehen keine diplomatischen Beziehungen zwischen Polen und Litauen, und die litauische Verfassung des Jahres 1928 bezeichnet ausdrücklich Wilna als die Hauptstadt des Landes. Der litauische Staatspräsident Smetona hat wiederholt erklärt, daß Litauen niemals einen polnischen Gesandten in einer andern Stadt als Wilna empfangen werde.

Die Grenze ist heute noch genau so unüberschreitbar wie vorher. Keine Eisenbahn- oder Postverbindung besteht. Das wirtschaftliche Leben an dieser Grenze ist so tot wie zuvor.

Der Krieg um Wilna ist beendet. Aber Frieden wird nicht herrschen, solange ein polnischer Wojwode in der Hauptstadt Litauens residiert.

IV. Kapitel

Korfanty führt Krieg

Das Ringen um Oberschlesien 1921

Im Hotel Lomnitz in Beuthen herrscht Hochbetrieb. Die Straße vor dem Hotel ist erfüllt von dem Brummen der Autos, von dem Knattern der Motorräder, von dem Kommen und Gehen der Ordonnanzen und Boten. Seit vielen Monaten schon ist dieses früher stille Hotel nicht mehr der Rastplatz für Geschäftsreisende oder Ingenieure, die vorübergehend in irgendeinem der Beuthener Industrieunternehmen zu tun haben. Seit Monaten schon ist dieses Haus der politische Mittelpunkt des polnischen Oberschlesien. Hier hat Woiczech Korfanty sein Hauptquartier aufgeschlagen. Hier ist das Zentrum aller Kräfte, die Oberschlesien vom Deutschen Reiche loslösen und für Polen annektieren wollen.

In diesem Augenblick ist es nicht gut, in die Nähe des hohen Herrn zu kommen. Woiczech Korfanty, Plebiszit-Kommissar Polens für die von den alliierten Mächten befohlene Volksabstimmung in Oberschlesien, ist in geradezu verhängnisvoll schlechter Stimmung. Wer es vermeiden kann, geht ihm in großem Bogen aus dem Wege. Aber nicht alle können das. Sein Freund und Mitarbeiter, der Rechtsanwalt Wolny ist Kummer gewöhnt. Er läßt die Flüche Korfantys an sich abgleiten wie eine Ente das Wasser. Er hat Verständnis dafür, daß Korfantys Laune heute wesentlich unter den Nullpunkt gesunken ist. Denn die Nachrichten, die eben aus Oppeln vom Sitz der interalliierten Kommission für Oberschlesien eingetroffen sind, sind wahrlich alles andere als schön.

Korfanty rennt in seinem Arbeitszimmer auf und ab wie ein gefangener Löwe. Er empfindet es als eine persönlich gegen ihn gerichtete Schikane, daß bei der interalliierten Kommission in Oppeln nicht nur und ganz allein sein guter Freund, der französische General le Rond etwas zu sagen hat und daß die in Oppeln sitzenden Engländer und Italiener sich erlauben, gelegentlich daran zu denken, daß die interalliierte Kommission nicht ausschließlich ein Organ der polnischen Politik ist.

Am 20. März 1921 hat die Volksabstimmung stattgefunden und trotz aller vorhergehenden Bemühungen Korfantys und seiner Mitarbeiter beinahe eine Zweidrittel-Mehrheit für Deutschland gebracht. Von 1186758 Stimmen wurden 707393 für Deutschland und nur 479365 für Polen abgegeben. Von diesen polnischen Stimmen kann Woiczech Korfanty sich einen sehr beträchtlichen Teil auf seine höchst persönliche Rechnung schreiben. Seine Agitation, eine geniale Verbindung von Versprechungen und Terror, hat die Stimmenzahl für Polen wohl doppelt so hoch getrieben, als sie unter normalen Umständen gewesen wäre.

Und jetzt, noch nicht sechs Wochen nach dieser Abstimmung soll womöglich alle Arbeit und alle Anstrengung umsonst gewesen sein? Jetzt soll vielleicht nur ein kleiner Teil Oberschlesiens, nur die Kreise Pleß und Rybnik an Polen fallen? Korfanty hat das Gefühl, als könne er seinen Warschauer Auftraggebern niemals wieder unter die Augen treten, seitdem ihm heute morgen seine Oppelner Spione gemeldet haben, daß der Bericht, den die interalliierte Kommission an die Botschafterkonferenz in Paris entworfen hat, die Auffassung vertritt, daß auf Grund des Abstimmungsergebnisses auf keinen Fall ganz Oberschlesien an Polen gegeben werden könne.

Korfanty stößt einen jener Flüche aus, wie sie in so grauenhafter Derbheit eigentlich nur die polnische Sprache zu formen vermag. Das also ist aus den Versprechungen le Ronds geworden.

Und trotzdem hat Korfanty eigentlich nicht das Recht, sich über seinen Freund le Rond zu beschweren. Bis zu diesem Tage hat der französische General wirklich alles getan, was in seinen Kräften stand, um die Sache Polens in Oberschlesien zu fördern. Seit dem 11. Februar 1920, dem Tage, an dem General le Rond an der Spitze der interalliierten Kommission in Oppeln eingezogen ist, ist ja überhaupt erst die polnische Agitation in Oberschlesien voll zur Wirkung gelangt. Alles, was vorher war, dieser mißglückte Generalstreik und der noch weniger gelungene Putsch des Jahres 1919, war ja noch nichts Rechtes gewesen. Jetzt erst, seitdem le Rond in Oppeln saß, seitdem französische Truppen und französische Kriminalpolizei eng mit Korfanty und seinen Beauftragten zusammenarbeiteten, konnte man daran denken, die Vorbereitung für die kommende Volksabstimmung mit einiger Aussicht auf Erfolg zu betreiben. Jetzt war es möglich, den Deutschen die Waffen wegzunehmen, mit denen sie hier und dort sich gegen den polnischen Terror zur Wehr setzten. Jetzt erst konnten unbehindert die Rollkommandos von Korfanty jeden krankenhausreif schlagen, der sich unterstand, für Deutschland zu agitieren. Das alles ist unbestritten das alleinige Verdienst des Generals le Rond. Das weiß Korfanty genau, und wenn er heute den französischen Freund in den Kreis derer einbezieht, denen seine Flüche gelten, so ist das sehr ungerecht von ihm.

Denn le Rond hat noch mehr für ihn getan. Als Korfanty am 19. August 1920 seine mit Warschauer Gewehren und Warschauer Munition ausgerüsteten Banden zu einem zweiten Aufstandsversuch losbrechen ließ, da haben die Franzosen auf Anweisung le Ronds an vielen Orten die deutsche Sicherheitspolizei, die sich den Aufständischen entgegenwarf, entwaffnet. Und wenn es wenigstens vorübergehend zu einem gewissen Erfolge dieses zweiten Putsches gekommen ist, so ist das durchaus das Verdienst le Ronds und seiner Soldaten.

Trotz aller seiner Wut muß Korfanty ein wenig lachen, als er daran denkt, wie es ihm gelungen ist, im Zusammenwirken mit le Rond den mißglückten zweiten Polenaufstand doch noch zu einem großen Erfolge umzugestalten. Kein anderer hätte die Stirn gehabt, aus diesem Aufstand die Konsequenz zu ziehen, die Auflösung der deutschen Sicherheitspolizei für notwendig zu erklären. Le Rond ist damals auf diese wirklich geniale Anregung Korfantys sofort eingegangen. Die deutsche Polizei wurde aufgelöst und an ihre Stelle trat die sogenannte Abstimmungspolizei, die, wie man das so schön nennt, paritätisch zusammengesetzt wurde. In der Praxis sah diese Parität so aus, daß überall da, wo es den Polen genehm war, die gesamte Polizeigewalt in polnische Hände kam. Das war vielleicht die größte Erleichterung, die Korfanty für seine Agitation zuteil werden konnte.

Daß trotz alledem die Abstimmung so ungünstig für Polen ausfiel, war bestimmt nicht die Schuld le Ronds.

Korfanty rennt noch immer in seinem Zimmer auf und ab und es gelingt seinem Freunde Wolny nicht, ihn zu beruhigen. Korfanty weiß in diesem Augenblick nur eins: Wenn der Bericht der interalliierten Kommission so aussieht, wie man ihm gemeldet hat, dann ist sein ganzer Kampf verloren. Dann sind alle die Millionen, die man ihm von Warschau aus seit 1919 zur Verfügung gestellt hat, überhaupt nichts wert.

Das muß verhindert werden, koste es, was es wolle. Wenn der Bericht offiziell bekannt wird, dann ist es zu spät, noch etwas zu unternehmen. Man hat ihm in Warschau oft genug gesagt, daß er so viel Waffen und Munition haben kann, wie er nur will. Und Korfanty hat das ausgenutzt. Schon ein paar Tage nach der Volksabstimmung hat er damit begonnen, für alle Fälle einen dritten Aufstand vorzubereiten. In Sosnowice, hart hinter der deutsch-polnischen Grenze, sitzen seit Wochen polnische Offiziere und bilden oberschlesische Polen und Freiwillige aus allen möglichen Landesteilen Polens im Waffengebrauch aus. Jede Nacht rollen auf dem Bahnhof Sosnowice die Züge ein, die Gewehre, Munition, Maschinengewehre und Handgranaten, ja sogar Artillerie heranführen. Aber Korfanty weiß, aus zweifacher Erfahrung, daß die Deutschen selbst ohne Waffen nicht einfach kapitulieren, wenn er mit seinen Aufständischen kommt. Er will für den neuen Aufstand wirklich gut vorbereitet sein. Er braucht fünfzig bis sechzigtausend tadellos ausgerüstete Leute. Um die Führung macht er sich keine Sorgen, die wird ihm von Warschau her gestellt. Aber diese Armee, die ja schließlich nicht offiziell aus aktivem polnischen Militär bestehen darf, ist nicht von heute auf morgen auf die Beine zu stellen. Eine gewisse Zeit braucht man und Korfanty ist deshalb so völlig außer sich, weil seine Vorbereitungen in diesem Augenblick noch nicht ganz abgeschlossen sind, als er erfährt, daß vielleicht schon in wenigen Tagen der Bericht der interalliierten Kommission veröffentlicht werden wird.

Aber Toben hilft nichts. Hier muß gehandelt werden. Man muß mit einem großen Schlage die Atmosphäre schaffen, die für den Beginn der neuen Aktion notwendig ist. Korfanty hat sich nun wieder in der Gewalt. Er überlegt kalt und klar, während sein Sekretär ihm eine Verbindung mit Warschau herstellt. Er muß noch einmal eine letzte Rücksprache haben, um die Warschauer Stellen über die Einzelheiten dessen zu informieren, was sich nun innerhalb der nächsten achtundvierzig Stunden abspielen muß.

Das Gespräch ist beendet und Korfanty gibt den Befehl, die Koffer zu packen. Er weiß, daß er nicht mehr lange in dieser absolut deutschen Stadt Beuthen wird bleiben können. Und dann geht er an die Arbeit.

Die Sekretärin, der er diktiert, blickt ein paarmal erstaunt zu ihm auf. Sie ist aus den vorhergehenden Wochen und Monaten allerlei gewöhnt.

Aber das, was jetzt kommt, ist etwas, worauf weder sie noch der im Zimmer anwesende Rechtsanwalt Wolny jemals verfallen wären. Das Diktat Korfantys hat folgenden Wortlaut:

Die Diplomaten haben gesprochen!

Die Kreise Rybnik, Pleß und ein Teil von Kattowitz an Polen.

Der Bericht der interalliierten Kommission.

Warschau, 30. April. (East Expreß.)

Unser Berliner Korrespondent erfährt, daß Berliner Blätter aus Kattowitz aus gut informierten Ententekreisen die zuverlässige Nachricht erhalten haben, daß die interalliierte Kommission in Oppeln am Donnerstag ihren Bericht über das Abstimmungsergebnis in Oberschlesien fertiggestellt hat und diesen Bericht am Freitag nach London an den Obersten Rat gesandt hat.

Die interalliierte Kommission schlägt in ihrem Bericht eine Teilung Oberschlesiens zwischen Deutschland und Polen vor und zwar in der Weise, daß Deutschland fast ganz Oberschlesien zusammen mit dem zentralen Industriegebiet erhalten soll. Die interalliierte Kommission rät, Polen nur die Kreise Rybnik und Pleß zuzuteilen, sowie eine unbedeutende Grenzkorrektur im Kreise Kattowitz östlich von der Stadt vorzunehmen.

Und weiter geht das Diktat: Korfanty ist im Zug. Sein Plan steht fest. »Schreiben Sie schneller!« herrscht er die Sekretärin an. »Wir haben keine Zeit mehr zu verlieren.«

»Beuthen, 1. Mai.

Unser Beuthener Korrespondent versuchte sofort nach Eintreffen obiger Meldung, an Ort und Stelle in Oberschlesien eine Bestätigung zu erhalten. Alles spricht dafür, daß die in Berlin eingetroffene Meldung vollkommen auf Wahrheit beruht. Die halb-offiziösen Meldungen, die in letzter Zeit über die Entscheidungen in Oberschlesien verbreitet wurden, finden heute ihre Bestätigung. Heute steht die Wirklichkeit vor uns.«

Wolny weiß sich vor Staunen nicht mehr zu lassen. Obwohl es immer gefährlich ist, Korfanty zu unterbrechen, fragt er, was dieser neueste Schachzug zu bedeuten habe. Korfanty lacht kurz auf: »Sie werden gleich verstehen. Das ist nur der Auftakt. Aber stören Sie mich jetzt nicht. Jetzt muß ich meine Gedanken zusammennehmen. Jetzt kommt es darauf an. Schreiben Sie weiter, Fräulein.«

Die oberschlesische Industrie in Gefahr.

Die deutschen Schlotbarone wollen Oberschlesien vernichten.

Am 7. April dieses Jahres fand in Kattowitz im Hotel Clemenz eine Versammlung der deutschen Großindustriellen statt, die uns die verbrecherischen Absichten dieser allmächtigen Industriegebieter mit erschreckender Deutlichkeit vor Augen stellt. Die Pläne, die am 7. April besprochen wurden, reißen die Maske vom Gesicht jener allgewaltigen Aussauger, die es wagen, als Vertreter der oberschlesischen Industrie aufzutreten und die sich jetzt mit verbrecherischen Vernichtungsgedanken gegen unsere polnische Heimat und unsere Arbeiterschaft tragen.

Über die Versammlung erfährt der ‚Goniec Slonski' folgendes: Die Sitzung wurde von dem deutschen Plebiszitkommissar Dr. Urbanek eröffnet, der gleichzeitig über die politische Lage referierte. Danach stellte er den versammelten Industriellen die Frage, was sie für den Fall des Anschlusses des Industriegebietes an Polen zu tun gedächten. Als erster ergriff daraufhin Oberbergrat Williger das Wort, indem er erklärte, daß die deutschen Direktoren für diesen Fall sofort ihre Ämter niederlegen und die Arbeit in allen Unternehmungen einstellen werden, um zu beweisen, daß ohne deutsche Hilfe die oberschlesische Industrie zum sofortigen Stillstand verurteilt ist.

Anschließend daran sprach Generaldirektor Pistorius. Er riet, den Arbeitern gegenüber vorläufig Entgegenkommen zu zeigen, um dann, wenn Oberschlesien an Deutschland fällt, ihnen um so schärfer zuzusetzen und sie zum Verlassen der Arbeit zu zwingen. An Stelle der polnischen Arbeiter werden dann Arbeiter aus Deutschland beschafft werden.

Den Gipfelpunkt der Provokation bedeutete die Ansprache des Dirktors Werner, welche etwa folgendermaßen lautete:

‚Um eine Zuteilung des Industriebezirks an Polen zu verhindern, müssen die oberschlesischen Großindustriellen alle verfügbaren Mittel ergreifen, um ein für allemal das industrielle Leben zu vernichten.

Es müssen vor allem die Maschinen zerstört werden, die aus deutschen Fabriken stammen. Auf diese Weise wird der Arbeiter plötzlich ohne Beschäftigung dastehen und wird sich auflehnen.

Sodann muß im rechten Augenblick das Gerücht in Umlauf gesetzt werden, daß diese Vernichtung und diese Katastrophe von den Polen herbeigeführt worden ist. Auf diese Weise werden die Kapitalisten den Haß der Arbeiterschaft auf die Polen abwälzen und es dürfte nicht schwer sein, die oberschlesische Bevölkerung in diesem Irrtum zu verstricken.'

Nach einer Debatte kamen die deutschen Großkapitalisten zusammen mit dem deutschen Plebiszitkommissar zu dem Schluß, daß der Weg, den Direktor Werner vorschlägt, der einzige Rettungsanker für Deutschland sein kann. Alle Anwesenden erklärten sich damit einverstanden, daß man schnellstens alle Gruben und Hütten vernichten und die Schuld an diesen Zerstörungen den Polen in die Schuhe schieben müsse. Auf diese Weise werde es gelingen, die Arbeiterschaft für den Gedanken der Vereinigung Oberschlesiens mit Deutschland zu gewinnen.

Der oberschlesische Arbeiter steht heute einer in der Geschichte der zivilisierten Welt einzigartigen Provokation gegenüber. Eine Hand voll fremder Blutsauger und Kapitalisten beschließt, im eigenen Interesse sowie im Interesse des hakatistisch-imperialistischen Preußen-Deutschland, mit einem einzigen Gewaltstreich alles zu vernichten, was das Werk der Hände vieler Geschlechter des polnischen Volkes ist. Diese allmächtigen Gebieter beschließen ohne Scheu, Hunderttausende von Arbeiterfamilien in den Abgrund des tiefsten Elends zu stoßen, damit ja nicht etwa dem Recht und der ewigen Weltgerechtigkeit Genüge geschehen kann. Die deutschen Kapitalisten von Oberschlesien haben dem polnischen Arbeiter den Kampf auf Tod und Leben angesagt. Es geht ihnen nicht um einen Kampf mit der Arbeiterklasse, sondern sie wollen nur ausschließlich die Vernichtung des *polnischen* Arbeiters. Sie wollen, daß Oberschlesien ein für allemal aufhört, der imperialistischen Preußenpolitik gefährlich zu sein. Sie wollen das polnische Volk aus Oberschlesien ausrotten. Sie wollen, daß die polnische Sprache in diesem Lande aufhört. Die Stelle des polnischen Arbeiters in Oberschlesien sollen ganze Scharen deutscher Arbeitsloser einnehmen.

Die Sekretärin richtet sich von ihrem Schreibblock auf. Wolny starrt unverwandt und völlig entgeistert auf Korfanty. Was heißt das alles? Er hat doch noch nie etwas von dieser Versammlung der deutschen Industriellen in Kattowitz gehört. Er ist so verwirrt, daß er ganz unwillkürlich seinem Erstaunen Ausdruck gibt. Korfanty steht am Fenster. Er trommelt gegen die Scheiben. Aber er fährt mit einem Ruck herum, als er Wolnys Frage hört. »Was wollen Sie? Sind Sie sich nicht darüber klar, daß innerhalb von vierundzwanzig Stunden die industrielle Arbeiterschaft in Oberschlesien eine Streikparole haben muß, die sich ausschließlich gegen die Deutschen richtet? Nur der Generalstreik kann den Ansatzpunkt für unser Unternehmen geben. Wir können keine Zeit mehr verlieren. Es ist unmöglich, langsam und systematisch in jedem Werk den Streik vorzubereiten. Das, was hier diktiert worden ist, wird in einigen Stunden in ein paar hunderttausend Exemplaren als Sonderausgabe der ‚Oberschlesischen Grenzzeitung' erscheinen. Das ist die einzige Möglichkeit, die wir im Augenblick noch haben.«

Wolny macht Einwendungen. Das, was Korfanty da soeben in seiner Gegenwart zusammenphantasiert hat, ist ihm doch ein wenig zu primitiv. Die Deutschen werden sofort kategorisch alles in Abrede stellen. Sie werden sich an die interalliierte Kommission wenden und darauf aufmerksam machen, daß derartige Tartarengerüchte Unruhen provozieren müssen. Sie werden um sofortige militärische Besetzung der wichtigen Industriewerke bitten.

Korfanty lacht höhnisch, als er diese Einwendungen hört. Für so naiv hätte er Wolny nicht gehalten. Dieser Rechtsanwalt ist wohl der Meinung, daß er mit solchen Schritten etwa nicht rechnet? Noch ehe das Extrablatt erscheint, wird ein Vertrauensmann auf dem Wege nach Oppeln zum General le Rond sein und ihn informieren. Und es müßte dann mit dem Teufel zugehen, wenn im entscheidenden Moment französische Soldaten den angeblich spontan losbrechenden polnischen Arbeitern im Wege stehen würden.

Das leuchtet ein. Und auch wenn die Rechnung nicht zu hundert Prozent stimmt, wenn da noch gewisse Unklarheiten vorhanden sind, dann wird man das in den Kauf nehmen müssen. Man kann jetzt nicht mehr über Zwirnsfäden stolpern. Schon in wenigen Tagen wird niemand mehr daran denken wie das alles angefangen hat. Dann werden nur noch die Gewehre und Maschinengewehre sprechen und gegen solche Argumente werden die papiernen Proteste der Deutschen nutzlos sein.

Am 1. Mai 1921 erscheint das Extrablatt der oberschlesischen Grenzzeitung mit den von Korfanty entworfenen Meldungen. Korfanty selbst ist zur Erledigung der letzten Vorbereitungen zunächst nach Sosnowice in das militärische Hauptquartier der Aufständischen-Armee gefahren und von da aus nach Warschau weitergeeilt, um auch hier noch die letzten Einzelheiten mit den polnischen Regierungsstellen zu vereinbaren. Er muß Vorbereitungen treffen, daß, wenigstens für die ersten Tage des geplanten Aufstandes, ihm die Möglichkeit gegeben ist, unmittelbar mit der großen Welt in Verbindung zu treten. Das wird von Oberschlesien aus nicht möglich sein. Also stellt man ihm in Warschau die große polnische Funkstation in Posen zur Verfügung. Auch eine Reihe von andern Formalitäten müssen noch erledigt werden. Noch immer bekleidet Korfanty offiziell das Amt eines polnischen Plebiszitkommissars. Er hat also amtliche Funktionen für Polen. Mit dieser Eigenschaft läßt sich seine Stellung als Führer der Aufständischen nicht vereinigen. Aber man ist in Warschau nicht verlegen. Im Herbst des vorigen Jahres hat man ja auch den General Zeligowski als einen Meuterer erklärt. Man wird also Korfanty offiziell seines Amtes entheben, sobald der Aufstand beginnt, und, genau wie im Falle von Wilna, einige Noten und Erklärungen herausgeben, in denen man den Ausbruch des Aufstandes bedauert.

Inzwischen beginnt in Oberschlesien die Lawine aus Blut und Grauen ihren furchtbaren Lauf. Am 2. Mai treten achtzig Prozent der gesamten Arbeiterschaft Oberschlesiens in den Streik. Von 240000 Arbeitern streiken bis zum Abend 190000 Mann. Überall auf den Werken herrscht Katastrophenstimmung. Selbst in den kleinsten Orten stehen erregte Gruppen und diskutieren das Extrablatt der Grenzzeitung. Die politische Unselbständigkeit der Arbeitermassen, auf die die Unternehmer in Oberschlesien so besonders stolz gewesen sind, rächt sich furchtbar. Die Agitatoren Korfantys haben ein leichtes Spiel. Überall finden sie gläubige Ohren und fast nirgends hört man ein Wort der Vernunft, ein Wort, das auf die innere Unsinnigkeit dieser neuesten polnischen Hetze hinweist. Da, wo vielleicht ein besonnener Werkmeister oder Steiger den Versuch macht, die Vernunft sprechen zu lassen, beginnen sehr schnell die ersten Gewalttätigkeiten. Dem oberschlesischen Arbeiter hat stets das Messer locker gesessen, wenn er gereizt war. So gutmütig der Oberschlesier im allgemeinen ist, so brutal wird er, wenn Leidenschaft ihm den Sinn verwirrt.

An diesem Tage tauchen in den Industriedörfern und auf den Werken überall die ersten Gruppen von landfremden Elementen auf. Das sind die Vortrupps der eigentlichen aufständischen Armee. Sie beteiligen sich an der großen Hetze. Sie nehmen die Arbeiter beiseite und sagen ihnen, wann und wo sie Waffen erhalten können.

Als die Nacht hereinbricht, beginnt der eigentliche Vormarsch. In dieser Nacht vom 2. zum 3. Mai wird das ganze Industriegebiet von den Horden der Aufständischen überschwemmt. Im ersten Anlauf werden die Kreise Kattowitz, Beuthen, Pleß, Rybnik, Groß-Strelitz und Gleiwitz überrannt. Brücken und Eisenbahnlinien werden zerstört. Da, wo die Abstimmungspolizei nicht ausschließlich aus Polen besteht, und sich in voller Uniform sofort den Aufständischen anschließt, werden die Beamten entwaffnet und soweit sie als Deutsche bekannt sind, grausam mißhandelt und teilweise ermordet.

Das flache Land und die kleineren Orte sind einer furchtbaren Welle des Terrors preisgegeben. In dieser ersten Nacht überschreitet die Zahl der Morde ein halbes Hundert. Überall sind es neben den deutschen Polizeibeamten die deutschen Werkmeister, Grubenbeamten oder Lehrer, die in erster Linie festgenommen, mißhandelt oder ermordet werden. Hunderte von Deutschgesinnten werden nach schrecklichen Mißhandlungen verschleppt. Sie verschwinden jenseits der polnischen Grenze auf Wochen und Monate. Viele von ihnen sind niemals wiedergekehrt.

Das ist der Stand der Aktion am 3. Mai, am polnischen Nationalfeiertag, der in der Geschichte als Beginn des dritten polnischen Aufstandes in Oberschlesien fortleben wird. Überall, wo französische Soldaten sich befinden, bleiben sie Gewehr bei Fuß stehen. An keiner Stelle wird dem Vordringen bewaffneter polnischer Haufen irgendein Widerstand entgegengesetzt. In einer Reihe von Orten erklären die französischen

Offiziere, daß sie nicht in der Lage seien, Widerstand zu leisten, und ziehen mit ihren Soldaten ab.

Korfantys Vorbereitungen bewähren sich glänzend. In Oppeln prallen die telephonischen und telegraphischen Hilferufe der deutschen Amtsstellen wirkungslos von le Rond ab. Sofort nach dem Erscheinen des Extrablatts vom 1. Mai hat der deutsche Plebiszitkommissar Dr. Urbanek sich an le Rond gewandt, um ihn auf die furchtbaren Gefahren aufmerksam zu machen, die die polnische Hetzpropaganda mit sich bringe. Le Rond hat die Achseln gezuckt und erklärt, daß die eigentliche Beunruhigung ja aus Berlin stamme. Es werde ja in dem Extrablatt, das die falschen Meldungen über den Inhalt des Berichts der interalliierten Kommission enthalte, ausdrücklich darauf hingewiesen, daß diese Meldungen Berliner Blättern entnommen seien. Korfantys journalistische Leistung und die rechtzeitige vorherige Informierung le Ronds wirken so zusammen, daß alles im Sinne der Polen wie am Schnürchen geht.

Auch die große politische Regie funktioniert nach dem genau vorher festgelegten Plan. Am 4. Mai erläßt Korfanty einen großen Aufruf an die oberschlesische Bevölkerung, der, da in Oberschlesien jeder Mensch weiß, wie die Dinge zusammenhängen, nur für die Wirkung nach außen bestimmt ist. In diesem Aufruf heißt es:

»Mitbürger! Die polnische Regierung hat mich von meinem Posten als Plebiszitkommissar enthoben, weil ich den Putsch zu unterdrücken nicht im Stande war. Ich bin nicht mehr Plebiszitkommissar, aber ich bin von eurem Blut und Leben, ein Sohn des oberschlesischen Volkes, der sich seit zwanzig Jahren seines Vertrauens erfreut, der über zwanzig Jahre für euch kämpft und auch für Recht und Freiheit von Oberschlesien. Wie euer Bruder bin ich immer mit euch, kämpfende, streikende Arbeiter und im Einvernehmen mit unseren polnischen Parteien stehe ich an der Spitze unserer Bewegung.«

Am selben Tage noch läßt er durch die Funkstation in Posen eine Mitteilung an Lloyd George, Briand, Giolitti, Graf Sforza, Harding und Lord Curzon herausgehen, in der er mit dem Pathos der ganz großen Lüge sagt: »Ich erkläre feierlich, daß ich alles getan habe, was in meiner Macht stand, um einen bewaffneten Aufstand und eine Störung der öffentlichen Ordnung zu verhüten.« Damit ist für die Öffentlichkeit Europas genug getan. Die Warschauer Regierung ist formell entlastet. Korfanty ist ebenso Insurgent, wie es Zeligowski in Wilna war, und in Paris kann man vorläufig beruhigt den Dingen ihren Lauf lassen.

Noch eine andere kleine Maske wird dem Aufstand umgelegt. Die militärische Leitung liegt tatsächlich und faktisch in den Händen ausgesuchter polnischer Offiziere. Aber das darf nach außen hin nicht in Erscheinung treten. Deshalb ernennt Korfanty einen eignen militärischen Führer der Aufständischen, einen gewissen Nowina Doliwa.

Niemand hat jemals vorher diesen Namen gehört. Man fragt sich erstaunt, wer dieser Mann sein könne. Und es vergeht geraume Zeit, ehe man erfährt, daß Nowina Doliwa niemand anders ist als das frühere Mitglied des deutschen Reichstages Graf Mathias Mielczynski. Aber auch dieses Pseudonym kann keinen Augenblick einen militärischen Führer wirklichen Formats vortäuschen. Man kennt das Hauptquartier in Sosnowice zu gut. Man weiß, daß Korfanty, der sein eigenes Quartier mit dem Beginn des Aufstandes in die Villa eines deutschen Fabrikanten in Schoppinitz verlegt hat, täglich und stündlich mit polnischen Offizieren über die weitere Durchführung der Bewegungen konferiert. Der Plan geht dahin, ganz Oberschlesien bis zur Oderlinie und im Norden bis einschließlich des Kreises Kreuzberg zu besetzen. Damit wäre der wesentliche Teil der gesamten Provinz in polnischen Händen. Die wichtigsten Städte, die Eisenbahnlinien, der Wasserweg der Oder, kurz, alle wirtschaftlich und strategisch wichtigen Punkte würden von Korfanty kontrolliert. Ist man erst einmal so weit, so kann man in Ruhe die Entwicklung der Dinge abwarten. Es wird keine Macht der Erde mehr geben, die dann dieses von den Polen besetzte Gebiet der Warschauer Regierung wieder entreißen könnte.

*

Doch es geht nicht alles nach Wunsch. Die Erfolge der ersten Tage sind erstaunlich groß und verhältnismäßig leicht errungen, aber das Endziel ist nicht ohne Schwierigkeiten zu erreichen. Nicht überall steht französisches Militär, das sich mit den Insurgenten verbrüdert oder ihnen wenigstens keinen Widerstand entgegensetzt. Im südlichsten Zipfel Oberschlesiens, im Kreise Ratibor sind die Italiener stationiert. Der italienische Kreiskontrolleur ist nicht gesonnen, vor den polnischen Insurgenten die Waffen zu strecken. Er nimmt, zum großen Leidwesen des Generals le Rond, die ihm übertragene Aufgabe, für Ruhe und Ordnung zu sorgen, ernst. Er stellt sich auf den für die Franzosen völlig unverständlichen Standpunkt, daß das Auftreten starker bewaffneter polnischer Banden in dem ihm unterstellten Bezirk die Ruhe und Ordnung stört und gefährdet. Und er hält es für seine Pflicht, die polnischen Insurgenten aus seinem Bereiche zu entfernen. Also gibt er den ihm unterstellten italienischen Truppen zum Ärger le Ronds den Befehl, gegen die Insurgenten vorzugehen. Am 4. Mai bereits stoßen die Italiener von Ratibor aus in Richtung auf Rybnik vor. Sie kommen nicht weit. Bei Nikolai treten ihnen weit überlegene polnische Kräfte mit Maschinengewehren und Artillerie entgegen. Die Polen sind zunächst erstaunt, daß interalliierte Truppen es wagen, sich ihnen entgegenzustellen. Aber als sie sehen, daß die Italiener ernst machen, weichen sie ein wenig zurück und ziehen schnell beträchtliche Verstärkungen heran. Nach verhältnismäßig kurzer Zeit sehen sich die Italiener einer starken Übermacht gegenüber. Es kommt zu einem blutigen Gefecht, bei dem die weit unterlegenen Italiener in wenigen Stunden schwere Verluste erleiden. Dreißig Tote und etwa fünfzig Verwundete sind auf italienischer Seite zu beklagen.

Es mag dahingestellt bleiben, ob diese Verluste so bedeutend waren, daß die Italiener dadurch unbedingt gezwungen wurden, ihre Aktion einzustellen. Aber selbst, wenn das nicht der Fall war, ist es psychologisch durchaus verständlich, daß der italienische Kommandeur den Rückzug nach Ratibor befahl. Er wußte, daß ihm von französischer Seite niemals Unterstützung gewährt werden würde. Die gesamten italienischen Truppen in ganz Oberschlesien betrugen aber nur wenige Bataillone. Mit ihnen sich in einen aussichtslosen Kampf gegen 50 bis 60000 tadellos bewaffnete Polen einzulassen, wäre natürlich ein Unsinn gewesen. Also ging er zurück.

Aber etwas Gutes hat das italienische Blutopfer von Nikolai doch. Le Rond kann sich nun nicht mehr dagegen wehren, daß in den noch nicht von den Polen besetzten Teilen Oberschlesiens die Abstimmungspolizei mit Deutschen aufgefüllt wird, so daß schon dadurch in den nächsten

Tagen das weitere, fast kampflose Vordringen der Polen wesentlich erschwert wird.

Aber noch in einem anderen Punkt stimmt die Rechnung Korfantys nicht. Er konnte wohl in den ersten achtundvierzig Stunden das flache Land und die kleinen Ortschaften mit seinen Horden überrennen. Die großen Städte dagegen mit ihrer achtzig- bis neunzigprozentigen deutschen Bevölkerung sind nicht so einfach zu nehmen. An diesen Orten sind auch die höheren französischen Stäbe stationiert, die es, so gerne sie möchten, doch nicht ohne weiteres zulassen können, daß die Polen unter ihren Augen rauben und morden und anstatt der deutschen Verwaltungen polnische Kommunalbehörden einsetzen. Und nun beginnt in diesen Städten, in Kattowitz, in Beuthen, in Hindenburg, Tarnowitz, Rybnik, Königshütte und anderen ein Wochen und Monate lang währender erbitterter Krieg im Dunkeln zwischen den polnischen Insurgenten, die die Städte eingeschlossen halten, die die Bahnhöfe und Bahnlinien besetzen, die in die Vorstädte eindringen und Nacht für Nacht Raubüberfälle auf Leben und Eigentum der deutschen Bürger unternehmen, und einer kleinen Schar von entschlossenen und verzweifelten deutschen Männern, die sich zum Widerstand gegen die hundertfach überlegenen Polen in den Städten zusammenfinden. Es sind vielleicht die größten Heldenleistungen im ganzen Kampf um Oberschlesien, die von den kleinen Selbstschutztruppen in den abgeschnittenen und drangsalierten oberschlesischen Städten vollbracht worden sind. Diese Männer, Arbeiter und Intellektuelle ohne Unterschied der sozialen Stellung, des Namens oder der Konfession, einfach nur Deutsche, die ihre Heimat mit Fäusten und Zähnen verteidigen, leisten Ungeheuerliches. Sie haben keine Waffen oder nur ein paar Revolver und Gewehre, die sie den Polen stehlen oder in erbittertem Faustkampf abnehmen. Sie haben keine Munition, niemand bezahlt sie. Niemand hilft ihnen. Sie liegen Nacht für Nacht draußen auf Posten, um die Städte gegen die polnischen Überfälle zu schützen, und am Tage, wenn auch die polnischen Insurgenten ihrer französischen Freunde wegen nicht allzu unverfroren auftreten dürfen, müssen sie sich verkriechen wie wilde Tiere, weil sonst die Franzosen ihnen ihre paar spärlichen Gewehre fortnehmen und sie selber wegen unbefugten Waffentragens verhaften und vor Gericht stellen. Das geschieht, obwohl wenige hundert Meter weiter, bis an die Zähne bewaffnet, die Patrouillen der polnischen Insurgenten spazierengehen und freundliche Grüße mit denselben französischen Soldaten austauschen, die sich wie die Wahnsinnigen auf jeden Deutschen stürzen, bei dem sie auch nur ein feststehendes Messer vermuten.

So führen diese Leute ihren Kampf. Diesen Krieg nach zwei Seiten. Diesen Krieg ohne Hilfsmittel, diesen Krieg ohne Erbarmen und Gnade. Denn das ist das Schauerliche: wenn einer von diesen Männern, die hungrig und zerlumpt ihren Verzweiflungskampf kämpfen, den Polen in die Hände fällt, dann ist es aus. Dann ist er nicht gefangen, dann ist er gemordet. Auf schauerliche Weise gemordet. Kleine Trupps des deutschen Selbstschutzes in den Städten, die gelegentlich trotz aller Vorsicht, trotz aller verzweifelten Tapferkeit den Polen in die Hände fallen, hat man niemals wiedergesehen. Aber oft genug haben die Deutschen irgendwo in einem Schuppen, in einer Senkgrube oder in einem Garten, die gräßlich verstümmelte Leiche eines ihrer Kameraden gefunden. Mit Knüppeln zu Tode geprügelt, die Augen ausgestochen, mit abgeschnittenen Gliedern, so hat man sie gefunden; erstickt, durch Sägespäne getötet nach grausamen Foltern. Es ist, als ob man nicht im dritten Jahrzehnt des zwanzigsten Jahrhunderts, sondern tief in den Zeiten des dreißigjährigen Krieges lebt.

Aber in diesem Kampf werden die Männer, die ihn führen müssen, stahlhart. Sie wissen, daß sie auf verlorenem Posten stehen. Sie wissen, daß sie nach zwei Seiten kämpfen und sie wissen sogar, daß auch innerhalb der Städte, in denen sie diesen Kampf führen, Hunderte und Aberhunderte von Spitzeln und Verrätern sind, die immer wieder die Polen benachrichtigen, daß da oder dort Gruppen des deutschen Selbstschutzes liegen. Es gelingt den Polen leider oft genug, in die Reihen der Selbstschutzkämpfer selbst die Verräter einzuschmuggeln. Das ist sogar das sicherste Mittel, die verhaßten Deutschen in die Finger zu bekommen.

Die Verteidiger von Beuthen oder Kattowitz, von Hindenburg oder Rybnik merken das schnell. Sie sind nun schon Enttäuschungen genug gewohnt. Sollen sie einen solchen Lumpen der französischen Polizei übergeben? Der Erfolg wäre, daß der Spion am nächsten Tage an einem anderen Ort seine Tätigkeit fortsetzte und diejenigen, die ihn angezeigt oder übergeben haben, auf Jahre in französischen Gefängnissen verschwinden würden. In diesem Kampf der Verzweiflung gegen eine ungeheure Übermacht gibt es nur die Selbsthilfe. Diese Männer, die sich auf nichts in der Welt mehr stützen können, als auf ihre eigne Energie, auf ihre Fäuste und auf ihre Gewehre, kommen auf keinen andern Gedanken, als daß es in diesem Kampf selbstverständlich ihr gutes Recht ist, mit Verrätern auf ihre Weise abzurechnen. Sie haben nicht die Möglichkeit, Gericht zu halten in den Formen normaler Zeiten. Denn die Zeit ist so wenig normal, wie kaum eine vor ihr es in diesem Lande gewesen ist. Sie haben keine Gefängnisse, kein noch so kleines Gewahrsam, in das sie einen Inhaftierten stecken könnten. Sie haben auch keine Männer dafür übrig, um vielleicht einen Gefangenen zu bewachen. Denn jeder Kopf und jede Faust wird bitter nötig im Kampf gegen den übermächtigen Feind gebraucht.

Es ist möglich, es ist vielleicht sogar wahrscheinlich, daß unter denen, die dem furchtbar kurzen Gericht dunkler Nachtstunden in jenen düstersten Wochen und Monaten oberschlesischer Geschichte zum Opfer gefallen sind, mancher gewesen ist, dessen Vergehen unter normaleren Umständen nicht mit dem Tode hätte gesühnt zu werden brauchen. Aber auch dieses Blut, das vielleicht irgendein wenig Schuldiger oder gar Unschuldiger vergießen mußte, fällt doppelt schwer jenen zur Last, die diesen Kampf begonnen haben. Nicht die, die in verzweifelter Gegenwehr aus der unerhört fürchterlichen Not des Augenblicks heraus zu solchen Mitteln greifen mußten, sind schuldig, sondern diejenigen, die sie gezwungen haben, zu solchen Mitteln zu greifen.

Die Wut der Insurgenten über den unerwarteten Widerstand der deutschen Städte ist maßlos. Sie scheuen nicht davor zurück, die unmenschlichsten Mittel anzuwenden, um diese Zentren des Deutschtums in die Knie zu zwingen. Wiederholt schneiden sie für fünf oder sechs Tage Städten wie Kattowitz nicht nur das Licht, sondern auch das Wasser ab. Allerlei lichtscheues Gesindel macht sich die entsetzliche Not zu Nutze! Raub und Mord sind an der Tagesordnung. Die Sterblichkeit, besonders unter den Kindern, wächst ins Unerhörte. Mit verschränkten Armen sehen die Franzosen all diesen furchtbaren Folgen des polnischen Aufruhrs zu. Nur wenn irgendwo die angesammelte Verzweiflung der deutschen Bevölkerung sich in Demonstrationen oder gar in Drohungen Luft macht, dann fahren die Franzosen dazwischen. Dann ist auf einmal die militärische Gewalt, die gegenüber den Insurgenten so glänzend versagt, wieder da. Dann jagen die Patrouillen durch die Straßen, Schüsse knallen und mit dem Kolben wird jede Ansammlung auf roheste Weise auseinandergetrieben.

Ein paar hundert Meter weiter stehen die höhnisch lachenden polnischen Insurgenten.

So kämpfen die Deutschen in den Städten verbissen und hoffnungslos, aber sie geben diese letzten deutschen Bollwerke im überfluteten Oberschlesien nicht frei, wenn auch die Opfer geradezu unheimlich sind. Allein in der Stadt Hindenburg werden im Monat Mai 22 Deutsche ermordet, und über 600 von den Polen verschleppt.

Dazu kommt der unendliche Strom von Flüchtlingen vom flachen Lande. Da, wo die Polen die unumschränkten Herren sind, müssen alle diejenigen Deutschen, die nicht gleich in den ersten Tagen von den Polen festgenommen und verschleppt worden sind, unter Zurücklassung ihrer gesamten Habe bei Nacht und Nebel flüchten. Es bleibt ihnen nichts anderes übrig, als in der nächsten größeren Stadt Schutz zu suchen, denn der Weg aus dem Aufstandsgebiet hinaus ist viel zu weit und gefährlich. Tausende von Mittel- und Obdachlosen vermehren in fürchterlicher Weise die Not der Städte. Und trotzdem halten sie sich zum allergrößten Teil.

*

Während in den oberschlesischen Städten so ein grauenhafter schonungsloser Krieg im Dunkeln geführt wird, setzt jetzt der große diplomatische Kampf nach den ersten Tagen der Überraschung über den polnischen Rechtsbruch in voller Schärfe ein. Schon am 6. Mai übergibt der polnische Geschäftsträger in Berlin dem deutschen Außenminister eine Note, in der ein Beschluß des polnischen Ministerrats mitgeteilt wird, einmal auf die Führung der Aufrührer in Oberschlesien mit allem Nachdruck dahin einzuwirken, daß sie sofort von ihrem Vorhaben abstehen, und zum anderen, daß die Grenze zwischen Polen und Oberschlesien auf das strengste gesperrt werden soll.

Beides ist nicht mehr und nicht weniger als eine glatte Lüge, denn in Warschau und in fast allen polnischen Städten finden nach wie vor riesige Demonstrationen zur Verherrlichung des oberschlesischen Aufstandes statt. In allen Zeitungen erscheinen große Werbeplakate, in denen zum Eintritt in die oberschlesische Aufständischen-Armee aufgefordert wird und nach wie vor steht Korfanty die staatliche Funkstation in Posen für seine Lügenmeldungen zur Verfügung. Fast noch grotesker ist die Behauptung, daß die Grenze zwischen Polen und Oberschlesien gesperrt werde. Nacht für Nacht rollen in Sosnowice noch immer die Munitions- und Materialzüge aus Warschau ein, die die Aufständischen mit allem versorgen, was zur Kriegsführung notwendig ist. Und ebenso gehen bei Tag und Nacht gänzlich unbehindert die Wagen und Autokolonnen über die Grenze, die all dieses Kriegsmaterial nach Oberschlesien hineinführen. Auch die Geldversorgung wird ohne jede fühlbare Einschränkung von Warschau aus weiter fortgeführt.

Die deutschen Proteste in Warschau, Paris und London verhallen ungehört. Sie haben höchstens den einen Erfolg, daß von Paris her sich ein Notenregen nach Berlin ergießt, in dem unter Androhung aller möglichen Repressalien jede deutsche Unterstützung für das gepeinigte Oberschlesien verboten wird. Es wirkt heute geradezu grotesk, in diesen Noten von damals zu lesen, daß die französische Regierung, die ebenso genau wie jeder andere Mensch in der Welt wußte, wie die Dinge wirklich lagen, immer von Neuem die Behauptung aufstellt, daß die interalliierte Kommission in Oppeln allein berechtigt sei, die Ruhe und Ordnung in Oberschlesien wiederherzustellen und daß jede deutsche Unterstützung für Oberschlesien als ein schwerer Bruch des Versailler Vertrages angesehen und geahndet werden müsse.

Dieses Maß an Verlogenheit wird allmählich den Engländern zuviel. Die Berichte, die das englische Mitglied der interalliierten Kommission in Oppeln, der Oberst Percival nach London gibt, stehen in allzu krassem Gegensatz zu den französischen und polnischen Lügen. Lloyd George, der noch während der Friedensverhandlungen des Jahres 1919 nicht ganz genau wußte, wo Oberschlesien eigentlich lag, hört jetzt täglich mit steigender Erbitterung von der verantwortungslosen und nicht einmal mehr zwiespältigen Haltung der französischen Bundesgenossen bei ihrer Unterstützung der polnischen Kriegs- und Raubpolitik.

Am 13. Mai 1921 hält Lloyd George im Unterhause eine Rede, in der er über das oberschlesische Problem u. a. Folgendes sagt:

»Eine allgemeine Entscheidung der alliierten Kommission war es, daß die Teile, die überwiegend für Polen gestimmt hatten, an Polen gegeben werden sollten. Jetzt haben die Polen einen Aufstand veranstaltet, und die Alliierten vor ein fait accompli gestellt. Dieser Schritt war ein vollständiger Bruch des Friedensvertrages von Versailles. Wenn wir die Situation nicht ganz gerecht behandeln, kann sie verhängnisvolle Folgen für den europäischen Frieden haben. Polen ist das letzte Land, das versuchen dürfte, gegen den Vertrag von Versailles zu verstoßen. Es hat seine Freiheit nicht durch seine eignen Waffen errungen, sondern durch England, Frankreich und Italien. Jeder Buchstabe des Vertrages stellt ein englisches Menschenleben dar. Die polnische Regierung hat die Verantwortung für den Aufruhr abgelehnt, aber diese Ablehnungen sind etwas zu häufig gekommen. Es ist schwer, zu glauben, daß sie mehr als verbale Bedeutung haben. Für die Alliierten ist es ein vitales Interesse, daß der Vertrag von Versailles gehalten wird. Wenn Polen Erlaubnis bekäme, diese deutsche Provinz zu überrennen, so würde das ein böses Ende nehmen. Dann würde Deutschland das Recht haben, zu den Alliierten zu sagen: ‚Ihr habt uns gezwungen unser Wort zu halten. Was habt ihr mit dem eurigen getan?' Es ist für uns nicht nur eine Frage der Ehre, sondern der Sicherheit, zu zeigen, daß wir den Vertrag halten, gleichgültig, ob er für oder gegen uns ist. Vielleicht könnte jemand sagen: ach, es sind ja nur Deutsche! Aber die haben auch ein Recht auf alles, was der Vertrag ihnen gibt.

Es gibt zwei Möglichkeiten, sich mit der Situation zu beschäftigen. Die eine ist, daß alliierte Truppen die Ordnung wiederherstellen. Ich möchte keine militärische Meinung ausdrücken. Aber ich würde sehr überrascht sein, wenn das geschehen könnte. Wir sind gezwungen gewesen, unsere Truppen zurückzuziehen und wir haben kein Recht, unseren Verbündeten zu sagen, daß sie ihre Soldaten gebrauchen sollen, um die Ordnung wiederherzustellen. Aber es wäre unfair, den Deutschen nicht zu erlauben, ihre eigenen Truppen zu gebrauchen, um die Ordnung in ihrer eigenen Provinz wiederherzustellen. (Starker Beifall.)

Fair play ist es, wofür England eintritt, und ich hoffe, daß England dafür bis zum Ende eintreten wird. Ich hoffe auch, daß, obwohl es sich um Deutsche handelt, wir immer mehr zeigen werden, daß wir für fair play eintreten, und daß wir unsere Autorität in Europa in immer steigendem Maße dafür einsetzen werden. Daß den Polen gestattet sein soll, in Verachtung des Friedensvertrages Oberschlesien wegzunehmen und daß es den Deutschen nicht gestattet sein soll, sich in einer Provinz zu verteidigen, die ihnen zweihundert Jahre lang gehört hat, und die sechshundert Jahre lang gewiß nicht polnisch war, wäre entehrend und unwert der Ehre jedes Landes.«

Diese Rede wurde zwei Tage nach einem sogenannten Waffenstillstand gehalten, den Korfanty am 11. Mai mit der interalliierten Kommission geschlossen hatte. Danach sollten die Polen, die bis auf die Städte des Industriegebietes fast überall die von Korfanty gewünschte Linie erreicht hatten, nicht weiter vorgehen. An diesem Tage also erkannte der General le Rond offiziell die »vollzogene Tatsache« an, die durch den am 3. Mai losgebrochenen Aufstand hatte geschaffen werden sollen. Nach dem 13. allerdings sah sich le Rond gezwungen, die Tatsache dieses Waffenstillstandes und damit der Anerkennung des polnischen Rechtsbruches ebenso offiziell zu dementieren; denn er mußte erwarten, daß nunmehr die deutsche Regierung alle verfügbaren Mittel einsetzen werde, um entsprechend den Worten des englischen Premierministers »die Ruhe und Ordnung in ihrer eigenen Provinz wiederherzustellen«.

Doch in Berlin geschieht nichts dergleichen. Man ist anscheinend fasziniert von den Worten Lloyd Georges, in denen Englands stetes Eintreten für ein fair play angekündigt wird. Man nimmt an, daß die Tatsache des polnischen Rechtsbruches, das Faktum der flagranten Verletzung des Versailler Vertrages durch Polen ausreichen werde, um die endgültige Entscheidung des Obersten Rates über Oberschlesien zugunsten Deutschlands zu beeinflussen, und man will unter keinen Umständen durch eine eigne militärische Aktion dieser erwarteten Entscheidung in irgendeiner Weise vorgreifen. Man vergißt dabei nur das tatsächliche Kräfteverhältnis. Man ist sich nicht darüber klar, daß auf der einen Seite die Franzosen sehr aktiv den polnischen Rechtsbruch unterstützen, während auf der andern Seite Lloyd George mit seiner Rede lediglich freie Bahn für eine deutsche Gegenaktion gegeben hat. Das ist der Rechenfehler der deutschen Regierung in diesem Augenblick, in dem es vielleicht möglich gewesen wäre, einen wirklichen Umschwung der Dinge herbeizuführen. Es gibt im historischen Geschehen fast stets einen solchen Augenblick. Wird er versäumt, dann gehen die Ereignisse ihren Weg und keine Gewalt der Erde kann zu einem späteren Zeitpunkt die einmalig günstige Situation wieder herbeizaubern.

*

Schon nach der ersten blutigen Niederlage der italienischen Truppen am 5. Mai haben sich in den von den Polen noch nicht besetzten Teilen Oberschlesiens die ersten größeren Selbstschutzformationen der Deutschen gebildet. Einen verstärkten Antrieb erhält diese Aktion, als zwei Tage später, am 7., die Italiener von neuem in einem schweren Gefecht bei Rybnik 12 Tote und 71 Verwundete haben. Nach dieser zweiten Schlappe wendet sich der italienische Kommandeur in Ratibor selber an die deutsche Bevölkerung und erbittet ihre Hilfe. In wenigen Stunden stellen sich ihm Tausende von deutschen Männern zur Verfügung.

Selbst in Oppeln, dem Sitz des Generals le Rond, werden deutsche Selbstschutzformationen gebildet, und unter dem Eindruck der blutigen italienischen Verluste wagt es der Franzose nicht, dagegen einzuschreiten.

Das sind die ersten Anfänge des oberschlesischen Selbstschutzes. Diese ersten Formationen werden in den nächsten Tagen immer weiter verstärkt. Der Zulauf an Freiwilligen ist weit größer als die Zahl der verfügbaren Waffen. Aber die Zufuhr aus dem unbesetzten Deutschland ist unerhört schwierig. Die deutsche Regierung hält sich ganz im Gegensatz zu Warschau streng an das Versprechen, die Grenze zwischen dem unbesetzten Deutschland und dem Abstimmungsgebiet gesperrt zu halten.

Trotzdem gelingt es natürlich, einiges an Waffen und Munition nach Oberschlesien hineinzubringen. Hunderte und Tausende von begeisterten Freiwilligen, Studenten und Arbeitern, ehemaligen Offizieren und Mannschaften versuchen auf allen möglichen Wegen, aus dem unbesetzten Deutschland ihren oberschlesischen Brüdern zu Hilfe zu eilen.

Angesichts dieser Zeichen einer durch nichts zu erschütternden deutschen Gesinnung ist es ein trauriges Bild, zu sehen, wie ein deutscher Minister alles tut, um die Transporte von Freiwilligen und Waffen nach Oberschlesien zu verhindern, während zur gleichen Zeit in der Hauptstadt Polens an allen Straßenecken die Werbeplakate für die oberschlesische Aufständischen-Armee kleben.

Den traurigen Ruhm, das größte Hindernis für die Befreiung Oberschlesiens vom polnischen Terror gewesen zu sein, hat sich ohne Zweifel der damalige sächsische Innenminister Lipinski erworben. Immer wieder kommen in diesen Tagen aus Sachsen die Nachrichten, daß sächsische Staatsorgane auf Anordnung des Innenministers für Oberschlesien bestimmte Transporte von Freiwilligen und Waffen aufgehalten oder beschlagnahmt haben. Mehrfach kommt es sogar zu ernsthaften Zwischenfällen. So etwa als die Beamten Lipinskis an bayerische Freiwillige geraten, die dem Freikorps Oberland, das ausschließlich aus bayerischen Studenten und Arbeitern besteht, angehören. Dann knallt es gelegentlich sogar auf den Rangiergeleisen des Dresdner Bahnhofes und am nächsten Tage hat die sozialdemokratische und kommunistische Presse Sachsens wieder einmal Anlaß, über grauenhafte Ausschreitungen der reaktionären »Orgesch-Banden« zu zetern.

Trotz aller dieser Schwierigkeiten gelingt es, in einer geradezu erstaunlich kurzen Zeit in Oberschlesien den Selbstschutz so weit zu vergrößern, daß ein weiteres Vordringen der Polen dadurch unmöglich gemacht wird. Das Kommando der schnell aufgestellten Freiwilligenformationen übernimmt der einarmige Generalleutnant Höfer. Geboren als der Sohn eines oberschlesischen Apothekers, ist er der Berufene, die deutschen Männer zu führen, die Oberschlesien gegen den frechen polnischen Überfall verteidigen wollen.

Vorläufig hält Höfer seine Kräfte noch zurück. Er hat noch immer die Hoffnung, daß größeres Blutvergießen zu vermeiden ist. Er steht auf dem Standpunkt, daß bereits mehr als genug Blut geflossen sei und daß schwere Kämpfe gegen den an Zahl und Ausrüstung mehrfach überlegenen polnischen Gegner nur im äußersten Notfalle gewagt werden dürfen.

Aber lawinengleich steigen die Not und die Verzweiflung der deutschen Bevölkerung in den von den Polen besetzten Gebieten. Nach ihrem

Waffenstillstand mit le Rond beginnen sie ganz ungeniert, eine polnische Verwaltung in den von ihnen besetzten Teilen Oberschlesiens einzurichten. Sie erlassen Verordnungen, schreiben Steuern aus, verhängen Strafen, spielen Gericht und tun unter den Augen des französischen Militärs so, als ob das ganze Land ihnen bereits unwiderruflich gehöre. Dazu kommt, daß trotz allen Versprechungen, die Korfanty den Franzosen gegeben hat, die Aufständischen täglich versuchen, neue Gebiete zu besetzen. Immer wieder wird Ratibor mit Artillerie beschossen. Täglich finden Angriffe auf Kandreczin und den Oderhafen von Cosel statt. Die Selbstschutzformationen, die hier fechten, haben einen schweren Stand. Die strategische Situation der weit überlegenen Polen ist günstig. Sie haben den beherrschenden Annaberg inne und die Verluste der Deutschen, gerade an dieser Stelle, sind in täglichen kleinen Gefechten recht schwer.

In Warschau und in Paris sieht man mit Wut und Angst das Anwachsen des deutschen Selbstschutzes. Als nun noch die Rede Lloyd Georges vom 13. Mai hinzukommt, ist man auch in Paris auf die dringenden Hilferufe Korfantys sehr schnell bereit, einen Gegenschlag zu unternehmen. Dazu kommen schwere innere Auseinandersetzungen bei der interalliierten Kommission in Oppeln. Ein offener Konflikt bricht aus. Siebzehn hohe englische Beamte der interalliierten Verwaltung legen ihre Ämter nieder und reisen ab. Nur dem Eingreifen des italienischen Generals de Marinis ist es zu danken, daß sich diesem Vorgehen nicht auch die Mehrzahl der Italiener anschließt.

So ist die Situation, als am 19. Mai der französische Botschafter in Berlin Laurent eine Note übergibt, in der es u. a. heißt:

»Nach den mir zugegangenen Nachrichten sind die Maßnahmen des Reichswehrministeriums zu spät gekommen, um das Eindringen bewaffneter Kontingente von außerhalb nach Oberschlesien zu verhindern. Die in der Gegend von Kreuzburg unter dem Befehl von Arnim vereinigten Freikorps sollen mehr als achttausend Mann zählen. Gleichfalls wird die Anwesenheit des Freikorps von Aulock bei Oppeln und Schmidt bei Krappitz gemeldet. Die Gruppe Ratibor, die einen täglichen Bericht veröffentlicht, soll über neuntausend Mann und mehrere Geschütze verfügen.«

Im weiteren Verlauf der Note werden natürlich von der deutschen Regierung energische Maßnahmen zur Verhinderung neuen Zustroms zu den oberschlesischen Freiwilligen-Formationen gefordert. Die in der Note angegebenen Stärken entsprechen ungefähr den Tatsachen. Die Gruppe Süd in Ratibor unter dem Kommando des Generalleutnants von Hülsen mag zu diesem Zeitpunkt tatsächlich etwa acht- bis zehntausend Mann stark gewesen sein. Ebenso zutreffend ist die Stärkeangabe über die in der Gegend von Kreuzburg zusammengezogene nördliche Gruppe, die dem Befehl von Oberstleutnant Grützner, ebenfalls einem geborenen Schlesier, unterstand.

Von Tag zu Tag steigt die Nervosität der Polen. Sie vermuten einen großen deutschen Angriff und sie kennen die Deutschen gut genug, um zu wissen, daß, wenn dieser Angriff erfolgt, es schwer halten wird, ihn zurückzuweisen. Mögen die Deutschen auch an Zahl und Bewaffnung weit unterlegen sein, man fürchtet sie als Soldaten. Aus diesem Grunde versuchen die Polen von neuem, Gelände zu gewinnen und ihre militärische Position zu verbessern. Sie wollen auf alle Fälle für den erwarteten deutschen Angriff eine möglichst günstige Stellung haben.

Durch diese täglichen Angriffe wird die Situation der in der Front Oderberg—Krappitz stehenden Gruppe Süd des Selbstschutzes von Tag zu Tag bedrohlicher. Generalleutnant von Hülsen drängt aus rein taktischen Gründen darauf, einen Vorstoß zu unternehmen. Höfer entschließt sich unter diesen Umständen zu dem immer wieder hinausgezögerten Angriff. Die Polen zwingen selber zu dieser Aktion. Die Bedenken Höfers gründen sich in erster Linie darauf, daß die Bewaffnung seiner Leute noch immer völlig unzureichend ist. Artillerie und Maschinengewehre sind beinahe überhaupt nicht vorhanden. Die Zahl der Gewehre in den einzelnen Gruppen ist bei manchen Formationen so gering, daß die Hälfte der Leute nur mit Knüppeln und Messern bewaffnet ist. Und mit diesen Kräften soll er aus einer ungünstigen taktischen Stellung heraus die dreifach stärkeren Polen, die über Maschinengewehre und Artillerie in reichem Maße verfügen, angreifen? Aber es muß sein. Der Elan der deutschen Freiwilligen, der brennende Wunsch, den getretenen und mißhandelten Brüdern hinter den polnischen Linien zu helfen, muß das rein militärische Manko der schlechten Bewaffnung und des Munitionsmangels ausgleichen. Höfer ist sich der unerhörten Verantwortung, die in diesem Augenblick auf ihm lastet, wohl bewußt.

Er ist sich nicht im Unklaren darüber, was für Folgen ein Mißlingen der ganzen Aktion haben müsse. Werden die Deutschen zurückgeworfen, gelingt der Angriff nicht, so ist ganz Oberschlesien rettungslos verloren. Denn es ist nicht daran zu zweifeln, daß die Franzosen unter dem Hinweis darauf, daß hier ein deutscher Angriff vorliege, dem weiteren polnischen Vorgehen und der Besetzung des bisher noch in deutschen Händen befindlichen Teiles von Oberschlesien kein Hindernis in den Weg legen würden.

Im ersten Morgendämmern des 21. Mai um halb drei Uhr morgens tritt die Gruppe Süd unter Generalleutnant von Hülsen zum Angriff auf den Annaberg an. Die Aktion kommt nicht überraschend für die Polen. In diesem Krieg gibt es keine absolute Überraschung. Das wissen auch die Deutschen und sie sind deshalb nicht einen Moment darüber im Zweifel, daß die Polen alles aufbieten werden, um diesen ersten großen Angriff des deutschen Selbstschutzes blutig zurückzuschlagen. Die Chancen der Deutschen sind nach normalen Maßstäben sehr gering. Zahlenmäßig ist der Feind weit überlegen. Seine Bewaffnung ist um ein Mehrfaches besser als die des Angreifers, und zudem befindet er sich in einer taktisch ausgezeichneten Stellung mit dem Hauptstützpunkt des beherrschenden Annabergs.

Schon in den ersten Stunden des 21. kommt es zu erbitterten Gefechten. Nur schrittweise kommen die deutschen Freiwilligen vorwärts. Artillerie und Maschinengewehrfeuer reißen bald schmerzliche Lücken in die dünnen Reihen. Aber trotzdem stockt der Angriff nicht einen Augenblick. Die aufgespeicherte Wut von Wochen entlädt sich an diesem Tage. Im heftigsten Feuer gehen die Deutschen vor. Ihre eigne Feuerwirkung ist nur gering, denn es gibt Formationen, in denen in jeder Gruppe höchstens vier oder sechs Gewehre vorhanden sind. Aber diese Gewehre werden heiß vom Feuern. Bricht der Träger von einer polnischen Kugel getroffen zusammen, so greift sein Nebenmann nach der unersetzlichen Waffe und feuert weiter.

So schieben sie sich langsam an die polnischen Stellungen heran, bis es möglich ist, an einzelnen vorspringenden Teilen der polnischen Position zum Sturmangriff überzugehen. In diesem Augenblick kommen auch die Fäuste voll zur Geltung, die nur mit Knüppeln oder Messern bewehrt sind. Es ist bei diesen ersten Sturmangriffen der Schlacht um den Annaberg beinahe das Wesentlichste, möglichst viele Feinde tot oder lebend in die Hand zu bekommen, um ihre Waffen zum weiteren Vordringen gebrauchen zu können. Von Stunde zu Stunde wird so unter blutigen Verlusten die Bewaffnung des deutschen Selbstschutzes besser. Schon verfügen die Freiwilligen des Freikorps Oberland, die an vorderster Stelle der Stürmenden vorgehen, fast alle über Gewehre, und sogar eine Anzahl von Maschinengewehren wird erbeutet. Einen Augenblick stehen die jungen Studenten ein wenig ratlos vor diesen Maschinenwaffen. Da springen auch schon die alten kriegserfahrenen Arbeiter, die dem Freikorps in großer Zahl angehören, hinzu. In wenigen Bruchteilen von Minuten ist aus alter Felderfahrung die Einteilung von Maschinengewehrtrupps vorgenommen. Hier der Gewehrführer, dort der Schütze I, der Schütze II, der Schütze III. Jetzt die Feldflaschen her, um das Kühlwasser zu ergänzen, herum das Gewehr, hier der Leichtverwundete kann die herumliegende Munition gurten, und nach wenigen Minuten ist das Gewehr feuerfertig. Die erste Salve prasselt. Das schafft Erleichterung. Jetzt merken die Polen, daß es ernst wird.

Aber noch ist der Annaberg selber fest in ihrer Hand. Die Sonne brütet über den Feldern. Der Angriff, der die Entscheidung bringen soll, muß bis in die Nachmittagsstunden verschoben werden. Die schwachen Formationen haben alle Mühe, sich der polnischen Gegenstöße zu erwehren, denn die Polen wissen genau, daß die Verteidigung der beherrschenden Höhe für sie von allerhöchster Wichtigkeit ist.

Doch schon nach verhältnismäßig kurzer Pause wird der Angriff wieder aufgenommen. Wieder rötet das Blut vieler deutscher Männer den Boden Oberschlesiens. In erbittertem und zähem Kampf Mann gegen Mann müssen die Polen aus jeder einzelnen Stellung herausgeworfen werden. Da wird nicht viel Pardon gegeben. Hier geht es um das Schicksal eines Landes.

Die Entscheidung fällt erst, als es gelingt, einen Teil der polnischen Artillerie zu nehmen, die Geschütze umzudrehen und nunmehr die Teile der polnischen Stellungen, die noch gehalten werden, unter Flankenfeuer zu nehmen. Da ist kein Halten mehr.

Der Sieg ist nicht leicht errungen. Mehr als dreihundert Tote auf deutscher Seite sind zu beklagen. Die Verluste der Polen sind noch weit höher. Sie steigen in den beiden nächsten Tagen beträchtlich weiter, denn es werden Gegenangriffe versucht und abgeschlagen und erst am 23. Mai ist der Annaberg endgültig fest in deutscher Hand.

Die Siegesgewißheit der polnischen Aufständischen hat in diesen Tagen einen schweren Schlag erlitten. Ihre Verbände sind gelockert. Hunderte und Tausende werfen einfach die Waffen fort und gehen in ihre Heimatorte. Sie haben das Gefühl, gegen diese deutschen Teufel doch nicht ankommen zu können. Die Situation für einen weiteren Vorstoß für die endgültige Befreiung Oberschlesiens vom polnischen Terror ist zum erstenmal seit dem Beginn des Aufstandes wirklich günstig.

Doch da greift die hohe Politik ein. In dem Augenblick, in dem Korfanty ernste Zweifel daran kommen, ob er weiteren Schlägen der Deutschen standhalten kann, wendet er sich Hilfe suchend an die Franzosen, die sich ihm auch diesmal nicht versagen. Ein neuer Regen von Noten ergießt sich aus Paris nach Berlin und als das nicht den gewünschten Erfolg hat, tritt die interalliierte Kommission in Oppeln wieder in Funktion. Le Rond läßt durch den Obersten Caput dem General Höfer ein Ultimatum stellen. Er soll sofort den Selbstschutz auflösen und entwaffnen. Höfer lehnt dieses Ansinnen natürlich ohne Weiteres ab, insbesondere deshalb, weil an verschiedenen Stellen der Front die Polen bereits gegen Ende des Monats Mai wieder kleinere Offensivstöße unternehmen.

Da die Berliner Regierung, eingeschüchtert durch die Pariser Drohungen, die Grenzsperre gegen Oberschlesien noch schärfer handhabt als bisher, und die interalliierte Kommission in so unverfrorener Weise für die Polen Stellung nimmt, beschließen die politischen Führer des Deutschtums in Oberschlesien nunmehr selbst eine Art von Regierung zu bilden. Im Hauptquartier Höfers in Oberglogau wird der sogenannte Zwölferausschuß der Parteien und Gewerkschaften ins Leben gerufen. Den Vorsitz dieses Gremiums führt der oberschlesische Zentrumsführer Prälat Ulitzka. Außer dem Generalleutnant Höfer gehören ihm noch je zwei Vertreter des Zentrums und der Sozialdemokratie, sowie je ein Beauftragter der Deutschen Volkspartei und der Deutschnationalen Partei an. Drei Vertreter der Gewerkschaften und ein Beauftragter des deutschen Plebiszitkommissariats vervollständigen den Ausschuß.

Inzwischen ist es Korfanty und den polnischen Offizieren gelungen, die auseinanderlaufenden Horden der Aufständischen wieder einigermaßen zu sammeln und aktionsfähig zu machen. Zahlenmäßig sind sie den Deutschen noch immer weit überlegen und die in den Tagen nach der Niederlage am Annaberg noch verstärkte Unterstützung von Warschau her hebt auch die gesunkene Zuversicht der Aufständischen wieder ein wenig.

Doch dieses Selbstvertrauen erleidet einen neuen schweren Schlag, als am 4. Juni die Gruppe Süd des Selbstschutzes zu einem neuen Vorstoß aus der Stellung bei Cosel ansetzt und in blutigen Kämpfen die Hauptmasse der polnischen Aufständischen bis nach Slawenzitz zurückwirft. Damit ist der militärischen Aktionsfähigkeit der Armee Korfantys das Rückgrat gebrochen. Noch einmal steht das Schicksal Oberschlesiens auf des Messers Schneide. Stößt jetzt der deutsche Selbstschutz nach, so ist es möglich, in wenigen Tagen auch die eingeschlossenen deutschen Städte des Industriebezirks aus der tödlichen Umklammerung der polnischen Banden zu befreien.

In diesem Augenblick greift General le Rond entscheidend zugunsten der Polen ein. Er steht mit insgesamt 15000 Mann auf das modernste ausgerüstet und bewaffnet, versehen mit Tanks und schwerer Artillerie im Rücken der Deutschen. Er ist fest entschlossen, wenn es sein muß, diese militärische Macht einzusetzen, um den endgültigen deutschen Sieg zu verhindern. In dieser Situation stellt er dem Generalleutnant Höfer ein neues Ultimatum, in dem es u. a. heißt:

»Die interalliierte Regierungskommission von Oberschlesien hat Kenntnis erhalten von dem deutschen Vormarsch in der Gegend von Ujest. Sie befiehlt dem General Höfer, seine Truppen in die Linie Station Leschnitz-Dollen zurückzuziehen. Letztere Orte bleiben zur Verfügung des Generals Höfer. Falls die ersten Bewegungen zur Ausführung dieser Bestimmungen nicht innerhalb von zwölf Stunden nach Überreichung dieser Note begonnen haben, wird die Kommission die Zurückziehung der alliierten Truppen aus den Städten des Industriegebietes vorsehen.«

Als General Höfer dieses Ultimatum in Oberglogau überreicht erhält, muß er sich darüber klar sein, daß es ein Unsinn wäre, in diesem Augenblick weiter vorzustoßen. Macht le Rond seine Drohung wahr und gibt er den Befehl an die französischen Truppen, aus den deutschen Städten des Industriegebiets abzurücken, so kommt der Selbstschutz selbst in dem Fall, daß das Gros der französischen Truppen im Rücken der Deutschen Gewehr bei Fuß stehenbleibt, in Beuthen, Kattowitz und den übrigen Städten des Industriegebiets zu spät an, um ein grauenhaftes Massaker zu verhindern. Denn es ist klar, daß die schwachen deutschen Kräfte in diesen Orten dem überlegenen Druck der Polen nicht zwölf Stunden standhalten können, wenn wirklich die alliierten Truppen endgültig abziehen.

Aber selbst, wenn es möglich wäre, mit äußerster Kraftanstrengung und unter großen Opfern in kurzer Zeit bis etwa nach Kattowitz vorzustoßen, wäre die Gesamtsituation militärisch unhaltbar. Dann würde ohne Zweifel General le Rond nicht zögern, mit seinen eigenen Truppen gegen die Deutschen vorzugehen, und der Ausgang dieses Kampfes unterliegt keinem Zweifel. Was aber wird, wenn der deutsche Selbstschutz in Oberschlesien vernichtet wird? Dann hat Korfanty von neuem freie Bahn, und alles Blut, was bisher vergossen wurde, war umsonst.

Beinahe zwölf Stunden lang ringt der deutsche General mit sich, ehe er auf das Ultimatum le Ronds antwortet. Es ist für ihn unmöglich, seine Freiwilligen aus den Orten, die sie in blutigem Kampf den Polen abgenommen haben, zurückzuziehen. Die Männer des Selbstschutzes verstehen schon schwer genug, weshalb sie die weichenden Polen jetzt nicht weiter verfolgen sollen, um den Boden Oberschlesiens endgültig zu befreien. Das Höchste, was Höfer verlangen kann, ist, daß der Selbstschutz in der jetzt erreichten Linie haltmacht.

Dementsprechend richtet Höfer seine Antwort an le Rond ein, und er sagt kein Wort zuviel, wenn er erklärt:

»Ich habe nicht die Macht und vermag es auch nicht im Hinblick auf die deutsch gesinnte Bevölkerung, die Selbstschutzverbände aus den Ortschaften, deren Schutz sie übernahmen, zurückzurufen. Die Drohung mit der Zurückziehung der französischen Truppen aus den Städten des Industriegebietes bindet mir vollends die Hände. Ihre Durchführung würde die Preisgabe auch dieser besonders wichtigen Teile von Oberschlesien an die Insurgenten und damit eine direkte Förderung des Aufstandes bedeuten. Die Verwirklichung dieser gegen Recht und Vertrag verstoßenden

Drohung würde eine ungeheure Empörung in allen deutsch gesinnten Teilen der Bevölkerung, insbesondere auch in den Reihen des Selbstschutzes, auslösen und vor aller Welt die völlige Schutzlosigkeit unserer Landsleute dartun. Mich aber würde sie außerstande setzen, dann noch auf den Selbstschutz einen Einfluß zur Selbstbeherrschung und Ordnung auszuüben, der ich bisher Geltung verschafft habe.«

Diese Antwort des deutschen Führers verfehlt ihre Wirkung auf le Rond nicht ganz. Trotzdem der Selbstschutz keinen Fuß breit des eroberten Bodens aufgibt, wagt er es nicht, seine Drohung gegen die Städte des Industriegebietes wahrzumachen. Doch dem Vormarsch der Deutschen ist damit ebenfalls ein Ende gemacht.

Es folgen Tage und Wochen, die mit Verhandlungen zwischen den Deutschen und der interalliierten Kommission einerseits und zwischen den Franzosen und Polen auf der andern Seite ausgefüllt sind. Trotzdem ist nicht abzusehen, wie die Dinge sich weiter entwickelt haben würden, insbesondere ob nicht unter den schützenden Fittichen le Ronds Korfanty nochmals zu einem neuen Stoß angesetzt hätte, wenn nicht die Engländer erhebliche militärische Verstärkungen nach Oberschlesien geschickt hätten. Eine ganze Division unter General Henniker trifft ein und wird Mitte Juni zwischen die Deutschen und Polen eingeschoben.

Der dritte Polenaufstand ist zu Ende. Der kriegerische Einfall, den die Warschauer Regierung durch ihren Beauftragten Korfanty hatte unternehmen lassen, hat zwar nicht ganz den Erfolg gehabt, den man sich in Polen gewünscht hatte, aber die französische Unterstützung war doch wirksam genug, um wenigstens einen beträchtlichen Teilerfolg zu sichern.

Denn ein Teilerfolg ist es, daß Ende Juni zwischen den Polen, den Deutschen und der interalliierten Kommission ein Abkommen geschlossen wird, nach dem der deutsche Selbstschutz im Norden Oberschlesiens östlich von Kreuzberg und im Süden östlich von Oberglogau verbleiben soll. In dem Abkommen wird zwar von den Polen gefordert, daß sie sofort die Kreise Gleiwitz und Hindenburg räumen sollen, aber sie bleiben in den Bezirken von Kattowitz, Rybnik, Pleß und Tarnowitz.

Diese vollendete Tatsache ist der Erfolg, auf den sie hinweisen können und der bei den kommenden politischen

Verhandlungen über das Schicksal Oberschlesiens von ausschlaggebender Bedeutung geworden ist.

Der deutsche Selbstschutz wird offiziell aufgelöst. Daß unter der Hand entgegen den Weisungen einige tausend zu allem entschlossene Männer in Oberschlesien noch verbleiben, verfehlt seine Wirkung nicht, denn nur dieser Tatsache ist es zu danken, daß keinerlei größere polnische Aufstandsaktionen mehr durchgeführt werden können.

*

Am 8. August tritt in Paris der Oberste Rat der alliierten Mächte zusammen, um über Oberschlesien zu entscheiden. Die Polen haben gut vorgearbeitet. Der italienische Vertreter in diesem Gremium ist der Außenminister Graf Sforza. Während des Aufstandes ist viel italienisches Blut im Kampfe gegen die Insurgenten Korfantys geflossen. Was läge näher, als daß der Vertreter Italiens in Paris sich nicht sehr polenfreundlich gebärdet. Doch das Unwahrscheinliche tritt ein. Sforza leistet den französisch-polnischen Forderungen fast gar keinen Widerstand. Der damalige englische Botschafter in Berlin, Lord d'Abernon, führt in seinen Memoiren diese Haltung des italienischen Grafen auf einen starken finanziellen Druck zurück, den Frankreich in der Zwischenzeit auf Italien ausgeübt haben soll. Aber in diesem Falle sind andere Einwirkungen, Einwirkungen einer sehr persönlichen Natur wahrscheinlich, ausschlaggebend gewesen. Noch heute spielt in der Gesellschaft Warschaus eine elegante und ungewöhnlich gut aussehende Frau eine große Rolle, die damals in den entscheidenden Monaten, als die Gattin eines jüngeren polnischen Diplomaten sehr eng mit dem italienischen Außenminister liiert gewesen sein soll, und auf deren persönlichen Einfluß man mit leisem Schmunzeln in Warschau die Haltung Sforzas bei den Pariser Verhandlungen des August 1921 zurückführt.

Trotz der Schwenkung Italiens kommt es aber noch nicht zu einer endgültigen Entscheidung. Lloyd George besteht nach wie vor darauf, daß das oberschlesische Industriegebiet ungeteilt bleiben müsse. Diese Forderung des englischen Premierministers ist weniger von irgendeiner Deutschfreundlichkeit diktiert als von der Furcht gewisser englischer Wirtschaftskreise, ihres in Oberschlesien investierten Kapitals bei einem Übergang des Industriegebiets an Polen verlustig zu gehen. Schließlich bleibt nur der Ausweg, den Völkerbundsrat um ein entscheidendes Gutachten zu bitten. Der Kommission, die der Völkerbund für diesen Zweck einsetzt, gehören ein Chinese, ein Belgier, ein Tscheche, ein Brasilianer und ein Spanier an. Ihr Gutachten wird am 12. Oktober 1921 Briand übergeben, und am 20. Oktober geht die endgültige Entscheidung des Obersten Rates nach Berlin und Warschau ab.

Zwei Fünftel des Abstimmungsgebiets mit den Städten Lublinitz, Tarnowitz, Königshütte, Kattowitz, Pleß und Rybnik werden an Polen gegeben. Rund eine Million Oberschlesier kommen unter polnische Herrschaft. Das abgetretene Gebiet umfaßt ein Areal von 321342 Hektar. Aber in ihm befinden sich die wertvollsten Teile des oberschlesischen Industriegebiets. Polen erhält 22 Zinkhütten und 11 Zink- und Bleigruben mit einer jährlichen Förderung von 227000 Tonnen Zink. 15 von 25 Stahl- und Eisengießereien mit einer jährlichen Produktion von 406000 Tonnen Roheisen fallen an Polen. Von 37 Hochöfen gehen 23 verloren, von 67 Kohlengruben nicht weniger als 53, und dazu das Gebiet, das 95 Prozent der unerschlossenen oberschlesischen Kohlenvorkommen enthält. 9 von 14 Walzwerken müssen abgetreten werden, ebenso 12 Eisenerzgruben.

Die folgenden teilweise weltbekannten Großunternehmungen werden durch die neue Grenzführung so zerrissen, daß Teile der Betriebe auf polnischer und Teile auf deutscher Seite liegen: Die Unternehmungen der Grafen Henckel von Donnersmarck, die Gräflich von Schafgottsche Verwaltung, die Hohenlohe-Werke, die Gräflich von Ballestremsche Verwaltung, das älteste deutsche Bergbauunternehmen Gieisches Erben, die Oberschlesische Stahlwerksgesellschaft, die Oberschlesische Eisenbahnbedarfs A.-G., die Kattowitzer A.-G. für Bergbau und Hüttenbetrieb, die Interessengemeinschaft Bismarckhütte-Huldschinsky-Werke und viele andere.

31 Eisenbahnlinien und 45 Landstraßen werden zerschnitten. Teilweise wird die neue Grenze ganz widersinnig gezogen, um bestimmte, für die Polen begehrenswerte Objekte herauszuschneiden. So wird das ganz neu und modern eingerichtete große Knappschaftslazarett in Ruda-

hammer den Polen zugesprochen. Um das zu ermöglichen, muß ein ganz spitzer Keil in deutsches Gebiet vorgetrieben werden, durch den die direkte Verbindungsstraße zwischen Beuthen und Hindenburg unterbrochen wird. Auf dieser großen Straße läuft die für die Arbeiterbeförderung im Industriegebiet unentbehrliche Straßenbahn. Noch heute wird jeder Wagen dieser wichtigen Verkehrsverbindung kurz vor Rudahammer von polnischen Beamten plombiert und zehn Minuten später jenseits des Ortes wird die Plombierung wieder entfernt.

So widersinnig, so unendlich unwirtschaftlich ist die Grenzführung zugunsten Polens, daß die Väter dieser nächst dem polnischen Korridor wahnsinnigsten europäischen Grenze selber der Meinung waren, daß das zerrissene und zerstückelte Oberschlesien so nicht lebensfähig sei. Sie forderten deshalb von Deutschland und Polen, daß vorläufig für eine Übergangszeit von 15 Jahren ein besonderes Abkommen geschlossen würde, das dem gepeinigten Land wenigstens einige Lebensmöglichkeiten gibt. Noch im Oktober 1921 begannen die Verhandlungen über dieses Abkommen, das am 15. Mai 1922 in Genf unterzeichnet wurde. Es ist mit seinen 606 Artikeln und unzähligen Sonderprotokollen und Ausführungsbestimmungen eins der umfänglichsten Gesetzwerke der ganzen Nachkriegszeit und beweist vielleicht mit am besten, daß die Verhältnisse, die durch die Zerreißung Oberschlesiens geschaffen wurden, absolut unhaltbar sind.

Aber Korfanty hat gesiegt. Die polnische Presse aller Parteirichtungen hebt ihn fast in den Himmel. Man vergleicht ihn in Warschau mit keinem Geringeren als mit George Washington. Er scheint neben dem Marschall Pilsudski der größte Sohn Polens zu sein.

Aber dieser Ruhm ist nicht lange frischgeblieben. An der Zehnjahresfeier der oberschlesischen Abstimmung konnte der Held des dritten Polenaufstandes nicht teilnehmen, weil er — — im Gefängnis saß.

V. Kapitel

Der Marschall geht an die Front

Pilsudskis Staatsstreich vom Mai 1926

Es ist, als ob der Ausbruch eines schweren Gewitters unmittelbar bevorstünde. Die Luft ist mit elektrischer Spannung geladen. Von Tag zu Tag steigt die Nervosität. Und doch ist eigentlich kein unmittelbarer Anlaß dafür vorhanden. Was bedeutet es schon, wenn in diesen ersten Maitagen des Jahres 1926 in der polnischen Hauptstadt wieder einmal eine neue Regierung gebildet wird? Das ist nichts so Ungewöhnliches, daß es diese unerhörte Nervosität rechtfertigen könnte.

Aber sie ist da. Die Presse weiß von Kulissenverhandlungen zu berichten, die noch um einige Grade unerfreulicher sind, als das sonst bei ähnlichen Gelegenheiten der Fall zu sein pflegt. Eine Rechtsregierung soll zustande kommen. Ihr Führer wird der Vorsitzende der Großbauernpartei, der sogenannten Piasten, Witos, sein. Seine Regierung wird gestützt werden von allen Parteien, die rechts von den Großbauern stehen, in erster Linie von den Posener Nationaldemokraten, von jener Parteigruppe also, deren Führer und geistiger Vater, Roman Dmowski, der erbitterste Feind des Marschalls Josef Pilsudski ist.

Ist das Wunder an der Weichsel vergessen? Weiß man nicht mehr, wem der polnische Staat die Rettung vor den roten Heeren des Jahres 1920 verdankt? Fast scheint es so. Marschall Pilsudski hat sich schon vor Jahren grollend aus der Politik zurückgezogen, und jetzt verweigert man ihm sogar die militärische Reaktivierung. Nicht weit von der Hauptstadt entfernt, in Sulojowek haust er, und nur von Zeit zu Zeit zerreißt irgendein scharfer kritischer Zeitungsartikel oder eine noch schärfere Erklärung die dunklen Wolken des Geheimnisses, die sich um Sulojowek und den zürnenden Marschall zusammenballten.

Die Anhänger Pilsudskis in der Armee wissen, daß sie von der neuen Regierung der Rechtsparteien nicht viel zu erwarten haben. Die alten Legionäre der Pilsudski-Brigaden aus den Jahren des großen Krieges sehen mit Grauen die Zeiten kommen, in denen die Protegés der Nationaldemokraten, die Hallerleute, die guten Stellen in der Armee innehaben werden.

Am 10. Mai 1926 ist das Kabinett Witos gebildet. Am selben Tage erscheint in einem Warschauer Blatt ein Artikel Marschall Pilsudskis, in dem grausame Abrechnung mit der verrotteten und korrumpierten polnischen Rechten gehalten wird. Am Abend kommt es in den Kaffeehäusern der Hauptstadt zu erregten Szenen, als pilsudskitreue Offiziere Hochs auf den Marschall ausbringen und diejenigen Gäste eigenhändig verprügeln, die sich diesen Ovationen nicht anschließen.

Das Wetterleuchten nimmt zu.

Dementsprechend steigt die Nervosität. Am nächsten Tag schon wird die Zeitung, die den Artikel Pilsudskis brachte, beschlagnahmt. Angehörige rechtsstehender Schützenverbände rotten sich zusammen und ziehen hinaus nach Sulojowek, um gegen Pilsudski zu demonstrieren. Das ist das Signal. Niemand weiß, wer die Autos steuert, die plötzlich durch die Straßen von Warschau jagen und Flugblätter abwerfen, auf denen gedruckt steht: »Pilsudski ist in Gefahr!« Niemand weiß, wer die Nachricht von der Demonstration gegen den Marschall auf den Truppenübungsplatz Rembertow brachte, wo das siebente Ulanenregiment zu Übungen versammelt ist.

Nur eins steht fest: in dem Augenblick, in dem in Rembertow die Nachricht eintrifft: Der Marschall ist in Gefahr!, in dem Augenblick jagen die Ulanen zu ihren Pferden, ergreifen sie ihre Karabiner und Lanzen, und in gestrecktem Galopp werden die wenigen Kilometer zwischen Rembertow und Sulojowek zurückgelegt. Der Marschall muß geschützt werden.

In der Nacht vom 11. zum 12. Mai knallen die Gewehre, die Karabiner. Das ist das einzige, was man wirklich genau weiß.

In seinem Haus in Sulojowek sitzt in dieser Nacht der Marschall wie in vielen, vielen andern Nächten. Er schläft nicht. Ruhelos geht er in seinem fast leeren Arbeitszimmer auf und ab. Von der einen Ecke in die andere, immer in der Diagonale. Das ist eine Angewohnheit von früher, aus der Zeit, als er sich in der engen Festungszelle von Magdeburg auf diese Weise Bewegung machte. Heute versinkt sein Fuß in schweren Teppichen. Achtlos läßt er die Asche vieler gelber länglicher Zigaretten auf den Boden fallen. Er kämpft. Er weiß, was die Schüsse dort draußen zu bedeuten haben. Soll wieder Blut fließen? Er hat ein Leben lang den

Kampf für Polen, für die Freiheit seines Volkes geführt. Er hat in russischen Gefängnissen gesessen. Er ist ein Flüchtling gewesen. Sein Leben war ein stetes Ringen gegen das Rußland der Zaren. Keine Gelegenheit hat dieser Mann vorbeigehen lassen, von der er annehmen konnte, daß etwas für seine große Idee zu gewinnen sei. Er hat mit den Terroristen zusammengearbeitet. Er hat während des russisch-japanischen Krieges in Japan gegen Rußland agitiert. Er hat in den Jahren 1914 bis 1916 an der Spitze seiner Brigade mit Deutschen und Österreichern für Polen gekämpft.

Alles, was er getan hat, war für Polen. Und jetzt, in dieser Nacht, müssen ein paar Schwadronen eines Ulanenregimentes vom nächsten Truppenübungsplatz hierher jagen, um ihn, den Marschall Polens, gegen einige hundert verhetzte polnische Volksgenossen zu schützen.

Der grauhaarige Mann in der einfachen blauen Litewka beißt sich in dumpfem Groll fast die Lippen wund unter dem buschigen grauen Schnurrbart. Das ist der Lohn? Das ist alles, was übriggeblieben ist von dem Ruhm und dem Kampf vergangener Jahre?

Er richtet sich auf. Er zerstampft die Zigarette auf dem Boden. Nein! Noch ist Josef Pilsudski der Mann, der Polen seinen Willen aufzwingen wird. Noch ist er der Marschall, der diesem Volk die Ideen geben kann. Was ist gewesen in den letzten Jahren? Parteizank und Zwist zwischen den Führern, die keine sind, Korruption und Eifersüchteleien zum Schaden des Volkes, zum Schaden der Wirtschaft und des polnischen Ansehens in der Welt. Nicht für diese Männer hat er Kriege geführt und gekämpft, hat er das Risiko auf sich genommen, bis an die äußerste Grenze der Leistungsfähigkeit die polnische Armee im Kampf gegen Rußland zu beanspruchen. Wer ist denn dieser sogenannte neue Ministerpräsident, der es wagt, Zeitungen zu beschlagnahmen, in denen Josef Pilsudski seine Meinung äußert? Dieser Bauer Witos, der glaubt, sich eine besondere Note geben zu können, wenn er als Ministerpräsident des polnischen Staates ohne Kragen herumläuft?

Aber was soll werden? Dieser Mann, der so viel Blut in seinem Leben gesehen hat, schaudert davor zurück, nun noch einmal kämpfen zu müssen. Er will nicht mehr. Er hat dies Volk in den Sattel gesetzt. Mag es reiten oder stürzen, wie es kann. Die Verantwortung für neue Kämpfe wird er nicht mehr tragen.

Noch immer durchmißt Josef Pilsudski mit langsamen, schweren Schritten den Raum. Draußen verstummen allmählich die Schüsse. Nur noch in weiter Entfernung knallt es ein paarmal. Dann ist es still. Doch nicht lange. In sein Arbeitszimmer tritt der Kommandeur des siebenten Ulanenregiments mit einer Anzahl seiner Offiziere. Schmutzig und staubbedeckt stehen die Männer vor dem Marschall, und ihr Führer meldet, kurz und militärisch, daß der Angriff auf das Leben des Marschalls abgeschlagen sei.

Pilsudski steht vor den Offizieren, die Beine gespreizt, den Kopf ein wenig gesenkt, die Fäuste in den Taschen der Litewka vergraben. Er weiß, er müßte diesen Männern jetzt danken. Er wird das auch tun. Und schon setzt er an, um ihnen zu sagen, daß er ihnen dankt und daß sie nun zurückreiten sollen nach Rembertow. Zurück zu ihrem Dienst. Zurück in den Alltag.

Da sieht er die Augen dieser Männer. Und er kann nicht das sagen, was er aussprechen wollte. Er sieht die Erwartung, das selbstverständlich felsenfeste Vertrauen dieser alten und jungen Menschen in ihn, den Marschall Polens. Er fühlt es, ohne daß die Offiziere auch nur ein Wort zu ihm sprechen, und er weiß, daß er sie nicht fortschicken darf. Daß er handeln muß. Daß er noch einmal den Kampf aufnehmen wird.

*

Die Schüsse von Sulojowek haben in Warschau ein unerhörtes Echo. Plötzlich ist es den Männern der Regierung Witos klar, daß dieser alte Mann dort vor den Toren der Hauptstadt doch immer noch eine Macht ist, die ihnen gefährlich werden kann. Man wird sehr schnell handeln müssen, um diese Gefahr zu bannen. Ein Telefongespräch nach Siedlice. Das 22. Infanterieregiment soll sofort nach Sulojowek abmarschieren, um die rebellischen Ulanen zu verjagen und den Marschall zu verhindern, irgendwelche staatsgefährlichen Unternehmungen in Szene zu setzen.

Der Kommandeur nimmt den Befehl entgegen und alarmiert sein Regiment. Scharfe Patronen werden ausgegeben. Eiserne Portionen werden verteilt. Das Regiment marschiert. Aber nicht so, wie sein Oberst sich diesen Marsch vorgestellt hat. Es marschiert ohne seinen Oberst. Unter sicherer Bedeckung eines Leutnants und einiger zuverlässiger Unteroffiziere bleibt der Regimentskommandeur als Gefangener in Siedlice zurück. Sein Regiment marschiert. Es marschiert, um zusammen mit den Ulanen von Rembertow den Marschall zu schützen.

Die Infanteristen brauchen nicht einmal mehr bis nach Sulojowek zu marschieren. Schon unterwegs treffen sie auf die siebenten Ulanen, an deren Spitze sich der Marschall befindet. Die Marschrichtung wird geändert. Es geht auf Warschau.

Noch ehe die kleine Truppe die Vorstädte Warschaus erreicht hat, ist die Nachricht von dem Marsch Josef Pilsudskis gegen die Hauptstadt wie ein Lauffeuer vorausgeeilt. Zwei weitere Regimenter schließen sich an. Da, wo der eine oder der andere Offizier sich für die Regierung einzusetzen wagt, wird er schnell und höflich festgesetzt. Aber das sind nur Einzelfälle. Im großen und ganzen gibt es nur eine Stimme der Begeisterung für den Marschall.

Die Regierung Witos ist nicht gesonnen, kampflos die Waffen zu strecken. Der stiernackige Ministerpräsident bietet alles auf, um dem rebellischen Marschall entgegentreten zu können. Die Warschauer Garnison wird mobil gemacht. Die Weichselbrücken werden besetzt. Drohend richten sich die Mündungen von Maschinengewehren und Geschützen gegen die Vorstädte, durch die der Einmarsch Pilsudskis erfolgen muß. Spanische Reiter werden herangefahren. Es ist wieder einmal Kriegsluft in Warschau.

Amtlich wird die Situation in einem Communiqué der Regierung in diesem Augenblick folgendermaßen dargestellt:

»Vier dem Marschall Pilsudski ergebene in Kielze und Siedlice garnisonierte Regimenter haben sich gegen die Regierung in Stärke von 2000 bis 2500 Mann empört und marschieren gegen die Hauptstadt. Sie stehen gegenwärtig im Lager von Rembertow, unweit der Vorstadt Praga. Die Brücken zwischen Praga und Warschau sind gesperrt und durch regierungstreue Soldaten, Panzerwagen, Artillerie und Maschinengewehre besetzt. Das Ministerpräsidium ist durch eine Militärabteilung geschützt. Zwischen dem Staatspräsidenten und dem Marschall Pilsudski sind dem Vernehmen nach Verhandlungen im Gange, die einen Bürgerkrieg vermeiden sollen. Die Lage ist außerordentlich ernst, kann aber zur Zeit noch nicht vollkommen überblickt werden.«

Wie ernst die Lage in Wirklichkeit ist, darüber sind sich Witos und seine Minister nicht einen Augenblick im unklaren. Aber sie rechnen damit, daß es ihnen gelingen wird, in kurzer Zeit so viel regierungstreue Truppen nach Warschau zu ziehen, daß der Putsch niedergeschlagen werden kann. Ihre Hoffnung setzten sie dabei in erster Linie auf die Generale der früheren Hallerarmee, die Pilsudski und seinen Legionären feindlich gegenüberstehen. Telegrafisch und telefonisch wird alles in Bewegung gesetzt, um die diesen Generalen ergebenen Regimenter nach Warschau heranzubekommen.

Inzwischen ist Pilsudski an der Spitze seiner kleinen Truppenmacht in der Vorstadt Praga eingerückt. Die Vortruppen erreichen die Weichselbrücken, aber noch kommt es nicht zu Zusammenstößen mit den Brückenbesatzungen der Regierung. Letzte, unwägbare Stimmungsmomente verhindern in diesem Augenblick das Losgehen der Gewehre. Soldaten und Offiziere in den gleichen Uniformen, mit den gleichen Stahlhelmen stehen sich gegenüber. Sie wissen und fühlen, daß es zum Kampf kommen wird, aber noch verhindert das Gefühl gemeinsamer Kämpfe von früher die Führer, schon in diesem Augenblick den Befehl zum Feuern zu geben.

Den letzten Versuch zum Ausgleich, zur Verhinderung blutiger Bürgerkämpfe in der polnischen Hauptstadt macht der Staatspräsident Wojcziechowski. Er fährt selber an die Poniatowski-Brücke, nachdem er dem Marschall Pilsudski hat mitteilen lassen, daß er mit ihm zu sprechen wünsche. Es ist ein Augenblick von unerhörter dramatischer Einprägsamkeit, als diese beiden Männer, die in der Zarenzeit gemeinsam als Sozialisten für Polen gekämpft und gearbeitet haben, sich in der Mitte der riesigen Brücke über den Weichselstrom treffen. Der Staatspräsident in Zivil, fast körperlich niedergedrückt von der Wucht der Verantwortung, die auf ihm lastet, geht gesenkten Hauptes auf den Marschall zu. Den Mantel offen, ohne Orden kommt ihm langsam Josef Pilsudski entgegen. Wojcziechowski bleibt stehen. Er sieht dem Mann in die Augen, den er so gut kennt, mit dem ihn so unendlich viel Gemeinsames verbindet und der jetzt als Rebell gegen die Regierung vor ihm steht. Unbewegt blickt der Marschall auf den Staatspräsidenten. Keiner der wenigen Begleiter dieser denkwürdigen Begegnung kann in diesem Augenblick erraten, was im Innern Josef Pilsudskis vorgeht. Starren Gesichts wartet er, was der Präsident ihm zu sagen hat.

Wojcziechowski fühlt in dieser Sekunde, daß es keinen Sinn hat, den Mann, der ihm gegenübersteht, an die alten Zeiten zu erinnern. Er täte es gerne, denn er weiß, daß Pilsudski bei aller Härte nicht fühllos ist. Aber der Augenblick ist nicht danach angetan. Vor wenigen Minuten erst hat der Staatspräsident die Stacheldrahthindernisse passiert, die mit Maschinengewehren gespickt die Rebellen von der Hauptstadt fernhalten sollen. Und hinter den spanischen Reitern an den Maschinengewehren haben polnische Offiziere und Soldaten gestanden, die bereit sind, mit ihrem Leben die rechtmäßige Regierung dieses Staates zu schützen. Er würde sich wie ein Verräter an diesen Männern vorkommen müssen, wenn er anders mit Pilsudski spräche als er es jetzt tut.

Er geht noch einen Schritt näher auf den Marschall zu. Er lüftet leicht den Hut, reckt sich auf und will sprechen. Aber da übermannt es ihn doch. Fast beschwörend tritt er ganz nahe an Pilsudski heran. Er faßt ihn am Aufschlag seines Mantels. Er zieht ihn beinahe zu sich herüber, als er ihm mit vor innerer Erregung heiserer Stimme sagt: »Herr Marschall, ich fordere von Ihnen die sofortige Niederlegung der Waffen.«

Pilsudski fühlt die innere Spannung des alten Kampfgenossen sehr wohl. Aber er ist schon zu weit gegangen, um noch zurück zu können. Läßt er sich jetzt auch nur auf Verhandlungen ein, dann ist sein Einfluß, seine Macht auf ewig dahin. Er weiß selber am besten, was es ihn innerlich gekostet hat, bis hierher zu gehen. Er tritt einen Schritt zurück, er schließt sekundenlang die Augen, und er sieht wiederum die bestaubten Offiziere vor sich stehen, die ihm am Abend vorher meldeten, daß sie den Anschlag auf das Leben des Marschalls zurückgewiesen hätten. Da fühlt er, daß er nicht verhandeln kann, nicht verhandeln darf. Kurz und trocken antwortet er dem Staatspräsidenten mit einer harten, merkwürdig eckigen Kopfbewegung: »Ich denke nicht daran.«

Wie unter einem Peitschenschlag zuckt der Staatspräsident zurück. Er hatte vielleicht nicht erwartet, daß Pilsudski sich widerspruchslos fügen werde. Er hat damit gerechnet, daß der Marschall in eine Flut von Anklagen ausbrechen werde. Er hat nicht nur damit gerechnet, er hat darauf gehofft. Denn wenn das geschehen wäre, so wäre immerhin die Möglichkeit gewesen, einen Anknüpfungspunkt für Verhandlungen zu finden, die das unvermeidlich kommende Blutvergießen hätten verhindern können. Aber dieses harte, dieses unerbittliche »Ich denke nicht daran!« schneidet alle Hoffnungen ab.

Noch einmal tritt der Staatspräsident beschwörend auf Pilsudski zu. Es ist jetzt nicht die Zeit, die Worte zu wählen und zu wägen. Wenn er mit dem Satz, den er nun spricht, nicht doch das Herz Pilsudskis erweicht, dann ist es aus. Dann wird Blut fließen, polnisches Blut in der Hauptstadt Polens.

»Herr Marschall, sind Ihnen die Konsequenzen bekannt, die Ihre Ablehnung nach sich zieht?«

Ohne es zu wollen, hat Wojcziechowski das Wort Konsequenzen gewählt. Er meint in diesem Augenblick viel weniger die Folgen rechtlicher Natur, mit denen ein rebellierender Marschall unter Umständen zu rechnen hat. Das, was vor seinem Auge als einzige furchtbare Konsequenz der Weigerung Pilsudskis steht, das ist der Bürgerkrieg. Das ist das Leben vieler Hunderter von polnischen Menschen.

Versteht Pilsudski, was der Staatspräsident meint? Weiß er wirklich, was er sagt, als er wiederum kurz und abgerissen das »Ja« zwischen den Zähnen hervorstößt, das seine einzige Antwort auf diese letzte erschütternde Frage bildet? Niemand weiß es, niemand wird es je erfahren. Aber das Ja ist gesprochen. Es gibt zwischen diesen beiden Männern keine Brücke mehr.

Wieder wie zwei Minuten vorher greift Staatspräsident Wojcziechowski an seinen Hut. Er lüftet ihn leicht, als sei irgendeine nebensächliche Unterhaltung beendet. Er streckt dem Marschall zum Abschied die Hand entgegen: »Also trennen wir uns«, sagt er, so als ob es sich um eine Trennung für wenige Stunden handele, und nicht um den Schlußstrich unter ein Leben gemeinsamen Kampfes, gemeinsamer Arbeit.

Pilsudski nimmt die Hand. Er grüßt und macht kehrt, mit schweren Schritten geht er zurück zu seinen Soldaten. Das Gespräch auf der Brücke ist beendet. Jetzt haben die Geschütze das Wort.

Wenige Stunden später beginnt der Angriff. Einige Lagen Artilleriefeuer der Pilsudskitruppen gegen die flüchtig hergestellten Befestigungen an den Brücken genügen, um den Übergang freizumachen. Die Regimenter des Marschalls dringen in der Dämmerung in die Hauptstadt ein, aber sie stoßen in der Stadt selbst bereits auf erbitterten Widerstand. Um die hauptsächlichsten öffentlichen Gebäude wird in den späten Abendstunden blutig und zäh gekämpft. Doch noch sind die Regierungstruppen zu schwach und besonders viel zu sehr verzettelt, um ernsthaft Widerstand zu leisten. Um Mitternacht sind alle wichtigen Gebäude in der Hand Pilsudskis. Schon glaubt er sich am Ziel, als seine Offiziere ihm melden, daß das Ministerratspräsidium, das schöne alte Radziwill-Palais, umstellt sei. Hat er erst einmal die Regierung gefangengenommen, so wird es kaum noch Widerstand geben.

Der Marschall atmet auf. Die ungeheure Spannung dieses Tages weicht langsam von ihm. Gewiß, es ist schon Blut geflossen. Es hat schon Tote und Verwundete gegeben. Aber die Opfer sind bisher noch verhältnismäßig gering. Es ist noch zu verantworten, daß einige Dutzend tapfere Soldaten auf beiden Seiten ihr Leben gelassen haben, wenn damit diese verhaßte korrupte Regierung gestürzt ist.

Pilsudskis Stimme hat einen beinahe freudigen Klang, als er den Befehl gibt, das Ministerratspräsidium zu stürmen. Überraschend leicht dringen seine Soldaten in das Gebäude ein. Kaum ein Schuß fällt. Aber als die Offiziere das Palais durchsuchen, ist es leer. Nur wenige Hausbeamte, die nicht geflohen sind, kommen verängstigt aus ihren Verstecken gekrochen, in die sie sich geflüchtet haben. Die Regierung Witos hat schon Stunden vorher das Palais verlassen und hat im Schloß Belvedere am entgegengesetzten Ausgang Warschaus Quartier bezogen.

Pilsudski selber betritt das leere Regierungsgebäude. Merkwürdig dumpf hallen seine Schritte in den langen Korridoren. Die alten Porträts an den Wänden scheinen halb grimmig, halb höhnisch auf ihn herabzublicken. Die Wände bedrücken ihn. Er braucht Luft. Durch die schönen Räume des Erdgeschosses geht er hindurch. Er reißt eine Tür auf, und er steht auf der riesigen Terrasse des Palais, zu deren Füßen der Park abfällt bis hinab zu den Ufern der Weichsel. In der Ferne schimmert dunkelsilbrig der Strom. Pilsudski steht, auf die Balustrade der Terrasse gestützt, und blickt hinab.

Also reicht das Blut, das an diesem Abend geflossen ist, doch nicht aus? Der Bauer Witos ist nicht in seiner Gewalt. Ein paar Kilometer von ihm entfernt, am Ende der Aleja Ujasdowska im Belvedereschloß, sitzt er mit seinen Ministern und ist anscheinend entschlossen, den Kampf weiterzuführen.

Muß das sein? Gibt es keinen andern Weg, um die Macht im polnischen Staate aus den Händen dieser Männer zu ringen? Ist es unbedingt dazu nötig, daß die besten Kräfte dieses Volkes mit Maschinengewehren und Handgranaten gegeneinander gehetzt werden? Stärker noch als in der Nacht vorher fühlt der Marschall in diesem Augenblick die Last der Verantwortung. Er steht hier in dem Haus, in dem Jahrzehnte hindurch der Gouverneur des Zaren das polnische Volk regierte. Dieses Palais hat so viel Geschichte gesehen, hat so merkwürdige Schicksale erlebt, daß seine Atmosphäre allein schon Eindrücke vermittelt, die unmittelbarer wirken als selbst das Erlebnis des vorigen Abends in dem Landhause von Sulojowek.

Noch immer steht der Marschall allein auf der Terrasse des Palais. Keiner der Offiziere seines Stabes ist ihm hierher gefolgt.

Von fernher trägt der Wind gelegentlich den Schall eines Schusses. Pilsudski, der alte Soldat, zuckt bei dem Klang zusammen. Er wundert sich über sich selbst. Er möchte lachen. Er, der schon soviel Kugeln in seinem Leben hat pfeifen hören, wird nervös, weil tausend Meter von ihm entfernt ein Gewehr abgeschossen wird?

Die Zigarette in der Hand des Marschalls verglimmt. Wieder schrickt er fast zusammen, als er hinter sich Schritte hört. Einer seiner Offiziere tritt auf ihn zu und meldet ihm, daß nach den bisherigen Feststellungen die Hauptkräfte der Regierungstruppen sich in die Richtung auf die Aleja Ujasdowska und das Gesandtschaftsviertel zurückgezogen haben. Die Regierung habe offenbar den Befehl gegeben, auf alle Fälle die Umgegend des Belvedere-Schlosses zu halten, bis Verstärkung aus der Provinz herangezogen sei. Gefangene Offiziere haben ausgesagt, daß der Kriegsminister der Regierung Witos die Regimenter aus Posen nach Warschau habe transportieren lassen, und daß damit gerechnet werde, daß innerhalb von vierundzwanzig Stunden genügend Kräfte zur Stelle seien, um die Pilsudski-Truppen aus Warschau herauszujagen.

Der Offizier erlaubt sich gehorsamst darauf hinzuweisen, daß die Zeit drängt, daß es notwendig sei, noch in dieser Nacht den entscheidenden Angriff auf das Belvedere-Schloß durchzuführen. Die Truppen haben jetzt noch das Gefühl der unbedingten Überlegenheit. Es wird möglich sein, in *einem* Ansturm die wenigen Bataillone der Regierung über den Haufen zu rennen.

Pilsudski hört die Worte. Er nickt, und der Offizier, der vor ihm steht, erwartet aus seinem Munde jetzt den Befehl zum Angriff. Aber dieser Befehl kommt nicht.

Hat Josef Pilsudski, der Marschall Polens, in diesem Augenblick eine grauenhafte Vision? Empfindet er es in dieser Minute und an diesem Platz, an dem die Gouverneure des Zaren mehr als einmal den Befehl erteilt haben, auf polnische Patrioten zu schießen, besonders stark, was es heißt, jetzt zu sagen: Greifen Sie an!

Der Marschall schweigt eine kurze Zeit. Dann geht er mit großen Schritten vorbei an dem erstaunten Offizier in das Palais hinein. Er wird nicht angreifen. Er wird verhandeln.

Eine halbe Stunde später jagt ein Parlamentär zum Belvedere-Schloß. Er überbringt ein schriftliches Angebot Pilsudskis an den Staatspräsidenten. Der Marschall ist bereit, sich widerspruchslos den Anordnungen des Staatspräsidenten zu fügen, wenn das Kabinett Witos sofort seinen Rücktritt erklärt.

Im Belvedere kommt dieses Angebot Pilsudskis überraschend. Man hat nicht erwartet, daß nach den Erfolgen dieses ersten Abends der Mann aus Sulojowek noch einmal verhandeln werde. Keiner hat es erwartet. Am wenigsten Staatspräsident Wojcziechowski selber.

Es ist nicht notwendig, einen Kabinettsrat zusammenzuberufen. Die Minister sind alle im Schloß versammelt, in dem notdürftig und in aller Eile ein paar Büroräume eingerichtet worden sind. Geschlafen hat von ihnen in dieser Nacht ohnehin keiner.

Eine erregte Auseinandersetzung beginnt. Die Meinungen sind geteilt. Verschiedene der Minister glauben, daß es besser sei, zurückzutreten, um dem Staatspräsidenten für die Bildung einer neuen Regierung freie Hand zu lassen. Wenn das geschieht, wird wenigstens die Gefahr einer Militärdiktatur Pilsudskis vermieden. Man kann eine Art von Übergangsregierung schaffen und ist unter Umständen in der Lage, in den kommenden Wochen und Monaten die Situation so zu befestigen, daß dann für eine neue Rechtsregierung keine Gefahr mehr besteht.

Erregt widerspricht dieser Auffassung der Kriegsminister General Rozwadowski. Er betrachtet die Lage in erster Linie vom militärischen Standpunkt. Gelingt es, über diese Nacht hinwegzukommen, so kann man damit rechnen, den Putsch niederzuschlagen. Zwei Regimenter aus Posen und ein Regiment aus Kongreßpolen sind schon nahe bei der Hauptstadt. Am Morgen werden sie einsatzbereit sein. Dann kann man zu einem Gegenstoß ansetzen und den Marschall aus Warschau hinauswerfen. Nimmt man seine Bedingungen an, so ist damit der Politisierung der Armee Tor und Tür geöffnet, und man muß damit rechnen, daß jedesmal, wenn irgendeine Regierung ans Ruder kommt, die Pilsudski nicht genehm ist, sich die Unruhen wiederholen.

Die erregte Debatte geht hin und her. Schweigend hat der Staatspräsident die Auseinandersetzungen mit angehört. Die Erschütterung des Erlebnisses vom Nachmittag schwingt noch in ihm nach. Was reden alle diese Männer hier? Sie diskutieren, als ob es um die Balancierung eines Etats oder um die Abänderung eines von der Regierung vorgelegten Gesetzes ginge. Keiner von ihnen hat die furchtbare menschliche Enttäuschung erlebt, die ihn wenige Stunden vorher erschütterte.

Zu genau noch sieht Wojcziechowski die Situation auf der Poniatowski-Brücke vor sich.

Argumente und Gegenargumente fliegen durch den Raum. Die Worte rauschen vorbei an den Ohren des Präsidenten. Er hat das Gefühl, daß alle diese Menschen das Wesentliche nicht empfinden. Hier handelt es sich darum, daß ein Mann, der viel, unendlich viel für sein Volk geleistet hat, das Recht für sich in Anspruch nimmt, das Blut dieses seines Volkes in einem Bürgerkrieg zu vergießen, um eine Regierung aus dem Sattel zu heben, die ihm nicht paßt. Dieses Recht darf niemals ein Mensch für sich in Anspruch nehmen.

Staatspräsident Wojcziechowski fährt aus seinem Sinnen auf, als der Ministerpräsident nun endlich unmittelbar an ihn die direkte Frage richtet, wie er sich zu dem Angebot Pilsudskis stelle. Der Präsident blickt den Fragenden voll an. In diesem Augenblick empfindet er ganz besonders stark den deprimierenden Eindruck, den dieser schwerknochige Bauer auf ihn macht. Unwillkürlich vergleicht er im Geist das volle rote Gesicht über dem stierhaften kragenlosen Hals mit dem kantigen Nietzsche-Schädel des Mannes von der Poniatowski-Brücke. Es würgt ihn im Hals. Wie gerne würde er dem alten Mitkämpfer vergangener Jahre die Regierung in die Hände legen. Aber hier in diesem Augenblick dürfen nicht Gefühle entscheiden. In dieser Nacht und an diesem Platz ist er nicht der alte polnische Freiheitskämpfer, der Sozialist. Er ist hier der Präsident des wiedergeborenen Polens, der vor Gott und seinem Volke die Verantwortung trägt, daß die von ihm beschworene Verfassung nicht verletzt wird.

Präsident Wojcziechowski richtet sich auf, und hart und doch merkwürdig klanglos fällt aus seinem Munde die Entscheidung. Das Angebot Pilsudskis wird abgelehnt. Die Regierung verhandelt nicht mit einem Rebellen.

Wie ein schwerer Alpdruck schweben noch die letzten Sätze des Staatspräsidenten in dem Beratungszimmer, als schon General Rozwadowski aufspringt und hinauseilt. Jetzt haben die Militärs das Wort. Rozwadowski ist nun zusammen mit seinem Freunde, dem General Zagurski, der General der rechtmäßigen polnischen Regierung, der keine Minute zu verlieren hat, um alle notwendigen militärischen Vorbereitungen zu treffen, eine Revolte gegen den Staat niederzuschlagen.

Das Belvedere-Schloß wird zum militärischen Hauptquartier. Offiziere und Ordonnanzen eilen hin und her, und kaum eine halbe Stunde nach dem Beschluß des Ministerrats zerreißt das Knattern der Motorräder die Stille der Nacht. Die Maschinen rasen hinaus, um den in Anmarsch befindlichen Regimentern die Angriffsbefehle für den nächsten Morgen zu übermitteln.

Josef Pilsudski empfängt den Bescheid aus dem Belvedere im Palais Radziwill. Keine Bewegung seines Gesichts verrät den ihn umstehenden Offizieren, was er empfindet, als er das kurze Schreiben, das sein Parlamentär ihm übergeben hat, liest.

Wieder einmal ist es zu spät. Wieder einmal sind die Verhältnisse mächtiger als der Mensch. Vierundzwanzig Stunden vorher war er entschlossen, nicht zu kämpfen. Und er hat es doch getan, weil er die inbrünstige Erwartung der Menschen nicht enttäuschen wollte, die auf ihn hofften. In dieser Nacht hat er noch einmal den Versuch gemacht, das Blutvergießen zu beenden. Der Versuch mißglückte. Der Kampf wird weitergehen. Er wird schwerer und blutiger werden, als das, was bisher gewesen ist.

Der Marschall trifft seine Anordnungen für den kommenden Tag. Er weiß, daß Rozwadowski seine militärischen Kräfte überschätzt. Er glaubt nicht daran, daß aus Posen große Truppenmengen gegen ihn in Marsch gesetzt werden können. In Posen kommandiert sein alter Mitarbeiter aus dem Russenkrieg, der ehemalige Kriegsminister General Sosnkowski. Dieser Mann wird es zu verhindern wissen, daß die seinem Befehl unterstellten Regimenter gegen den Marschall marschieren. Josef Pilsudski weiß nicht, daß kaum ein paar Stunden vorher General Sosnkowski in wilder Verzweiflung darüber, daß seine Truppen fast geschlossen dem Befehl der Regierung Folge geleistet haben, sich eine Kugel durch den Kopf schoß und in diesem Augenblick todwund auf dem Operationstisch des Posener Krankenhauses liegt.

Der Marschall weiß nur, daß der kommandierende General des Wilnagebietes, der alte Ukrainerkämpfer Rydz Smigly sich mit einer starken Truppenmacht auf dem Wege nach Warschau befindet, um ihn zu unterstützen. Er ist unbesorgt um den Ausgang des Kampfes, den er nicht führen wollte. Man hat ihn gezwungen, zu fechten. Gut. Er wird fechten.

Das ist die Tragik dieses Mannes. Die Tragik des halben Helden, der es nicht empfindet, wie sehr seine eigenen Hemmungen, seine eigene Furcht vor letzter Verantwortung, immer wieder neuer Verantwortung, die schwerer ist als alles andere Vorhergehende, auf ihn wälzt. Der schwache Mensch scheut die Last der Verantwortung. Der halbe Held sucht sie und scheut dann. Aber die Dinge im Geschehen sind stärker als er. Sie rollen lawinengleich über seine letzte Verantwortungsscheu hinweg und türmen immer neue Berge auf, vor denen der halbe Held von neuem erschauert. Pilsudski wollte nicht kämpfen. Er wollte kein Blut vergießen. Er tat es doch. Und als das Blut geflossen war, zögerte er von neuem. Da verhandelte er wieder. Und der Erfolg war der Zwang zu neuem, schwererem Kampf, zu neuem, furchtbarerem Blutvergießen.

In dieser Nacht, deren Verlauf so unendlich bezeichnend für all das ist, was in den kommenden Jahren in Polen sich zutrug, hat Marschall Pilsudski ebensowenig eine Empfindung für die Folgen seines Zögerns, seines halben Handelns gehabt wie seine Offiziere. Sie konnten das nicht empfinden. Sie konnten das nicht fühlen, weil dieser Mann für sie mit dem Nimbus des gottgesandten Vaterlandsretters umgeben ist, dessen Wille das Gottgewollte und dessen Wunsch das Selbstverständliche ist.

*

Im Morgengrauen des nächsten Tages gehen die neuen Regimenter des Generals Rozwadowski zum Gegenstoß vor. Pilsudskis Zögern in der Nacht kostet seinen Leuten jetzt viel Blut. Sie können ihre Stellungen nicht behaupten und müssen ein beträchtliches Stück zurückweichen. Von Straßenecke zu Straßenecke, von Häuserblock zu Häuserblock tobt der Kampf. Die Hauptgeschäftsstraße Warschaus ist von improvisierten Schützengräben durchzogen. Hinter wirren Haufen von Pflastersteinen hocken Maschinengewehrschützen. Die kleinen Kioske der Zigarettenverkäufer werden zu Schützennestern. Um jede Häuserbreite wird verbissen gerungen.

Die zahlenmäßige Überlegenheit der Regierungstruppen gewinnt von halber Stunde zu halber Stunde an Gewicht. Ein Stützpunkt nach dem andern geht den Pilsudski-Truppen verloren. Mit zusammengebissenen Zähnen, übernächtigt und pulvergeschwärzt fechten die Infanteristen und Ulanen des Marschalls. Aber ihre Siegeszuversicht vom Tage vorher wird geringer und geringer.

Schon sieht die Situation für den Marschall bedrohlich aus. Da kommt unerwartet eine fühlbare Erleichterung. In der Zitadelle von Warschau hatten sich am Abend vorher einige abgeschnittene Kompagnien der Regierungstruppen verteidigt. Diese Truppe im Rücken der Rebellen machte die Absonderung einer unverhältnismäßig großen Formation zur Einschließung der Zitadelle erforderlich. Die Kompagnien dort oben hören an diesem Morgen nur von weitem den immer stärker werdenden Gefechtslärm. Sie können nicht übersehen, wie der Kampf steht, aber sie sind der Meinung, daß die Regimenter des Marschalls ebenso wie am Tage vorher sich im siegreichen Vordringen befinden. Wozu sollen sie also noch kämpfen? Sie hissen die weiße Flagge und lassen sich gefangennehmen.

Die Übergabe der Zitadelle erfolgt gerade im rechten Moment. Die freiwerdenden Truppen können in die schon weichende Kampffront eingeschoben werden, und die Verstärkung, die hierdurch die Pilsudski-Truppen erhalten, bringt das schon halbverlorene Gefecht wieder zum Stehen.

An vielen Stellen der Stadt entwickelt sich jetzt das groteske Bild einer Art von Stellungskrieg. Fünfzig oder hundert Meter voneinander entfernt liegen die Gegner in flüchtig quer über die Straßen gezogenen Schützengräben einander gegenüber. Beherrschende Häuserecken sind häufig an den Straßenkreuzungen auf der einen Seite in der Hand der Pilsudski-Truppen, während auf der andern gegenüberliegenden Seite die Maschinengewehrschützen Rozwadowskis hinter den Fensterbrüstungen in Stellung liegen.

Blutig rot geht an diesem Abend die Sonne über Warschau unter. Der heftige Gefechtslärm der Morgen- und Vormittagsstunden verstummt langsam, und aus den Häusern trauen sich allmählich verängstigte Bürger in die Abendluft. Und nun überstürzt sich die groteske Tragikomödie dieses unsinnigen Bürgerkrieges. Neugierig treten die Bürger und teilweise sogar die Frauen an die in ihren Deckungen liegenden Soldaten heran. Sie stehen an den Drahtverhauen, an den Schulterwehren aus Pflastersteinen und aus den Häusern herausgerissenen Möbelstücken in voller Größe und sehen halb entsetzt, halb neugierig auf das ungewohnte Bild.

Die Dämmerung verwischt die Konturen der Körper. Fünfzig Meter weiter, da, wo hinter gleicher Deckung der Gegner kauert, weiß man nicht mehr ganz genau, was Zivilist, was Bürger, was Neugieriger und was Feind ist. Man fürchtet überraschende Vorstöße, und die Dämmerung wird greulich zerrissen von dem zuckenden Mündungsfeuer übernervöser Maschinengewehrsalven, von dem kurzen und grausam harten Knall explodierender Handgranaten. Hinter seiner Deckung liegt immer noch der Feind. Dieser Feind, der vor achtundvierzig Stunden noch der Kamerad war. Aber nicht er ist das Opfer, hingemäht von den Salven stürzen die entsetzten Neugierigen, die nichts anderes wollten, als dieses Bild zu beschauen, das ihre Augen nie gesehen hatten und demgegenüber sie das Gefühl eines natürlichen Schutzes durch ihre unbeteiligte Neutralität gehabt hatten.

Gellende Schreie zerreißen die Dämmerung. Bleich und angstverzerrt pressen sich die Unglücklichen in schützende Hauseingänge, um dem Furchtbaren zu entgehen, das unvermutet grauenhaft über sie hineingebrochen ist.

Diese Szenen des Entsetzens spielen sich an diesem Nachmittag und Abend an vielen Stellen der gepeinigten Stadt in vielerlei blutigen

Variationen ab. Die Zahl der Opfer, die bisher Hunderte betragen hatte, schwillt lawinengleich in die Tausende hinein.

Die Blutsaat des Zögerns geht furchtbar üppig auf.

In der Umgebung von Warschau spielen sich an diesem Abend merkwürdige Dinge ab. Auf den Ruf der Regierung Witos sind zwanzig und mehr Regimenter in Marsch gesetzt worden. Sie stehen jetzt zum allergrößten Teil schon kurz vor Warschau. Einzelne Regimenter rücken am Abend bereits in die Stadt ein. Aber fast überall dasselbe Bild: Die Regimenter, die Bataillone, die Batterien marschieren ein und gehen mit fliegenden Fahnen zu Marschall Pilsudski über.

Vier Regimenter betrug vierundzwanzig Stunden vorher die ihm zur Verfügung stehende Truppenmacht. Sie steigt in dieser Nacht auf nicht weniger als fünfzehn Regimenter. In und um Warschau stehen diese Truppen. Ihnen hat General Rozwadowski nur etwa vier bis fünf Regimenter gegenüberzustellen. Schlag auf Schlag treffen im Belvedere die niederschmetternden Meldungen ein, daß ein Regiment nach dem andern den Gehorsam versagt. Ein Teil der Minister, die noch immer im Schloß versammelt sind, ist bereit, auf jeden weiteren Widerstand zu verzichten. Witos brüllt sie in jäh aufflammendem Zorn als Feiglinge an, und die Wirkung seines Wutausbruchs wird unterstützt durch die kalte Beharrlichkeit des Staatspräsidenten, der genau wie während der Verhandlungen in der vergangenen Nacht nichts von Übergabe oder Verhandlungen wissen will.

So vergeht diese Nacht, und wieder bricht ein neuer blutiger Morgen an. Niemand merkt Josef Pilsudski die Erschütterungen an, die ihm der letzte Tag bereitet hat. Nur wenige seiner alten Getreuen in seiner nächsten Umgebung erkennen an winzigen Äußerlichkeiten die furchtbare Erregung, die sich des Marschalls bemächtigt hat, als die Nachrichten von den grausigen Blutopfern unter der Zivilbevölkerung ihm überbracht wurden. Er hat kein Wort gesprochen, aber das ruhelose Schreiten mit vorgeschobenem Kopf und gesenktem Blick, die Fäuste in den Taschen des Mantels, wurde um ein weniges schneller, die Zahl der langen gelben Zigaretten, die er, kaum angeraucht, wieder fortwarf, ging in die Hunderte. Er hörte nicht die Worte, die in seiner Umgebung gesprochen wurden. Immer auf und ab, immer hin und her ging dieses ruhelose

Schreiten. Er aß nichts. Er trank nichts. Und nur ganz gelegentlich forderte er in herrischen kurzen Worten neue Meldungen über die Lage an der Kampffront an.

Erst im Laufe der Nacht, als die Berichte von dem Eintreffen immer größerer Verstärkungen sich häuften, als schließlich sogar sein alter Kampfgenosse, der lebhafte untersetzte General Ridz Smigly aus Wilna vor ihm stand und ihm die Ankunft seiner Regimenter meldete, löste sich allmählich die furchtbare Spannung. Da erst fand der Marschall wieder die Ruhe für die Dispositionen zum Angriff am nächsten Morgen.

Er versucht nicht noch einmal zu verhandeln. Die Offiziere und vor allem Ridz Smigly verstehen es, ihn von diesem letzten Versuch abzuhalten. Sie haben ihm die Lage geschildert, wie sie ist. Sie haben ihn darauf hingewiesen, daß die erdrückende Übermacht, über die er verfügt, ausreichen werde, um dem Blutvergießen schnell ein Ende zu machen.

Und dieses letzte Argument ist es gewesen, das den Marschall zur Ausgabe des Angriffsbefehls bestimmt hat. Als man ihm gesagt hat, daß nun die Kräfteverhältnisse so seien, daß an einen ernsthaften Widerstand Rozwadowskis nicht mehr gedacht werden könnte, da ist es gewesen, als ob eine Zentnerlast von Josef Pilsudski abfiele. Da hat er auf einmal wieder wie so oft in früheren Jahren mit den Offizieren und Soldaten in seiner Umgebung sprechen können. Da hat er seinen rauhen Humor und seine derbe Gutmütigkeit wiedergefunden. Die alten Scherze von früher sind ihm wieder über die Lippen gekommen, und er ist wieder der Marschall gewesen, den die Offiziere und Soldaten vergöttern, weil er mit den Füßen in ihrem Boden wurzelt und doch mit dem Kopf hoch hinauf bis hinein in die Wolken der Halbgöttlichkeit ragt.

Aber es ist nicht so, wie man es dem Marschall geschildert hat. Diese letzten Kämpfe sind nicht leicht. Sie sind fast noch erbitterter und noch blutiger als die des Tages vorher. Schritt um Schritt, Meter um Meter beinahe müssen sich die Angreifer in der Richtung auf das Belvedere-Schloß vorwärtskämpfen. Die wenigen Regimenter der Regierung, und besonders die Offiziere, die diese letzten Truppen kommandieren, wissen genau, daß sie nichts mehr zu verlieren haben.

Die Aleja Ujasdowska ist die eleganteste Straße Warschaus. Auf der einen Seite liegt Villa an Villa. Die Gesandtschaften und Konsulate der fremden Staaten schauen aus vornehmen Gärten hinüber in den schönsten Park der polnischen Hauptstadt. Die Palais der reichsten Warschauer Bürger und der Würdenträger des neuen Staates vervollständigen das Bild dieser repräsentativen Allee.

Aber an diesem Tage sind die Läden all dieser Villen und Palais heruntergelassen. Die Bewohner haben sich verängstigt in die hintersten Räume zurückgezogen. Sie wagen nicht, auch nur einmal auf die Straße zu schauen, um sich durch Augenschein davon zu überzeugen, was in ihrer geheiligten Aleja Ujasdowska vorgeht.

Hier tobt der wildeste Kampf. Hier wird jeder Quadratmeter des aufgerissenen Straßenpflasters mit Blut gedüngt. Die Querschläger der Maschinengewehrgarben reißen brutale Schrammen in die vornehmen weißen Fassaden der Häuser, die aussehen, als ob sie von dem Unerhörten, was sich hier abspielt, in eisigem Erschrecken erstarrt seien.

Zwölf Stunden lang dauert das blutige Ringen. Dann erst sind die Kräfte Pilsudskis bis nahe an das Belvedere-Schloß herangekommen. Der flache hellgelbe Bau schaut in vornehmer Gelassenheit auf das verbissene Gefecht zu seinen Füßen hinab. Noch halten einige Kompagnien der Regierungstruppen einen letzten Ausweg für die Mitglieder des Kabinetts und den Staatspräsidenten offen. Bis zum letzten Augenblick bleiben Witos und Wojcziechowski im Schloß. Erst als wirklich die allerletzte Hoffnung geschwunden ist, daß irgendwelche nennenswerten Verstärkungen noch entscheidend in den Kampf eingreifen können, flüchten sie nach dem wenige Kilometer von Warschau entfernten Schloß Wilanow. Als sich die letzten Kompagnien nunmehr ergeben, fallen den Pilsudski-Truppen als Gefangene einige weniger bedeutende Mitglieder des Kabinetts und die Generale Rozwadowski und Zagurski in die Hände.

Pilsudski ist der Sieger. Er beherrscht die Hauptstadt. Was wird er jetzt tun?

Seine Anhänger haben die feste Erwartung, daß er selber sofort die Zügel der Regierung ergreifen wird, um sein Programm der politischen Sauberkeit in Polen mit aller Energie durchzuführen. Aber diese Hoffnung ist vorläufig noch reichlich optimistisch. Pilsudski ist zwar der Sieger in Warschau selbst, aber keineswegs der Beherrscher des ganzen Landes.

In Galizien steht General Sikorski, dessen Haltung völlig unklar ist. Um so klarer ist die Stellung der Posener Generale und Politiker. Hier ist die Hochburg der Nationaldemokratie. Hier sammeln sich alle militärischen Gegner des Marschalls.

Tagelang scheint es fast so, als ob es zum Zerfall des polnischen Staates kommen werde. In Posen sprechen die Führer der Bewegung gegen den Marschall ganz offen davon, daß sie sich selbständig machen wollen. Die Regimenter, die in den ehemals preußischen Provinzen stationiert sind, befinden sich fest in der Hand der pilsudskifeindlichen Generale. Die Studenten der Posener Universität bilden Freikorps zur Unterstützung einer militärischen Operation gegen Warschau. Schon rollen die ersten Transporte von Posen gen Osten. Ein neuer furchtbar blutiger Bürgerkrieg, dessen Ausgang sich keineswegs voraussagen läßt, scheint unvermeidlich. Da kommt die Rettung. Sie kommt von denen, aus deren Mitte der Marschall Pilsudski einst hervorgegangen ist. Die sozialdemokratischen Gewerkschaften Polens stellen sich entschlossen auf die Seite des Marschalls. Die Gewerkschaft der Eisenbahner proklamiert den Generalstreik. Ihre Mitglieder reißen selber die Schienenstränge auf. Der Aufmarsch der Posener Armee kommt dadurch ins Stocken. Auf dieselbe Weise wird die Heranziehung von regierungstreuen Truppen aus Oberschlesien und Galizien verhindert. Das, was jetzt geschieht, ist auf einmal nicht mehr der Staatsstreich des alten Marschalls. Hier kämpfen die organisierten polnischen Volksmassen gegen die Wiederkehr der Reaktion.

In diesen entscheidenden Tagen residiert Pilsudski im alten Warschauer Königsschloß. Er läßt eine provisorische Regierung zusammentreten, die er unter die Führung seines alten Freundes, des Professors Bartel, stellt. Aber er selber bleibt, wenigstens offiziell, im Hintergrund. Er tut nicht das, was man erwartet hatte. Er errichtet nicht die offene Diktatur. Er nimmt den inzwischen erfolgten Rücktritt der Regierung Witos zur Kenntnis, ebenso wie die Demission und die Amtsniederlegung des Staatspräsidenten Wojcziechowski.

Aber nicht er ernennt die neue Regierung, sondern er ersucht darum den Mann, der nach der Verfassung des polnischen Staates im Falle des plötzlichen Rücktritts des Staatspräsidenten dessen Vertretung zu übernehmen hat. Das ist der jeweilige Marschall des Sejm, ein Posten, der dem des deutschen Reichstagspräsidenten entspricht.

Pilsudski, der Rebell, der Mann, der mit Waffengewalt die Regierung stürzte und den Staatspräsidenten zum Rücktritt zwang, beugt sich widerspruchslos der Verfassung, die er selber eben erst so offenkundig verletzte.

Er ersucht den Sejm-Marschall Rataj darum, mit möglichster Beschleunigung die Wahl eines neuen Staatspräsidenten durch die aus Sejm und Senat zusammengesetzte Nationalversammlung vornehmen zu lassen.

Seine Anhänger sind im ersten Augenblick absolut konsterniert. Das hatten sie nicht erwartet. War das der Sinn des ganzen Kampfes? War es das Blut vieler Hunderte von polnischen Männern wert, daß jetzt dieselben Parlamentarier, die in ihrer Mehrheit doch hinter der soeben fortgejagten Regierung stehen, einen neuen Staatspräsidenten wählen?

Die Opposition faßt neuen Mut. Zwar erklären die Posener Führer zunächst, daß sie sich an der Komödie einer Präsidentenwahl unter der Drohung der Pilsudski-Bajonette nicht beteiligen würden. Aber im Hintergrunde beginnen sie sofort emsig mit der alten Fraktionsarithmetik und rechnen heraus, daß in der Nationalversammlung niemals eine Mehrheit für Pilsudski sich ergeben kann.

Was veranlaßt den siegreichen Marschall zu einem so merkwürdigen Verhalten? Selbst seinen nächsten Freunden gegenüber spricht er sich über die letzten Gründe seines Handelns nicht aus. Er ist wortkarg in diesen Tagen und vielleicht noch ein wenig gröber als sonst häufig. Wieder kämpft er innerlich denselben Kampf, den er seit dem Beginn der ganzen Aktion schon zweimal durchgemacht hat. Er hat das Gefühl, daß es seine Mission sei, sein Volk zu seinem Ideal der politischen Sauberkeit zu erziehen. Aber welches sind die Mittel? Das ist die Frage, um die dieser Mann immer wieder von neuem ringt. Und niemals findet er die Antwort. Nicht als ob er seinen eigenen Führerqualitäten mißtraute. Der Mann des Wunders an der Weichsel ist ohne Zweifel innerlich von seiner Bedeutung ebenso stark überzeugt wie von seiner Berufung. Aber andere, unwägbare Momente spielen hier eine Rolle. Es schwingen Hemmungen in diesem Menschen, die ihn von der letzten Konsequenz seines eigenen

Handelns stets zurückhalten. Aber nicht nur das. Nicht nur Hemmungen beeinflussen das Tun des Menschen Pilsudski. Vielleicht noch stärker ist seine erschütternde innere Kindhaftigkeit. Er hat ein Ideal. Er sieht sein Ziel. Er lebt seinem Volke voran. Und so muß seiner Meinung nach dieses Volk ihm nachleben. Es muß seinem Ziel zustreben und seinem Ideal näherkommen. Das will Pilsudski, und er glaubt, daß sein Wille allein ausreichen müsse, um dieses letzte Ziel zu erreichen.

Nur so ist es überhaupt zu erklären, daß der Marschall nicht selber die Zügel in die Hand nimmt, sondern die Neuwahl eines Staatspräsidenten fordert.

Diese Wahl findet am 31. Mai in Warschau statt. Am Abend vorher lädt Pilsudski die Führer der politischen Parteien zu einer Besprechung ein, in der er sein Programm und seine Ziele darlegen will. Seine Ausführungen sind für den ganzen Menschen unendlich bezeichnend:

»Die Verhältnisse in Polen«, so sagt Pilsudski bei dieser Gelegenheit, »haben sich derart entwickelt, daß ich es zu einer Nationalversammlung gar nicht hätte kommen zu lassen brauchen. Ich werde keinen Druck ausüben. Aber ich warne Sejm und Senat: Wählt keinen Parteimann zum Kandidaten. Sonst könnte ich Sejm und Senat, die im Lande bestgehaßten Einrichtungen, vor Strafe nicht schützen. Ich werde es zu verhindern wissen, daß in Polen ein Mann unter dem Terror von Schurken regiert, denn ich habe den Gaunern, Halunken, Mördern und Dieben den Krieg erklärt. Sejm und Senat haben ein Übergewicht an Befugnissen. Sie sollen jetzt ausruhen, um den Regierenden Gelegenheit zu geben, zu zeigen, was sie können. Was mich betrifft, so macht mit meiner Kandidatur, was ihr wollt. Ihr könnt wählen, wen ihr wollt, jedoch sucht einen würdigen Vertreter. Wenn dann der Präsident gewählt ist, wird es gut sein, wenn die Herren auf eine gewisse Zeit auseinandergehen. Man muß dem Präsidenten die Freiheit geben, eine Regierung zu ernennen und jene Arbeiten vorzunehmen, die dann später die Regierung vor dem Sejm verantworten soll. Ich will nicht den Vorwurf hören, daß ich die begonnene Arbeit nicht bis zum Ende durchgeführt habe und die Peitsche nicht habe in den Straßen knallen lassen. Mein Programm hat das Ziel, das Gaunertum zu verringern und der Redlichkeit den Weg zu bahnen. Der Gewählte muß deshalb die Ehre höher stellen als die Möglichkeit, einige Groschen zu verdienen. Ich werde mich nicht ändern. Ich werde die Diebe an die Wand drücken. Überdenken Sie das, meine Herren, und besprechen Sie es noch untereinander.«

Das ist das Programm des Mannes, der Polen neu aufbauen und aus dem Sumpf von Korruption und Parteiverranntheit retten will.

Wenn es überhaupt ein Programm ist, so ist es ein sehr persönliches, ein absolut individuelles. Ein solches Programm kann einen praktischen Wert, kann eine Aussicht auf Erfolg nur dann haben, wenn der Mann, der es aufstellt, es auch selber durchführt.

Das aber tut der Marschall Josef Pilsudski nicht.

Der Präsidentenwahl vom 31. Mai 1926 geht bei der Opposition auf der Rechten in den letzten Stunden eine erregte Auseinandersetzung voran. Zunächst stellt man als Präsidentschaftskandidaten den Vorsitzenden der nationalen Fraktion, Glombinski, auf. Dann läßt man diesen Kandidaten fallen in der Hoffnung, einen anderen, besseren zu finden, der vielleicht sogar die Duldung Pilsudskis haben werde. Man versucht deshalb den früheren Statthalter von Galizien, Bobrzynski, zu gewinnen. Erst als dieser ablehnt, wird in letzter Minute der Kandidat der hundertprozentigen Pilsudski-Opposition, der Posener Wojwode Graf Adolf Bninski, aufgestellt.

In der Sitzung des 31. Mai stimmen für ihn die Nationaldemokraten, die christlich-nationale Partei und ein Teil der Partei Korfantys, der christlichen Demokraten. Das Resultat ist bis zum letzten Augenblick vollständig unsicher, da alles von der Haltung der großbäuerlichen Piastenpartei, deren Führer der von Pilsudski gestürzte Ministerpräsident Witos ist, abhängt. Witos selbst ist bei der Abstimmung nicht anwesend. Seine Partei stimmt fast geschlossen für den Marschall.

Das ist die große Überraschung dieses Tages. Sie wirkt auf den Bänken der Abgeordneten ebenso stark wie in den Logen der Diplomaten, die vollzählig versammelt sind, und auf der Tribüne der Journalisten.

Im ersten Wahlgang erhält Josef Pilsudski 292 Stimmen gegen 193 für den Grafen Bninski. 61 Abgeordnete enthalten sich der Stimmabgabe. Marschall Pilsudski ist mit absoluter Mehrheit zum Staatspräsidenten Polens gewählt.

Als die Auszählung beendet ist und der Sejm-Marschall Rataj das Resultat verkündet, erheben sich die Abgeordneten der Linken einschließlich der Sozialdemokraten von ihren Sitzen und stimmen die Nationalhymne an. Auf der Rechten herrscht eisiges Schweigen.

Pilsudski selber ist bei der entscheidenden Abstimmung nicht anwesend. Allein geht er, wie so oft in diesen Tagen, ruhelos in seinem Arbeitszimmer im Warschauer Schloß auf und ab. Der provisorische Ministerpräsident Bartel und der Sejm-Marschall Rataj eilen sofort zu ihm, um ihm von dem großen und überraschenden Erfolg zu berichten.

Auf den Straßen der Hauptstadt ist inzwischen das Abstimmungsergebnis bekanntgeworden. Arm in Arm demonstrieren Offiziere und Arbeiter für den Marschall. Die Massen stauen sich vor dem Schloß, um Josef Pilsudski als neuen Staatspräsidenten zu begrüßen. Bartel und Rataj werden mit Mühe von der Polizei und der Wache des Schlosses durch die jubelnden Massen geleitet, um zu Pilsudski zu gelangen.

Nun treten sie bei ihm ein. Nun stehen sie vor ihm, und sein alter Kampfgenosse Bartel spricht und beglückwünscht ihn. Er streckt ihm die Hände entgegen. Aber Pilsudski sieht diese ausgestreckten Hände nicht.

Er empfindet in diesem Augenblick nichts von Siegesjubel. Merkwürdig gedämpft und fern brandet von draußen das Geräusch der Menschenmassen zu ihm in den Raum, von dessen Wänden alte Bilder früherer polnischer Herrscher ungerührt auf ihn herabsehen. Was ist ihm diese Wahl? Er legt keinen Wert darauf, ein Amt zu haben. Er hat seinem Volk einen Weg weisen wollen, und von rund 550 gewählten Vertretern dieses Volkes haben sich 250 entweder direkt oder indirekt gegen ihn und damit gegen seine Ziele ausgesprochen. Er hat den Weg weisen wollen, und all diese Männer wollen ihm nicht folgen.

Noch immer steht er und sinnt. Noch immer spricht er nicht. Der Weg ist gut. Der Weg ist richtig. Ist es denn so schwer, einzusehen, daß das, was er, Josef Pilsudski, für sein Volk will, wirklich das Beste ist? Durch sein Tun, durch sein Handeln hat er überzeugen wollen, hat er das Volk für sich und seine Ideale zu gewinnen versucht. Glauben diese Menschen etwa, daß es ihm leicht geworden ist, Polen auf Polen schießen zu lassen? Aber wenn er, Josef Pilsudski, sich zu einem derartig furchtbar schweren Entschluß durchringt, weil dieser Entschluß notwendig ist, dann ist es eine Unmöglichkeit, dann ist es eine Widersinnigkeit, daß es Menschen geben kann, die nicht schon allein durch diese Tatsache von der Notwendigkeit dieses Entschlusses überzeugt werden können.

Der Marschall blickt auf. Es scheint, als ob er jetzt erst die beiden Männer wirklich sieht, die vor ihm stehen. Er ist nicht erregt. Er ist nicht zornig, als er jetzt zu ihnen spricht. Es liegt wie der Schimmer einer tiefen Traurigkeit über der Stimme des Marschalls, die fast körperlich im Raum schwebt, als er den beiden nun dankt. Die Wahl sei eine große Ehre für ihn. Er sähe in ihr die Legalisierung seines Vorstoßes gegen die Regierung Witos. Aber es sei ihm unmöglich, die Wahl zum Staatspräsidenten anzunehmen. Denn diese Wahl sei nicht einstimmig erfolgt. Also besitze er nicht das Vertrauen des gesamten polnischen Volkes, das er gerade durch seinen Vorstoß zu gewinnen gesucht habe.

Bartel und Rataj sind im ersten Augenblick von dieser Ablehnung vollständig erschüttert. Dann versuchen sie mit allen ihnen zur Verfügung stehenden Mitteln der Beredsamkeit den Marschall umzustimmen. Doch Pilsudski bleibt fest. Das einzige, wozu er sich versteht, ist, daß er selber zwei Kandidaten für den Posten des Staatspräsidenten in Vorschlag bringt. Es sind dies der Lemberger Professor der Chemie und Direktor der Stickstoffwerke in Chorzow, Ignaz Moscicki, und der Wilnaer Professor Zdziekowski.

Am nächsten Tag tritt noch einmal die Nationalversammlung zusammen. Die Stimmung ist nun nicht mehr so gespannt wie am Tage vorher. Es ist keine Sensation mehr, als Professor Moscicki gewählt wird.

Der neue Staatspräsident bestätigt zunächst die bereits im Amt befindliche provisorische Regierung Bartel, der Josef Pilsudski offiziell als Kriegsminister angehört. Aber damit ist nur die äußerliche Legalisierung des Staatsstreichs durchgeführt. Der innere Sinn soll und muß jetzt erst gegeben werden. Es konnte sich ja nicht darum handeln, an die Stelle der einen eine andere Regierung zu setzen. Man erwartet ganz allgemein einen Systemwechsel. Wenn Pilsudski schon auf eine auf die Linksparteien gestützte Diktatur verzichtet hat, so muß er jetzt wenigstens ein wirkliches soziales und antireaktionäres Reformprogramm durchführen. Die Arbeiter sind es gewesen, die ihm sehr ausschlaggebend bei der Erringung der Macht geholfen haben. Sie erwarten, daß ihr alter Mitkämpfer, der sozialistische Revolutionär Pilsudski, sich auch heute zu ihnen bekennen wird.

Die Enttäuschung läßt nicht lange auf sich warten. Das Programm der Regierung Bartel sieht nichts von weitgehender Agrarreform oder sozialer Gesetzgebung vor. Pilsudski wünscht lediglich eine Beschneidung der Rechte des Parlaments und eine Verstärkung der Machtbefugnisse des Staatspräsidenten und der Regierung. Das ist der Anfang der neuen Pilsudski-Ära, die mit den Schüssen von Sulojowek begann.

Wie wird das Ende sein?

VI. Kapitel

Der Staat der Obersten

Die Affäre Zagurski — Pilsudskis Finanzminister vor dem Staatsgerichtshof — Mittelalter in Brest-Litowsk

Von der Terrasse des Cafés Europejski in Warschau sieht man über jenen großen Platz, auf dem sich bis zur Wiedergeburt des polnischen Staates die große russische Kathedrale erhob. Das römisch-katholische Polen sah in der russischen Kirche fast ein Jahrhundert hindurch das Sinnbild der Fremdherrschaft, und wenige Wochen nach dem Abzug der deutschen Okkupationstruppen war die riesige Kathedrale bis auf den letzten Stein abgetragen.

Heute dient der große Platz für Paraden und Aufmärsche. Der Gast des Cafés Europejski sieht hinüber zu dem Denkmal des unbekannten Soldaten, vor dem in maschinenartiger Gleichmäßigkeit der Doppelposten auf und ab patrouilliert. Der Fremde, der zum erstenmal das Denkmal des polnischen unbekannten Soldaten sieht, überlegt sich wohl einen Augenblick, von welchem Kriegsschauplatz der unbekannte Soldat genommen sein könnte. Er denkt daran, daß Polen in der russischen Armee gekämpft haben, daß Pilsudskis Legionäre Seite an Seite mit deutschen und österreichischen Regimentern fochten. Er erinnert sich, daß auch das neue Polen einen blutigen Krieg gegen Sowjet-Rußland führte.

Aber dann läßt er sich von seinem ortskundigen Führer belehren, daß der tote Soldat, der hier als das Symbol des polnischen Freiheitskampfes ruht, auf dem Schlachtfeld des Bürgerkrieges im Jahre 1919 bei der Eroberung Lembergs durch polnische Truppen gefallen ist.

Das Café Europejski beginnt schon kurz vor der Mittagsstunde zum Mittelpunkt einer besonderen Art politischen Lebens zu werden. Hier trifft sich alles, was Wert darauf legt, in der Warschauer Politik eine Rolle zu spielen. Es ist natürlich, daß jeder Fremde, der sich für das politische Leben dieses Landes interessiert, das Café Europejski zum Ausgangspunkt seiner Studien macht.

Ein großer Tisch, dicht an der Front der riesigen Glasfenster, ist selbst bei der größten Fülle meist unbesetzt. Der ortsunkundige Fremde versucht vielleicht, an diesem Tisch ein Plätzchen zu finden. Nichts deutet an, daß er für irgend jemand reserviert sei. Aber noch hat er nicht Platz genommen, so stürzt bereits ein schreckensblasser Geschäftsführer auf ihn zu und redet erregt auf ihn ein. Nicht in polnischer Sprache. Denn einem Polen würde ein solcher faux pas gar nicht passieren. Wer es wagt, sich an diesen Tisch setzen zu wollen, der kann nur ein Ausländer sein. »Verzeihung, mein Herr,« so heißt es, »an diesem Tisch können Sie leider nicht Platz nehmen. Das ist der Tisch der Herren Obersten.«

Der Fremde versteht. Er sucht sich möglichst in der Nähe einen Platz und wartet geduldig, bis die berühmten Obersten des engsten Kreises um den Marschall Pilsudski erscheinen. Nicht täglich sitzen sie alle hier. Aber ein Teil von ihnen wird meist an diesem Tisch zu finden sein. Da sitzen diese Männer, die heute Polen regieren. Scheue und ehrfürchtige Blicke streifen den Tisch. Stets hält sich ein Geschäftsführer ganz in der Nähe auf, um jedes Winkes gewärtig zu sein. Und die regierenden Herren unterhalten sich harmlos und freundlich, ein wenig leiser bald, und bald ein wenig lauter. Es ist so, als ob dieser Tisch gar nichts Besonderes wäre. Und doch ist an ihm in diesen Jahren schon oft die große Politik Polens gemacht worden.

Die polnischen und ausländischen Journalisten, die zu den Stammgästen des Cafés Europejski gehören, verlegen im Sommer ihren Platz auf die Terrasse. Ihnen bietet der geheimnisvolle Tisch der Obersten nicht so viel Neues mehr, daß sie sich veranlaßt sehen sollten, um der Nähe dieses

Tisches willen auf die Kühle der Dämmerung in den späten Nachmittagsstunden draußen auf der Terrasse zu verzichten.

In den ersten Tagen des August 1927 bietet das Café sein gewohntes Bild. Geschäftsleute trinken ihren Tee. Elegante Damen schauen nach dem Besorgungsgang am Nachmittag noch einmal für eine halbe Stunde in das Europejski. Die Obersten sind vollzählig versammelt, und auch die Journalisten fangen allmählich an, sich zum Tee vor dem Abendessen einzufinden. Nichts verrät, daß irgend etwas Besonderes geschehen sein könne. Vielleicht ist die Unterhaltung am Oberstentisch heute ein wenig leiser als sonst. Vielleicht sieht der Adjutant des Marschalls Pilsudski, der Oberst Beck, noch ein wenig mürrischer aus als gewöhnlich. Der stets liebenswürdige und amüsante Oberst Matuschewski, der seinen großen persönlichen Mut als Offizier schon oft bewiesen hat und ihn späterhin durch die Übernahme des polnischen Finanzministeriums ebenso wie durch seine Heirat mit der schönen polnischen Olympiasiegerin im Diskuswerfen, Fräulein Konopacka, nochmals unter Beweis stellte, ist vielleicht eine Spur ernster als sonst.

Das Eintreffen eines der bekannten Warschauer Auslandsredakteure ruft eine plötzliche Bewegung am Tisch der Journalisten hervor. Der breitschultrige Ankömmling ist der Vertreter einer Reihe von amerikanischen Blättern, obwohl sein Vater ein wohlhabender Hausbesitzer in Nalewki, der ausgedehnten Judenstadt Warschaus, ist. Es gibt in ganz Warschau keinen Menschen von einiger Bedeutung, den dieser Mann nicht kennt. Der fremde Journalist, der den Wunsch hat, die Bekanntschaft irgendeines interessanten Menschen in Warschau zu machen, braucht sich nur an ihn zu wenden. Er wird bedient werden. Und es gibt keine Neuigkeiten, die dieser Mann nicht aus erster Hand erführe und die er nicht bereitwillig seinen Kollegen mitteilen würde.

Ein erfahrener Journalist gerät nicht leicht in Erregung. Die Routine des Berufs, die Selbstverständlichkeit, an jedem Tag und zu jeder Stunde interessante Neuigkeiten erfahren und verarbeiten zu müssen, stumpft ein wenig ab. Was ist ein Mord! Was ist eine politische Korruptionsaffäre, wenn man sich mit solchen Kleinigkeiten alle paar Tage beschäftigen muß!

Also es muß schon irgend etwas ganz Außergewöhnliches passiert sein, wenn der mit allen journalistischen Wassern gewaschene polnische

Amerikaner oder amerikanische Pole, je nachdem, wie man das ausdrücken will, heute in hellster Erregung auf seine Kollegen losgeht. Er läßt sich nicht einmal die Zeit, den obligaten Tee zu bestellen. Noch ehe er seinen schweren Körper auf den nächsten Stuhl niederfallen läßt, ruft er den erstaunten Journalisten zu: »Zagurski ist verschwunden!«

Aus der Brusttasche seines eleganten grauen Sommeranzugs zieht er ein großkariertes seidenes Taschentuch und wischt sich den Schweiß von der Stirn. Wie elektrisiert sind die vier oder fünf Männer, die bis zu diesem Augenblick ein wenig gelangweilt ihren Tee tranken und ihre Zigaretten rauchten, emporgefahren.

»Was heißt das? Was redest du da? Zagurski sitzt seit über einem Jahr in Wilna im Militärgefängnis. Wie ist es möglich, daß er jetzt plötzlich geflohen sein kann?«

Der erste politische Rechercheur eines der größten Warschauer Boulevardsblätter springt auf und schüttelt den dicken Polen-Amerikaner an den Schultern. »Mensch, ist das wahr, was du da erzählst? Weißt du, daß das eine Sensation allerersten Ranges ist?«

Der Dicke wischt den aufgeregten Kollegen mit einer Handbewegung beiseite. Er pustet erschöpft und verärgert: »Hältst du mich für einen Idioten? Natürlich ist das eine Sensation. Glaubst du vielleicht, ich rege mich um einen Dreck auf bei dieser Hitze? Zagurski ist weg. Aber er ist nicht geflohen, das ist ja das Phantastische. Vor drei oder vier Tagen kommen in Wilna ins Militärgefängnis, wo Zagurski seit der Beendigung des Maiumsturzes im vorigen Jahr darauf wartet, daß irgendeine Anklage gegen ihn erhoben werde, zwei Offiziere zu dem Kommandeur und legen ihm eine Bescheinigung des Warschauer Generalstabes vor, nach der Zagurski ihnen sofort ausgeliefert werden soll. Der Gefangene soll nach Warschau gebracht werden, um sich beim Marschall zu melden. Seine Angelegenheit soll endlich ins reine kommen. Die drei klettern in den Zug und fahren nach Warschau. Unmittelbar vom Bahnhof geht die Fahrt ins Generalstabsgebäude. Der Marschall ist nicht da. Zagurski wird von einem hohen Offizier empfangen, der ihm mitteilt, daß der Marschall ihn erst in zwei Tagen sprechen könne. Zagurski muß sein Ehrenwort geben, sich in zwei Tagen wieder zu melden und steigt mit seinen beiden Wilnaer Begleitern wieder in ein Auto. Das war vor drei

Tagen, und seitdem ist Zagurski, der Mann, der zusammen mit Rozwadowski im vorigen Mai den erbitterten Widerstand gegen den Marschall organisiert hat, spurlos verschwunden.«

Der Chefrechercheur des Boulevardblattes hat die letzten Worte dieses Berichts überhaupt nicht mehr gehört. Er hat ein Zweizlotystück auf den Tisch geworfen, hat seinen Stock ergriffen, der über der Lehne seines Stuhles hing und ist davongestürzt. Erregt reden die übrigen auf den dicken Polen-Amerikaner ein.

»Was kann das bedeuten? Hast du nicht irgend etwas Näheres feststellen können? Irgendeinen Anhaltspunkt dafür, wo Zagurski geblieben sein könne?«

Der andere schüttelt den Kopf: »Ich habe wirklich Beziehungen. Das wißt ihr ja selber am besten. Aber in diesem Falle ist nichts Vernünftiges herauszubekommen. Außerdem weiß ich nicht genau, ob es in diesem Fall sehr zweckmäßig ist, die Wahrheit zu wissen und sie womöglich noch in gedruckter Form von sich zu geben.« Ein scheuer Blick streift bei diesen Worten den Tisch der Obersten.

»Man redet natürlich viel. Es gibt da Leute, die ganz wilde Gerüchte kolportieren. Aber man muß verteufelt vorsichtig sein. Im Generalstab wissen sie natürlich offiziell von nichts. Ein guter Bekannter hat mir gesagt, daß Zagurski wahrscheinlich ins Ausland geflohen ist. Er habe ja Praxis in all solchen Dingen aus seiner früheren Tätigkeit als österreichischer Spionageoffizier. Außerdem soll in der letzten Zeit eine große ausländische Industriefirma durch einen Mittelsmann an ihn herangetreten sein, um ihm eine Stellung anzubieten, sobald er aus dem Gefängnis heraus ist. Das klingt gar nicht mal so unwahrscheinlich, denn schließlich ist Zagurski ein sehr guter Organisator. Das hat er bei der Aufstellung der polnischen Fliegertruppe mehr als einmal bewiesen.«

»Glaubst du das wirklich?« fragt einer der Journalisten zurück. »Diese Version ist doch ein wenig unwahrscheinlich. Man holt einen Mann unter ausgesuchter Bedeckung nach Warschau, um ihn zum Marschall zu bringen, und dann paßt man so wenig auf ihn auf, daß er sich innerhalb der ersten vierundzwanzig Stunden verliert wie ein Benzinfleck. Das will mir nicht einleuchten. Ich glaube beinahe, daß diese Angelegenheit irgendwie ganz teuflisch stinkt.«

Die Vermutungen und Hypothesen fliegen durcheinander. Die Zahl der Zigaretten, die am Journalistentisch in der nächsten Stunde geraucht werden, ist doppelt so groß wie an andern Tagen. Aber keine Hypothese, keine Vermutung bringt Licht in diese mysteriöse Affäre.

Die Journalisten sind im Begriff zu gehen, als der Boulevardkollege mit Riesenschritten wieder auf die Terrasse gestürzt kommt. Er hat in den letzten anderthalb Stunden alles in Bewegung gesetzt, was sich überhaupt nur in Bewegung setzen ließ. Und als er jetzt wieder im Kreise seiner Kollegen Platz nimmt, ist er ganz der große Rechercheur, der unter keinen Umständen länger als neunzig bis hundert Minuten braucht, um die verwickeltste Angelegenheit zufriedenstellend zu klären.

Durch die Rauchwolken seiner Zigarette klingen wie aus einem Grab seine Worte: »Zagurski ist nicht nur verschwunden. Zagurski ist tot. Man hat ihn ermordet. Seine Leiche ist mit Steinen beschwert in der Nähe von Wilanow in die Weichsel geworfen worden.« Er überhört die erregten Zwischenfragen. Er schiebt die Einwendungen mit einer Handbewegung fort, und er berichtet weiter: »Ich habe sogar schon das Auto ermittelt, in dem Zagurski vom Generalstabsgebäude aus verschleppt worden ist. Es ist der Cadillac Nr. 24 des Obersten Wieniawa-Dlugoszewski. Er, der Freund des Marschalls, hat Befehl gegeben, Zagurski in seinen Wagen zu setzen, und dieser Wagen ist ebenso verschwunden wie der General.«

»Der Wagen kommt wieder, das dürfte sicher sein. Es ist jedenfalls sicherer, als daß Zagurski jemals wieder auftaucht«, brummt der dicke Polen-Amerikaner in die aufgeregte Schilderung hinein.

»Aber das ist noch nicht alles«, sprudelt der Boulevardmann weiter. »Ich habe noch mehr festgestellt. Zagurski hat, als er das Generalstabsgebäude verließ, den Wunsch geäußert, nach der nächtlichen Bahnfahrt zu baden. Man hat ihn daraufhin in die Militärbadeanstalt gefahren. Dort ist er von zwei Pilsudski besonders nahestehenden Offizieren empfangen worden, die ihn gefragt haben, ob er gewillt sei, in Zukunft auf jede Opposition gegen den Marschall zu verzichten. Zagurski hat das abgelehnt und keinerlei Verpflichtungen übernehmen wollen, nichts gegen den Marschall zu tun. Darauf hat Oberstleutnant Miedzinski seine Pistole gezogen und hat ihn mit zwei Schüssen niedergestreckt. Da er noch nicht ganz tot war, hat ihm Oberst Beck den Gnadenschuß gegeben. Dann hat man ihn aufgeladen, wieder in das Auto von Wieniawa, und hat ihn nach Wilanow herausgefahren.«

»Du wirst dich um Kopf und Kragen reden, mein Lieber«, fährt ihm ein anderer dazwischen. »Sieh dich einmal um. Da drinnen sitzt Beck. Wenn auch nur eine Seele hier außerhalb unseres Kreises gehört hat, was du eben erzählst, dann kannst du dich auf alle Fälle darauf vorbereiten, in einem mäßigen Zeitabstande Herrn Zagurski zu folgen.«

Der Boulevardmann ist bei diesen Worten blaß geworden. Die Erregung über seine sensationellen Feststellungen macht einer tiefen Ernüchterung Platz. Er ist zwar felsenfest von der Richtigkeit dessen überzeugt, was er aus unbedingt zuverlässiger Quelle gehört hat, aber er wird es nie beweisen können. Keiner seiner Gewährsmänner wird jemals vor Gericht oder irgendwie in der Öffentlichkeit für ihn Zeugnis ablegen. Das alles ist dann nicht gesagt worden. Das alles sind dann Phantasien. Aber er hat es gesagt. Er hat es weiterverbreitet. An ihn wird man sich halten. Trotz der warmen Abendluft friert er. Nervös zerdrückt er seine Zigarette im Aschenbecher. Er steht auf, greift nach seinem Hut und verabschiedet sich. Noch im Fortgehen dreht er sich um, und halblaut sagt er zu den Zurückbleibenden: »Ihr habt recht. Das sind natürlich alles nur Gerüchte. Hoffentlich wird die Polizei diese ganze dunkle Angelegenheit möglichst schnell klären. Das wäre zu wünschen. Denn sonst werden diese Gerüchte weiterfressen. Und das wäre für uns alle nicht sehr angenehm.«

Es ist dunkel geworden. Der Tisch der Obersten ist leer. Die Journalisten gehen langsam nach Hause. Auf der Straße bleiben sie noch einen Augenblick stehen und unterhalten sich gedämpft. Dann gehen sie auseinander. Es ist, als ob ein Alpdruck auf ihnen allen lastet.

*

Die polnische Polizei hat einige Wochen lang intensiv und vergeblich nach dem verschwundenen General Zagurski gesucht. Man hat einen Steckbrief hinter ihm erlassen, weil er fahnenflüchtig geworden sei. Das Auto des Obersten Wieniawa-Dlugoszewski hat sich achtundvierzig Stunden nach dem Verschwinden des Generals bei Truppenübungen in der Nähe von Warschau mit seinem Besitzer angefunden.

Der General Zagurski ist bis zum heutigen Tage verschwunden geblieben.

*

Wer Parlamente kennenlernen will, tut im allgemeinen besser daran, die Restaurationsräume aufzusuchen, als im Plenarsitzungssaal seine Zeit zu verlieren. Beim Kaffee und der Zigarre, in einer Umgebung, die die Volksboten nicht verpflichtet, alle paar Minuten taktmäßig »sehr richtig« oder »hört, hört« zu rufen, erhält man von den politischen Strömungen und von den Ereignissen von Wichtigkeit ein weit ungeschminkteres Bild als drinnen, wo die Anwesenheit der Stenographen und der Journalisten den Kontakt mit dem offenen Fenster darstellt, zu dem die Herren Abgeordneten hinauszureden sich für verpflichtet halten.

Anders als in den Plenarsitzungen sieht es bei allen Parlamenten der Welt in den Kommissionsberatungen aus. Dort, wo die Öffentlichkeit fehlt, wird sachlich gearbeitet. Dort steht nicht unter allen Umständen das Parteidogma in großen feurigen Buchstaben wie ein Menetekel vor dem geistigen Auge der Abgeordneten. In solchen Ausschußsitzungen kann man es erleben, daß Abgeordnete der verschiedensten Parteien und der verschiedensten Weltanschauungen zur Lösung von Spezialfragen friedlich und praktisch zusammenarbeiten.

Die zweite Kammer des polnischen Parlaments, der Sejm, tagt in den Räumen eines ehemaligen Mädchengymnasiums. Die Arbeitsräume der Fraktionen sind die alten Klassenzimmer. In einigen von ihnen stehen noch heute die Schultafeln, auf die die Fraktionssekretäre ihre Mitteilungen zu schreiben pflegen, wenn nicht gerade irgendein karikaturistisch begabter Abgeordneter diesen Raum für die rasch gestrichelte Kreidezeichnung irgendeines lieben Fraktionskollegen benötigt.

In den ersten Märztagen des Jahres 1929 haben die Abgeordneten für so heitere Zwischenspiele keinen rechten Sinn. Eine Atmosphäre besonderer Spannung liegt über dem ganzen Parlamentsgebäude und dringt auch in die entferntesten und ruhigsten Zimmer ein. Selbst das Restaurant bekommt diese nervöse Spannung zu spüren.

Eine halbe Milliarde Zloty sind keine Kleinigkeit. Um diese Summe ist im Laufe des letzten Jahres der polnische Staatshaushaltsplan überschritten worden. Dabei handelt es sich keineswegs um Etatsüberschreitungen, wie sie in allen Ländern der Welt fast jedes Jahr vorkommen und wie sie überall in den Nachtragsetats auftauchen. Diese halbe Milliarde ist ausgegeben worden, ohne daß man auch nur nachträglich das Parlament gefragt hätte. Ja selbst eine Rechnungslegung über die einzelnen Posten, aus denen sich diese Summe zusammensetzt, ist vom Kabinett verweigert worden. Die Parlamentarier haben nicht mit Unrecht das Gefühl, daß durch ein derartiges Vorgehen die Rechte der Volksvertretung völlig illusorisch gemacht werden. Sie wissen, daß der Marschall Pilsudski und die Regierungen, die er bilden läßt, nicht viel vom Parlament halten. Aber solange es noch eine Volksvertretung gibt, solange die Diktatur des Marschalls das parlamentarische Feigenblatt noch nicht entbehren zu können glaubt, sind die Oppositionsparteien nicht gesonnen, sich stillschweigend diese offene Provokation gefallen zu lassen.

Aber was soll man tun? Josef Pilsudski ist ein so großer Mann, daß auch eine offene Rechtsverletzung ihm in den Augen weiter Kreise des polnischen Volkes nicht schaden würde. An ihn selber kann man nicht heran. Das ist so klar, daß in keinem Moment der langwierigen und erregten Beratungen diese Idee irgendwie ernsthaft erwogen wird.

Doch der Finanzminister hat nicht eine so gottähnliche Stellung. Finanzminister pflegen meist keine Halbgötter zu sein, und ihre Popularität in der Bevölkerung hält sich fast stets in sehr bescheidenen Grenzen. Der Finanzminister ist offiziell und verfassungsmäßig verantwortlich für die Einhaltung des Budgets. Gegen ihn kann man sich ohne allzu große Gefahr wenden.

Am 14. März 1929 beschließt der Haushaltsausschuß des polnischen Sejm mit 18 gegen 9 Stimmen, Klage vor dem Staatsgerichtshof der polnischen Republik gegen den Finanzminister Czechowitz zu erheben. Wenige Tage vorher ist der Minister zurückgetreten, nachdem in der Öffentlichkeit die riesigen Etatsüberschreitungen bekanntgeworden waren.

Die Regierungspresse tobt. Die Beschimpfungen des Sejm nehmen Formen an, die selbst in diesem Lande, in dem der mächtigste Mann sich schon oft in wenig schmeichelhaften Ausdrücken über die Volksvertretung geäußert hat, ungewöhnlich sind. Die Mehrheit des Parlaments läßt sich dadurch nicht beeinflussen. Am 20. März findet die Plenarsitzung statt, auf deren Tagesordnung als wichtigster Punkt die Frage der Ministeranklage gegen Czechowitz steht.

Unter ungeheurer Spannung eröffnet der Sejm-Marschall Daczinski die Sitzung. Die Bänke der Abgeordneten weisen kaum eine Lücke auf.

Das Kabinett ist vollzählig versammelt. Nur Josef Pilsudski, der Kriegsminister, fehlt. Die Tribünen der Journalisten sind überfüllt. Und atemlose Stille herrscht, als der sozialistische Abgeordnete Dr. Liebermann, Warschaus bekanntester Rechtsanwalt, die Rednertribüne betritt, um vor dem Plenum den Beschluß des Haushaltsausschusses zu begründen. Liebermann weist darauf hin, daß der zurückgetretene Finanzminister selber in einem Schreiben an das Kabinett auf die Ungesetzlichkeit der Etatsüberschreitungen aufmerksam gemacht habe. Es gehe nicht an, so führt Dr. Liebermann aus, daß irgendwelche Stellen gänzlich ohne Kontrolle ungeheure Summen ausgeben und der Volksvertretung jede Rechnungslegung verweigern. Für diesen offensichtlichen Verfassungsbruch trage der Finanzminister die Verantwortung, auch wenn er sich vielleicht persönlich in einer Zwangslage befunden habe.

Die Mehrheit des Sejm applaudiert begeistert. Noch ist Liebermann nicht am Ende seiner Ausführungen, als der Ministerpräsident sich von seinem Sitz erhebt und, gefolgt von allen andern Ministern, die Sitzung verläßt. Wütende Proteste von den Bänken der Abgeordneten quittieren diese Demonstration der Regierung.

Nun haben die Abgeordneten der Regierungspartei das Wort. Sie können sachlich wenig sagen. Die Tatsache der Etatsüberschreitungen steht fest, und ebenso läßt es sich nicht bestreiten, daß die Regierung sich geweigert hat, über die Verwendung der Gelder vor dem Parlament Rechenschaft abzulegen. Die Redner der Regierungsparteien beschränken sich daher auf persönliche Anwürfe gegen die Führer der Opposition. Dem Abgeordneten Liebermann wird zum Vorwurf gemacht, daß er die Verteidigung des deutschen Spions Otto Ulitz übernommen habe. Der Vorsitzende der demokratischen Bauernfraktion, Wyrzikowski, bekommt zu hören, daß er Bestechungsgelder angenommen habe, ohne daß für diese Behauptung irgendein Beweis erbracht wird. Dem Redner der Rechtsopposition, dem Rechtsanwalt Pieracki, wird vorgeworfen, daß er als Anwalt einen Privatprozeß für den früheren österreichischen Erzherzog Friedrich gegen den polnischen Staat führe.

Trotzdem oder vielleicht gerade deshalb überträgt die Mehrheit des Sejm diesen drei Abgeordneten das Amt der parlamentarischen Ankläger in dem Prozeß gegen Czechowitz, dessen Eröffnung mit 240 gegen 126 Stimmen am Ende dieser Sitzung beschlossen wird.

Nun hat der Staatsgerichtshof das Wort. Noch nie, seit das neue Polen besteht, ist diese Institution bemüht worden. Jetzt muß sie zusammentreten, um die vom Parlament beschlossene Anklage gegen Czechowitz durchzuführen. Schon bei der Vorbereitung des Prozesses gibt es fast unüberwindliche Schwierigkeiten. Der Hauptzeuge ist Josef Pilsudski selber, der im ersten Zorn bekanntgibt, er werde diesen ganzen Prozeß verhindern. Aber dann erklärt er sich doch bereit, sich vernehmen zu lassen.

Der vom Staatsgerichtshof beauftragte Untersuchungsrichter begibt sich in Begleitung eines parlamentarischen Mitglieds des Gerichtshofes zum Marschall in das Belvedere-Schloß. Schon der Empfang ist bezeichnend. Pilsudski weigert sich, den Abgeordneten der Vernehmung beiwohnen zu lassen. Völlig verschüchtert wird der unglückliche Untersuchungsrichter allein in das Zimmer des Marschalls geführt. Zehnmal vorher hat er sich genau zurechtgelegt, wie er dem Marschall gegenübertreten will. Er ist ganz Ehrerbietung, ganz unterwürfige Höflichkeit, als er das riesige Arbeitszimmer betritt. Aber alles das, was er sich so schön ausgedacht hat, bleibt ungesprochen. Kaum hat er die Schwelle überschritten, als Josef Pilsudski mit ein paar großen Schritten auf ihn zutritt und breitbeinig vor ihm stehenbleibt.

»Dort setzen Sie sich hin, und dann schreiben Sie.«

Völlig verstört taumelt der Untersuchungsrichter zu dem bezeichneten Platz. Eine kurze Spanne Zeit steht der Marschall, die Hände auf dem Rücken verschränkt, unbeweglich mitten im Zimmer. Dann hebt er den Kopf, und ein grimmiges Lächeln zuckt um die Spitzen seines grauen Schnurrbarts.

»Sie wollen meine Aussage. Nehmen Sie zu Protokoll, daß ich eine Aussageverpflichtung in dieser schmutzigen Angelegenheit für mich nicht anerkenne. Ich bin nicht nur der Vorgesetzte des Angeklagten, ich bin auch der Vorgesetzte des Parlaments und der Vorgesetzte des Gerichts. Schreiben Sie das auf, und geben Sie das Ihren Auftraggebern. Vielleicht werde ich, wenn es mir paßt, meine Ansicht über diesen Fall dem Vorsitzenden des Staatsgerichtshofes schriftlich mitteilen.«

Mit zitternden Fingern hat der Untersuchungsrichter ein paar Notizen aufs Papier geworfen. Als er aufblickt, sieht er nur noch den Rücken des Marschalls, der am Fenster steht und hinausblickt, ohne im geringsten Notiz von seiner Anwesenheit zu nehmen.

Vorsichtig erhebt sich der Unglückliche. Er weiß nicht, ob er jetzt gehen darf. Er räuspert sich diskret. Langsam dreht sich der Marschall um: »Sie können gehen, wenn Sie fertig sind.« Wieder sieht der Untersuchungsrichter nur den breiten Rücken des Diktators, und leise und vorsichtig schiebt er sich aus dem Zimmer. Es ist nicht heiß an diesem Frühlingstage, aber vor der Tür wischt er sich den Schweiß von der Stirne. Diese Vernehmung wird er in seinem Leben nicht vergessen.

Das alte Palais Krasinski, dessen großen Bankettsaal Andreas Schlüter entworfen hat, ist der Sitz des obersten polnischen Gerichts. Der große Bankettsaal steht am 26. Juni für den Prozeß des Staatsgerichtshofes gegen den ehemaligen Finanzminister Czechowitz zur Verfügung. Den Vorsitz führt der Präsident des obersten Gerichtshofes, Suzinski, der erst ein paar Wochen vorher eigens zur Führung dieses Prozesses an Stelle eines oppositionellen Juristen auf diesen Posten berufen worden ist. Vier Senatoren und acht Abgeordnete fungieren als Beisitzer. Unter ihnen sind die hervorragendsten Köpfe, der Eroberer Wilnas, General Zeligowski, der frühere russische Dumaabgeordnete und spätere Gesandte Lednicki und der frühere Minister Thugutt.

Bei Eröffnung der Sitzung werden unter den Zeugen aufgerufen: Ministerpräsident Switalski, Innenminister General Skladkowski, Handelsminister Kwiatkowski, die Marschälle von Sejm und Senat sowie eine Reihe der bekanntesten Abgeordneten. Nur einer der Zeugen fehlt: Josef Pilsudski.

Nach einer kurzen Vernehmung des angeklagten Czechowitz wird als erster Zeuge General Skladkowski vernommen. Ohne die drei parlamentarischen Ankläger auch nur eines Blickes zu würdigen, tritt der General vor den Tisch der Richter. Mit fast übertreibender Höflichkeit stellt der Vorsitzende einige Fragen allgemeiner Art. Kurz und militärisch knapp antwortet der General. Jedesmal, wenn er während seiner Aussage durch irgendeine Bewegung den Anschein erweckt, als ob er nicht n u r zu dem Vorsitzenden spräche, gibt er sich einen Ruck und dreht von neuem den Parlamentariern ostentativ den Rücken. Die Beziehungen zwischen Regierung und Parlament seien, so sagt er aus, stets unmittelbar vom Marschall persönlich geregelt worden.

Dr. Liebermann, der Wortführer der Ankläger, richtet hier an den General die Frage, ob diese Regelung auch dann durchgeführt worden sei, wenn der Marschall nicht selber das Amt des Ministerpräsidenten innegehabt habe.

Wieder dreht Skladkowski dem Fragenden den Rücken zu. Er überhört absichtlich, was Liebermann sagt. Der Vorsitzende windet sich. Er macht sehr höflich den Minister darauf aufmerksam, daß der Vertreter der Anklage eine Frage an ihn gerichtet habe. Er wiederholt die Frage Liebermanns. Da fährt der General herum: »Diesen Herrn«, und er zeigt mit dem Finger auf die parlamentarischen Ankläger, »werde ich keine Antwort geben. Fragen, die sie stellen, existieren für mich nicht.«

Der Vorsitzende ringt die Hände. Er ist mit seiner Kunst am Ende. Schließlich verfällt er auf einen rettenden Ausweg. In den Akten befindet sich eine Zeugenaussage Skladkowskis, die auf die von Liebermann gestellte Frage Antwort gibt. Er verliest diese Aussage und besteht nicht auf der weiteren Vernehmung des Innenministers.

Andere Zeugen folgen. Unter ihnen der Handelsminister Kwiatkowski. Auch er erklärt, daß Josef Pilsudski als Ministerpräsident die Festlegung der Politik gegenüber dem Parlament sich selber vorbehalten habe. Der Frage, ob der Marschall dieses Recht auch in Anspruch genommen habe, nachdem er nur noch Kriegsminister war, weicht Kwiatkowski gewandt aus. Die Etatsüberschreitungen selber waren, soweit sie Ausgaben für die Wahlen des Jahres 1928 betrafen, nach seiner Erinnerung Gegenstand eines Kabinettsrates.

Die Kenner im Zuhörerraum schmunzeln ein wenig. Sie wissen, wie solche Kabinettsberatungen eines Pilsudski-Kabinetts vor sich zu gehen pflegen. Von Beratung ist da nicht viel zu merken. Der Marschall gibt seine Anordnungen, nachdem er sich vorher von seinen engsten Vertrauten hat unterrichten lassen, und die Minister haben diese Anordnungen entgegenzunehmen und auszuführen. Einen Widerspruch gibt es nicht. Aber man kann natürlich, wenn man sich diplomatisch ausdrücken will, auch das als Kabinettsberatung bezeichnen.

Irgendein nicht sehr belangvoller Zeuge steht gerade vor dem Richtertisch. Es ist kurz vor ein Uhr. Die Verhandlung hat ziemlich früh begonnen. Richter und Zuhörer können den Wunsch nach einer Mittagspause nicht mehr ganz unterdrücken. Da öffnet sich plötzlich die Tür des großen Sitzungssaales. Sporenklirrend treten ein Dutzend Offiziere in voller Uniform, die Pistole am Koppel, ein. Nach der ersten Sekunde der Überraschung springt der Vorsitzende auf, um sich diese unerhörte Störung zu verbitten. Doch ehe er noch das erste Wort gesprochen hat, erstarrt er in ehrerbietiger Verbeugung. Den Offizieren folgt mit kurzen schweren Schritten Marschall Josef Pilsudski. Der Zeuge vor dem Richtertisch drückt sich möglichst schnell beiseite. Umgeben von den regungslos verharrenden Offizieren steht der Marschall vor den Richtern des Staatsgerichtshofes. Er tritt noch zwei Schritte vor. Mit einem kurzen Nicken des Kopfes begrüßt er den immer noch erstarrt stehenden Präsidenten. Die Richter und die Zeugen haben sich unwillkürlich von ihren Sitzen erhoben.

Endlich hat sich der Vorsitzende einigermaßen gefaßt. Josef Pilsudski ist hier an dieser Stelle, wenn es nach Recht und Gesetz geht, nichts anderes als jeder der übrigen Zeugen. Keiner von ihnen ist mit einer Eskorte schwerbewaffneter Offiziere erschienen. Aber was hilft das? Soll der Präsident des Staatsgerichtshofes das Auftreten des Zeugen Pilsudski monieren? Einen Augenblick durchzuckt ihn der Gedanke, daß die Würde des Gerichts auch gegenüber diesem Manne gewahrt werden müßte. Aber dann sieht er unwillkürlich auf die Pistolen der Offiziere, die hinter Pilsudski stehen. Und er weiß, daß jedes Wort, was vielleicht den Marschall verletzen könnte, ihm das Leben kosten würde.

Mit einer nochmaligen ehrerbietigen Verbeugung fragt er nun den Marschall, ob er geneigt sei, über den hier zur Verhandlung stehenden Fall seine Ansicht zu sagen. Er legt dem Marschall keine Fragen vor. Er vernimmt ihn nicht. Er bittet nur untertänigst um eine freundliche Äußerung.

Pilsudski ist geneigt, sich zu äußern. Mit kurzen lebhaften Bewegungen hält er einen kleinen Vortrag über politische Fragen. An den Anfang setzt er die Feststellung, daß der angeklagte Finanzminister Czechowitz alle Handlungen, die ihm hier zum Vorwurf gemacht werden, auf seinen, Pilsudskis, ausdrücklichen und teilweise schriftlichen Befehl ausgeführt habe. Die Politik gegenüber dem Parlament habe er sich stets vorbehalten. Er habe ausdrücklich verboten, vom Parlament in Form von Nachtragsetats die Überschreitung des Haushaltsplans bewilligen zu lassen. Das alles sagt Josef Pilsudski fast ohne auch nur einmal die Stimme zu heben oder zu senken. Aber dann richtet er sich auf. »Meine Herren,« so ruft er den Richtern zu, »ich mache Sie darauf aufmerksam, daß ich allein die Verantwortung trage.«

Die Zuhörer glauben, daß der Marschall am Ende seiner Ausführungen sei. Aber sie haben sich getäuscht. Noch einen Schritt näher tritt Josef Pilsudski an den Richtertisch heran, als er jetzt sagt:

»Gestern abend in einer trüben Stunde habe ich zum erstenmal das Gesetz über den Staatsgerichtshof und die Anklageschrift gegen Czechowitz gelesen. Das Gesetz selbst finde ich ganz ungewöhnlich unsinnig. Und die Anklageschrift hat mich wie alles, wie alles, meine Herren, was aus dem Sejm kommt, mit tiefem Widerwillen erfüllt. Ich kenne gewisse Puppen, die vorn und hinten denselben Laut von sich geben, wenn man sie auf den Bauch drückt. Eine Weile kann man vielleicht mit ihnen spielen. Aber wer das längere Zeit hindurch betreibt, verfällt sicher dem Blödsinn. Für den Staatsgerichtshof ist es ein übler Anfang, daß er seinen ersten Prozeß gegen das Mitglied eines Kabinetts führt, an dessen Spitze ich, Pilsudski, der größte Mann Polens, ein Mann mit reinen Händen, gestanden habe.«

Kein Atemzug ist hörbar, als Pilsudski sich nun kurz umdreht und den Saal verläßt. Ihm folgen sporenklirrend die Offiziere. Einige von ihnen bleiben noch einen Augenblick. Es scheint, als ob sie darauf warten, daß Liebermann gegen die ungeheuerliche Beleidigung des Parlaments protestiere. Sie haben nicht unrecht. Der sozialistische Führer ist im Begriff, aufzuspringen und seinen Protest in den Saal hinauszuschreien. Aber seine Freunde halten ihn zurück. Sie sehen die unwillkürliche Bewegung der Offiziere nach dem Revolver. Und sie wissen, daß Liebermann in dem Augenblick eine Leiche sein wird, in dem er die Beleidigungen Pilsudskis zurückweist. Nur wenige Sekunden dauert diese Szene. Dann machen auch die letzten Offiziere kurz kehrt und verlassen den Gerichtssaal.

Der Vorsitzende vertagt die Sitzung, sobald er sich einigermaßen gefaßt hat.

Erst am nächsten Tage kommt Dr. Liebermann zu Worte. Sein Plädoyer als Vertreter der mißachteten Rechte der Volksvertretung ist eine einzige große Anklage gegen Josef Pilsudski selber. Dieser Prozeß, so ruft Liebermann aus, ist ein Kampf um das Recht, dem der Staatsgerichtshof Achtung verschaffen muß. Dem Recht muß sich der höchste Mann im Staat ebenso beugen wie der letzte Bauer. Marschall Pilsudski hat die Geltung dieses Rechtes in Frage gestellt, und seine gestrigen Ausführungen hier an dieser Stelle sind eine offene Auflehnung gegen die Verfassung.

Bei diesen Worten springt der Vorsitzende auf und versucht, Liebermann zu unterbrechen. Er hat das Gefühl, sich selbst zu gefährden, wenn er diese Kritik an dem allmächtigen Marschall in einer Verhandlung zuläßt, der er präsidiert. Doch Liebermann weist mit großer Schärfe diese Intervention zurück. Er stehe hier als der gewählte Vertreter des Parlaments und als der beauftragte Ankläger in diesem ganzen Verfahren. Wenn der Vorsitzende ihn daran hindern wolle, die Ausführungen zu machen, die er für notwendig halte, so werde er sofort die Sitzung verlassen.

Gottergeben läßt der Präsident Liebermann weitersprechen. Es gäbe in Polen, so erklärt Liebermann, neben dem legalen noch ein Geheimbudget, das sich jeder Kontrolle entziehe. Die Volksvertretung sei jedoch dem Steuerzahler Rechenschaft über die Verwendung der Staatsmittel schuldig. Der Sejm habe die Beschimpfungen, mit denen Josef Pilsudski ihn bedacht habe, nicht verdient, aber er sei dagegen moralisch und physisch wehrlos. Der Marschall wünsche anscheinend eine Volksvertretung, die nur »stillgestanden!« vor ihm mache. Der Angeklagte Czechowitz sei gesetzlich verpflichtet gewesen, dem Marschall nicht zu gehorchen, wenn er Unerlaubtes von ihm verlangte. Ein Minister sei kein Hofbeamter, sondern an die Staatsgesetze gebunden. Der ganze Fall Czechowitz stelle nur eine Episode in dem großangelegten Versuch dar, Polen einem ungekrönten Souverän zu unterwerfen. Wenn der Angeklagte vom Staatsgerichtshof freigesprochen werde, so sei dies ein Zusammenbruch des Rechtes und der Beginn des Zusammenbruchs des polnischen Volkes.

Im Augenblick verfehlt die Rede Liebermanns ihre Wirkung nicht. Aber kaum einer der Anwesenden im Saale ist sich darüber im unklaren, daß trotz alledem eine Verurteilung des Finanzministers Czechowitz nicht erfolgen wird. Einschließlich des Vorsitzenden sind sieben von dreizehn Richtern unbedingte Anhänger des Marschalls. Die übrigen sechs werden auch nicht einmütig wagen, ein klares Schuldig auszusprechen. Die Drohung einer vor nichts zurückschreckenden Rache der Anhänger des Marschalls ist zu stark.

Nach zehnstündiger Beratung verkündet der Staatsgerichtshof am 29. Juni seinen Spruch. Das Urteil wird ausgesetzt, bis der Sejm über die sachliche Berechtigung und Notwendigkeit der unter Anklage gestellten Etatsüberschreitungen entschieden hat.

Wann wird dieser Sejm, in dem die Partei der Pilsudski-Anhänger noch nicht über die absolute Mehrheit verfügt, Gelegenheit haben, sein Votum zu fällen? Selbst die Optimisten sind skeptisch. Die Pilsudski-Partei triumphiert. Der Marschall wird dafür sorgen, daß der Sejm keine Möglichkeit findet, Czechowitz noch einmal schuldig zu sprechen.

Sie behalten recht. Der Staatsgerichtshof der polnischen Republik ist bis zum heutigen Tage nicht in die Verlegenheit gekommen, sein aufgeschobenes Urteil zu fällen.

*

Auf den engeren Kreis um Pilsudski hat der Prozeß gegen Czechowitz seine Wirkung nicht ganz verfehlt. Nicht etwa, daß von nun an die regierenden Obersten in irgendeiner Beziehung Rücksichten auf das Parlament und seine Rechte nehmen würden. Das kommt nicht in Frage. Aber sie haben gesehen, daß dieser Sejm trotz aller seiner praktischen Machtlosigkeit doch noch bei mancherlei Gelegenheit unangenehmes Aufsehen erregen kann. Die Kommentare über den Fall Czechowitz in der Oppositionspresse waren nicht eben freundlich. Man kann zwar Zeitungen beschlagnahmen und Redakteure ins Gefängnis setzen. Aber das geht schließlich nur mit polnischen Zeitungen und polnischen Redakteuren. Und das Ausland zeigt ein fatales Interesse an den inneren Verhältnissen des polnischen Staates. Das kann man zwar nicht ganz unterbinden, aber man kann immerhin den hauptsächlichsten Stein des Anstoßes, das Parlament, aus dem Weg räumen.

Im internen Kreise der Allmächtigen werden Ideen hin und her gewälzt. Man trifft Maßnahmen aller Art, um die in den Händen der Männer um Pilsudski zusammengeballte Staatsmacht noch weiter zu verstärken und noch fester zu verankern.

Wenn die Opposition über eine Presse verfügt, die für Polen verhältnismäßig hohe Auflagen hat, so wird man eine Gegenorganisation schaffen müssen. Die paar wenig bedeutenden Blätter, über die das Pilsudski-Lager bisher verfügt, genügen dazu nicht. Ein neues großes Regierungsorgan wird auf die Beine gestellt. Rücksichtslos legt der Leiter dieses Propagandadienstes, Oberst Koc, ein paar der bisherigen Regierungsblätter zusammen. Das Blatt der Legionäre, dessen Name in deutscher Übersetzung »Die Stimme der Wahrheit« ist, verschwindet ebenso wie ein Militärblatt »Das bewaffnete Polen«. In der Presse der Rechtsopposition macht der bekannte Schriftsteller Nowaczinski den ironischen Vorschlag, das neue Regierungsorgan aus diesem Grunde »Die Stimme des bewaffneten Polen« zu nennen.

Aber das nützt alles noch nicht. Mit einer Zeitung ist der Sejm noch nicht aus der Welt geschafft. Die Obersten bestürmen den Marschall, endlich das Parlament auseinanderzujagen und offen die Diktatur zu errichten. Wochen und Monate lang erwartet man immer wieder den Eklat. Als irgendwann einmal der Sejm zu einer ganz kurzen Budgetberatung zusammentritt, wird die Eröffnung durch einige hundert bewaffnete Offiziere, die in der Halle und in den Wandelgängen des Sejmgebäudes sich postieren, vorläufig verhindert.

Doch den letzten Schritt tut der Marschall nicht. Es ist, als ob irgendein Rudiment seiner sozialistischen Vergangenheit ihn hindere, die Vertretung des Volkes, die er bei jeder sich bietenden Gelegenheit in nicht wiederzugebenden Ausdrücken beschimpft, gänzlich auszulöschen. Dieses Zögern dauert länger als ein Jahr. Erst im Sommer 1930 läßt Pilsudski durch den Staatspräsidenten das Parlament auflösen. Niemand glaubt, daß in absehbarer Zeit Neuwahlen ausgeschrieben würden. Doch das Unerwartete geschieht. Pilsudski wird wählen lassen.

Man hat in diesen Jahren manches im neuen Polen erlebt, was unwahrscheinlich klingt. Der Wahlkampf, den die Anhänger des Marschalls nun beginnen, weil ihr Heros sich nicht dazu durchringen kann, ganz auf das Parlament zu verzichten, ist von allem, was in den Jahren nach dem Kriege in Europa geschehen ist, das Unwahrscheinlichste.

Die Regierung und die Obersten sind sich völlig darüber klar, daß eine unbeeinflußte Wahl mit einer vernichtenden Niederlage der Regierungsparteien enden muß. Aber auch, wenn es gelingt, die Stimmen des Pilsudski-Blockes auf dem bisherigen Stand zu erhalten, so ist damit praktisch nicht das geringste gewonnen. Der neue Sejm muß unter allen Umständen eine absolute Mehrheit von Abgeordneten haben, die dem Marschall treu ergeben ist. Er muß diese Mehrheit haben. Koste es, was es wolle.

Das ist die Parole, und nach ihr wird verfahren. Am 10. September 1930 werden auf einen Schlag fast sämtliche hervorragenden parlamentarischen Führer der Oppositionsparteien verhaftet. Unter den Verhafteten befinden sich der Sozialist Dr. Hermann Liebermann, der Vorsitzende der sozialistischen Partei, Professor Barlicki, der sozialistische Senator Dr. Adam Pragier, der frühere Innenminister und Großbauernführer Kiernik, Alexander Dombski von der Rechtsopposition, eine Reihe anderer Abgeordneter der radikalen kleinbäuerlichen Partei Wyswolenie und der nationalen Arbeiterpartei, sowie Korfanty und der frühere Ministerpräsident Witos. Wenige Tage darauf werden noch eine Anzahl von Führern der Kommunisten und der ukrainischen Parteien in Haft genommen. Sie alle werden auf die Festung Brest-Litowsk verschleppt, wo der schwer leber- und gallenkranke Oberst Kostek-Biernacki kommandiert.

Schon dieser Transport ist für einige der Verhafteten ein grauenhaftes Vorspiel für das, was sie in Brest-Litowsk erwartet. Keiner von ihnen hat Gelegenheit gehabt, sich von seiner Familie oder von seinen politischen Freunden verabschieden zu können. Keinem hat man gestattet, mit irgendeinem Rechtsbeistand Fühlung zu nehmen. Sie wissen nicht, was man ihnen vorwirft und welche Begründung für ihre Verhaftung gegeben wird. Aber sie merken an der Art und Weise, wie man sie behandelt, daß es den Machthabern in Warschau keineswegs nur darauf ankommt, während des Wahlkampfes die oppositionellen Parteien ihrer geistigen Führer zu berauben.

Begleitet von einer Anzahl Militärgendarmen, die schwer bewaffnet sind, wird Dr. Liebermann in Warschau in ein Auto gesetzt, um nach

Brest-Litowsk gefahren zu werden. Zwei Wegstunden von der Festung entfernt hält plötzlich das Auto an. Die Gendarmen reißen Liebermann aus dem Wagen, schleppen ihn fünfzig Schritt weit in den Wald und beginnen ohne Angabe irgendeines Grundes wie die Wahnsinnigen mit ihren Seitengewehren und Kolben auf ihn einzuschlagen. Bei jedem Schlag brüllt ihm einer der Gendarmen zu: »Das hast du für deine Anklage gegen Czechowitz, und das hast du, weil du deine Stimme gegen den Herrn Marschall erhoben hast.« Sie lassen erst ab von Liebermann, als er die Besinnung verloren hat. Zwanzig blutende Wunden am Kopf und am ganzen Körper bringt der Gepeinigte nach Brest-Litowsk mit. Hier erfährt er, daß es vielen seiner Mitgefangenen nicht anders ergangen sei.

In der Festung selbst ist die Behandlung vielleicht noch fürchterlicher. Täglich werden alle Verhafteten, die niemand sehen dürfen, von dem Wachpersonal beschimpft und geschlagen. Ihre Verpflegung besteht tagelang aus ein paar Scheiben trockenem Brot und lauwarmem Salzwasser. Wenn sie alle drei oder vier Tage etwas anderes zu essen bekommen, so ist es stinkendes Fleisch oder Gemüse, in das die Soldaten Schmutz und Exkremente geworfen haben. Der Ministerpräsident Witos, der polnische Nationalheld der oberschlesischen Aufstände, Korfanty, und Männer wie der von zahlreichen internationalen Kongressen bekannte Senator Pragier oder der Bauernführer Dr. Baginsky müssen fast täglich mit bloßen Händen die Soldatenaborte ausräumen oder nur mit einem kleinen Lappen die Kasematten scheuern. Noch immer hat keiner der Verhafteten die Möglichkeit, mit seinen Angehörigen Fühlung aufzunehmen oder auch nur einen Rechtsanwalt zu empfangen. Irgendeine Anklage wird ihnen nicht bekanntgegeben.

So leben diese Männer, von denen jeder einzelne im neuen Polen eine bedeutende Rolle gespielt hat, schlechter als verurteilte Mörder Woche um Woche. Inzwischen gibt die Regierung bekannt, daß eine Reihe der Verhafteten auf ihre Aufstellung als Kandidaten bei den kommenden Sejmwahlen verzichtet habe. Die Oppositionsparteien sind allerdings in den meisten Fällen in der Lage, schriftliche Erklärungen ihrer verhafteten Führer beizubringen, daß sie Kandidaturen bereits angenommen haben, ehe die Verhaftungen erfolgten. Da es natürlich der Regierungspartei unmöglich ist, schriftliche Gegenerklärungen der Verhafteten herbeizuzaubern, bleiben eine Reihe von ihnen trotzdem auf den Wahllisten.

In der Öffentlichkeit erregt die beständige Unmöglichkeit, mit den Verhafteten in Verbindung zu kommen, eine begreifliche Unruhe. Sie steigert sich noch, als eines Tages unter strenger militärischer Bewachung in Warschau der ebenfalls in Brest-Litowsk gefangen gehaltene junge sozialistische Abgeordnete Dubois auftaucht, um seine mit dem Tode ringende junge Frau noch einmal zu sehen. Niemand darf mit ihm sprechen. Auch am Bett der Schwerkranken sitzen stets zwei Gendarmen. Kein Wort darf Dubois über seine Erlebnisse in Brest-Litowsk erzählen. Aber der eine oder der andere Arzt hat ihn gesehen. Und die ihn sahen, erzählen, daß der junge, Leben sprühende Mann nur noch ein Schatten seiner selbst gewesen sei. Nun weiß man Bescheid. Es ist Gewißheit, was man bisher nur zu raunen gewagt hat: Die Schrecken der Zarenzeit verblassen gegen die »Freiheit« im neuen Polen.

*

Die Zelle, in der der Abgeordnete Popiel seit nunmehr einem Monat haust, würde auf einer Ausstellung veralteter und unhygienischer Hafträume ohne Zweifel einen Preis oder mindestens eine lobende Erwähnung erhalten. Vier Meter lang und knapp drei Meter breit, enthält sie außer einem kleinen Schemel und einem wackeligen Tisch nur das sogenannte Bett. Auf einer Unterlage von ungehobelten Brettern, die weite Zwischenräume haben, liegt ein dünner Strohsack, dessen Inhalt, seit vielen Wochen nicht erneuert, den Tummelplatz von Myriaden von Ungeziefer bildet. Er wetteifert darin mit der löcherigen Wolldecke, die in den kalten Oktobernächten dem ausgehungerten und frierenden Körper nur einen völlig ungenügenden Schutz zu geben vermag.

Längst ist das Licht ausgedreht. Nach der Gefängnisordnung müßte der Abgeordnete schon schlafen. Aber er findet keine Ruhe. Kälte und Wanzen jagen ihn immer wieder in die Höhe, wenn er sich ein paar Minuten auf seiner Pritsche niedergelegt hat. In dumpfer Verzweiflung durchmißt er zum hundertsten Mal an diesem trostlosen Abend den Raum von drei Schritten, der ihm zur Verfügung steht. Plötzlich horcht er auf. Draußen auf dem Korridor tönen Schritte. Vor seiner Zellentür halten sie an, und schnell huscht der Gefangene auf seine Pritsche. Man darf ihn um diese Tageszeit nur auf seinem Lager finden, sonst ist das ein Vergehen gegen die Gefängnisordnung und dann kommt er in die Strafzelle. Ihn schaudert, wenn er daran denkt. Dagegen ist sein augenblicklicher Aufenthalt noch ein Palast.

Kreischend dreht sich der Schlüssel. Licht fällt auf den Zusammengekauerten. In der Tür stehen zwei Aufseher. Sie fordern den Abgeordneten auf, ihnen in die Kanzlei der Festung zu folgen. Durch lange Korridore geht der Weg. Popiel weiß nicht, was das zu bedeuten hat. Ihm schwant nichts Gutes. Aber es hat keinen Zweck, sich irgendeiner noch so wahnsinnigen Anordnung auch nur andeutungsweise zu widersetzen. In der Kanzlei empfängt ihn ein Offizier. Der Abgeordnete kennt ihn aus Warschau. Es ist ein Hauptmann vom Bewaffnungsdepartement des polnischen Kriegsministeriums. Fragend steht der Gefangene vor dem Offizier. Er hört den Befehl: »Gehen Sie dort in das Zimmer.« Popiel ahnt noch immer nicht, was ihm bevorsteht. Er macht die wenigen Schritte, die ihn von der Tür zum Nebenraum trennen. Als er die Tür öffnet, sieht er in ein dunkles Zimmer. Er stutzt einen Moment auf der Schwelle, aber schon fassen ihn sechs kräftige Arme und reißen ihn in das Dunkel. Ein Mann packt ihn an den Beinen, zwei an den Armen. Er wird auf einen Tisch geworfen. Halb besinnungslos vor Schreck schreit er auf: »Fürchtet Gott!« Aber der Ruf geht über in einen wilden Schrei wahnsinnigen Schmerzes. Mit einem harten eisernen Gegenstand hat er einen furchtbaren Schlag über den Rücken erhalten. Er will sich wehren, er bäumt sich auf. Da wird ihm ein feuchtes Tuch über Rücken und Kopf geworfen. Fester packen ihn die Arme. Und dann prasseln von neuem die Schläge. Ehe er die Besinnung verliert, hört er noch die Worte: »Das ist für Sikorski, das ist für Zymirski.« Als er für einen Augenblick aus der Ohnmacht erwacht, klingt an sein Ohr ein lautes Zählen, und er hört das Wort »fünfundzwanzig«. Dann nach einigen Sekunden das Kommando: »Halt!« Das Schlagen hört auf. Wieder packen ihn die Arme. Man stellt ihn auf die Beine. Er sinkt kraftlos in die Knie. Man reißt ihn hoch und schleppt ihn zurück in die Kanzlei. Wieder steht der Warschauer Hauptmann an den Schreibtisch gelehnt, und als Popiel an ihm vorbeigeschleppt wird, ruft er ihm zu: »Freue dich, daß es so wenig war, das nächste Mal wird der Herr Marschall befehlen, dir eine Kugel durch den Kopf zu jagen.«

Wenige Tage später werden Dr. Liebermann und Popiel am Tage aus ihren Zellen geholt. Ein Offizier fordert sie auf, ihre Mäntel zu nehmen und ihm zu folgen. Als Popiel den Offizier fragt, ob er ein Stück Brot mitnehmen dürfe, weil er seit dem frühen Morgen noch nichts gegessen habe, erhält er die Antwort: »Du wirst nichts mehr brauchen.« Die Gefangenen werden in die Zelle im Erdgeschoß geführt, in der regelmäßig ein paarmal in der Woche die Revisionen durch den Festungskommandanten stattfinden. Doch an diesem Morgen sieht die Zelle, die den beiden Männern schon wohlbekannt ist, verändert aus. Die spärlichen Einrichtungsstücke sind entfernt. Der Strohsack, der auf einem Bett an der Längswand gelegen hat, ist entleert. Das Stroh ist auf den Boden dicht an der Wand gestreut. Liebermann und Popiel bekommen den Befehl, zu warten. Der Offizier verläßt den Raum. Die Tür wird abgeschlossen. Die beiden sind allein. Sie sehen sich an. Sie wagen kaum ein lautes Wort zu sprechen. Nach der furchtbaren Prozedur, der Popiel vor wenigen Tagen unterworfen wurde, zweifelt er nicht daran, daß nunmehr die Drohung wahrgemacht werden soll, die in jener Nacht der Warschauer Hauptmann ihm ins Gesicht schleuderte.

Nach einer Weile horchen die Gefangenen auf. In der Nebenzelle hören sie Geräusche. Ihre Nerven spannen sich. Sie lauschen auf jeden Ton. Nebenan wird die Tür aufgeschlossen. Mehrere Männer treten ein. Sie hören das Klirren von Gewehrläufen. Die beiden Abgeordneten halten den Atem an. Jetzt ein lautes Kommando: »Kehrtmachen! Gesicht zur Wand drehen!« Dann wieder eine Pause. Dauert sie Sekunden oder Minuten? Die beiden Männer in der Revisionszelle vermögen es nicht zu sagen. Plötzlich fahren sie zusammen. Es ist, als ob der Knall der beiden Schüsse, die nebenan abgegeben worden sind, sie wie ein Peitschenhieb getroffen hat.

Nun ist fürchterliche Ruhe. Die Gefangenen warten, daß nun die Tür ihrer Zelle sich öffnen wird und ihre Henker vor ihnen stehen. Viele Minuten dauert diese Qual. Dann wird wirklich die Tür geöffnet. Hinein tritt ein Offizier, ihm folgen zwei Soldaten mit Gewehren in der Hand. Den Abgeordneten wanken die Knie. Wie durch einen Nebel sehen sie die drei Gestalten vor sich, und ganz von fern hören sie die Stimme des Offiziers, die dasselbe Kommando abgibt, das sie vorhin von nebenan hörten: »Kehrtmachen! Gesicht zur Wand drehen!«

Sie könnten auf ihre Peiniger losstürzen, und mit den Fäusten um ihr Leben kämpfen. Es fehlt ihnen die Kraft dazu. Sie taumeln zur Wand. Sie drehen sich um. Weshalb schießen die Soldaten nicht? Popiel, noch geschwächt von den furchtbaren Mißhandlungen jener grausigen Nacht, sinkt langsam in sich zusammen. Hermann Liebermann faßt ihn und richtet ihn auf. Wenn sie sterben sollen hier in dieser verfluchten Festung, dann wollen sie als Männer und im Stehen sterben.

Nach einer unendlichen Zeit faßt eine Hand die beiden ins Genick und dreht sie um. Die bewaffneten Soldaten sind verschwunden. Vor ihnen steht der Offizier vom Tagesdienst, der die übliche Wochenrevision vornimmt.

Das ist Brest-Litowsk.

VII. Kapitel

Ostpolnisches Inferno

Der Kampf gegen die Weißrussen — Mittelalter in der Westukraine

Die Polen sind ungemein höfliche Leute. Besonders gegenüber Ausländern zeigen sie sich gern von ihrer allerbesten Seite. Der ausländische Besucher von einiger Distinktion, der in Warschau zu Studienzwecken Aufenthalt nimmt, wird immer wieder die Erfahrung machen, von welch außerordentlichem Entgegenkommen alle polnischen Behörden ihm gegenüber sind. Da der Weg der meisten Ausländer, die nach Polen kommen, über Deutschland führt, so wirkt häufig der Unterschied in der Behandlung fremder Gäste besonders stark.

Im polnischen Außenministerium in Warschau gibt es eine Reihe von sprachgewandten jungen Attachés, deren augenscheinliche Lebensaufgabe darin besteht, fremden Besuchern behilflich zu sein. Sie arrangieren mit der größten Bereitwilligkeit jede Zusammenkunft und jede Besprechung, die der wissensdurstige Fremde sich nur wünscht. Und bei jedem Besuch, den er macht, ist er stets von neuem angenehm überrascht. Er braucht nicht zu warten. Die Herren, mit denen er spricht, haben es nie so eilig, daß der Besucher sich unhöflich vorkommt, wenn er immer noch eine neue Frage stellt. Die Herren sprechen deutsch oder französisch, je nachdem es gewünscht wird. Kurz, der Besucher hat das Gefühl, auf die höflichste und liebenswürdigste Weise in der Zentrale selbst alles Wissenswerte zu erfahren.

Doch dieses Entgegenkommen ist nicht immer nur reine Menschenliebe. Es ist in den meisten Fällen eine kluge und gewandte Taktik. Denn der liebenswürdig empfangene Besucher ist von vornherein weniger kritisch eingestellt als der, der kurz und unfreundlich abgetan wird. Aber nicht nur das. Wer in Warschau selber, mit einem komfortablen großstädtischen Hotel im Hintergrund, auf bequeme Weise seine »Studien« machen kann, wird häufig nur allzugern darauf verzichten, in die Gegenden des polnischen Staates zu reisen, in denen er sicher ist, all diese Annehmlichkeiten nicht zu finden. Und gerade diese Gegenden sind es, deren Besuch durch Ausländer von den polnischen Zentralbehörden höchst ungern gesehen wird. Diese weiten Provinzen im Nordosten, Osten und Südosten des polnischen Staates sind die Sorgenkinder Warschaus. Mit ihnen kann man keinen Staat machen. Hier sind fremde Augen unerwünscht. Und man sieht es wesentlich lieber, wenn die Wissensdurstigen ihre Kenntnisse über diese Teile des polnischen Reiches aus der bereitwilligst zur Verfügung gestellten, umfangreichen amtlichen polnischen Literatur über die weißrussische und die ukrainische Frage nehmen.

Diese amtliche Literatur ist schon äußerlich auf den Ausländer zugeschnitten. Meist in französischer Sprache, aber auch auf deutsch oder englisch, fast niemals jedoch im heimatlichen Polnisch, ist all das Material über das Leben der weißrussischen und ukrainischen Minderheiten in Polen zusammengestellt, von dem die Regierung wünscht, daß der Ausländer es zur Kenntnis nehmen möge.

In dem weichen Sessel eines Hotelzimmers bei einer guten Zigarette liest sich all das ganz ausgezeichnet. Der Fremde erhält Kenntnis davon, daß die bäuerliche Bevölkerung der polnischen Ostprovinzen zu einem wesentlichen Teil weißrussischer oder ukrainischer Nationalität ist. Er vertieft sich mit Interesse in die Mitteilungen über genossenschaftliche Wirtschafts- und Kulturorganisationen der Minderheiten. Er vernimmt, welch ständige Mühe der polnische Staat sich bei der Unterstützung all dieser Einrichtungen gibt. Er liest, daß die politischen Interessen und Wünsche der Minoritäten wie kaum in einem andern Staat der Welt ihre ständige und ausreichende parlamentarische Vertretung haben, und er ist, nachdem er all das zwischen dem Diner und einem ausgezeichneten Mokka zu sich genommen hat, vielleicht ein wenig ärgerlich erstaunt, wenn er ein paar Stunden nachher in den Abendblättern liest, daß irgendwo dort hinten im östlichsten Osten Polens wieder einmal ein Bombenattentat auf einen polnischen Polizeiposten verübt oder der Hof eines polnischen Siedlers angezündet worden sei.

Also genügt es doch nicht, auf liebenswürdige und komfortable Weise amtlich unterrichtet zu werden? Also muß doch die Reise angetreten werden, um ein wirkliches Bild von den Verhältnissen bei Wilna oder Nowogrodek oder in Wolhynien und der Wojwodschaft Tarnopol zu erhalten?

Es hilft wirklich nichts. Die Warschauer Beamten mögen noch so entgegenkommend und die amtlichen Druckschriften noch so umfangreich und tabellengeschmückt sein, sie geben von dem tatsächlichen Leben im Osten Polens kein rechtes Bild.

Von fünf Millionen Weißrussen leben annähernd die Hälfte in einer Art von Autonomie jenseits der sowjet-russischen Grenze. Sie haben dort so viel Freiheit für ihr Volkstum wie jede andere Nation im Verbande der russischen Sowjet-Republiken. Man mag der Anschauung sein, daß dieses Maß von Freiheit nicht übertrieben groß sei. Man mag sogar meinen, daß von Freiheit innerhalb der Grenzen Sowjet-Rußlands überhaupt nicht recht die Rede sein kann. Aber wer dieser Ansicht ist, wird sich von den Weißrussen, die unter polnischer Herrschaft leben — und das sind etwa eineinhalb Millionen Menschen —, sagen lassen müssen, daß ihre Stammesbrüder auf der russischen Seite im Vergleich mit ihnen selber wie im Himmel leben.

Das klingt verwunderlich, und vielleicht ist es auch wirklich mit diesem Himmel nicht gar so himmlisch bestellt. Aber das eine steht fest: Die

Weißrussen Polens würden lieber heute als morgen die Herrschaft Warschaus mit der Moskaus vertauschen.

Bauern, die sich nach den Segnungen des Bolschewismus sehnen? Sie tun das vielleicht nicht so sehr, als daß sie den Wunsch haben, den Segnungen der polnischen Herrschaft zu entgehen.

In Warschau hört man das nicht gern. Und das ist verständlich, denn die Wünsche der Weißrussen sind eigentlich, bei Lichte besehen, keineswegs bolschewistisch. Durch den Mund eines ihrer Führer, des Abgeordneten Taraskiewicz forderten sie zu Beginn des Jahres 1923 im polnischen Parlament unter anderm: sofortige Einstellung der künstlichen Ansiedlung ehemaliger polnischer Militärpersonen und die Einleitung einer vernünftigen Agrarreform unter Berücksichtigung des Kleinbesitzes der bodenständigen Bevölkerung. Das war ebensowenig bolschewistisch wie der Wunsch auf Schaffung einer Kulturautonomie, Zulassung der weißrussischen Sprache bei Behörden und Gerichten, Nichteinmischung der polnischen Behörden in das religiöse Leben, und Einrichtung von Schwurgerichten und Volksgerichten unter Hinzuziehung der weißrussischen Bevölkerung.

Aber diese Forderungen entsprachen keineswegs den Tendenzen der polnischen Politik. In diesen Gebieten, in denen teilweise der polnische Bevölkerungsanteil stark in der Minorität ist, sollte unter allen Umständen eine bodenständige polnische Bevölkerung geschaffen werden. Das war nur möglich durch eine großzügige Siedlungspolitik auf Kosten der altangesessenen weißrussischen Bevölkerung. Hand in Hand damit schien es den Warschauer Regierungen zweckmäßig zu sein, die Pflege des nationalen Kulturlebens der weißrussischen Bevölkerung nach Möglichkeit zu erschweren. Von 514 weißrussischen Volksschulen, die im Jahre 1921 bestanden, waren bereits 1925 alle bis auf 20 geschlossen. 1926 gab es nur noch drei öffentliche weißrussische Schulen.

Das sind nüchterne Zahlen, hinter denen sich eine Unsumme von Leid und Erbitterung verbirgt. Die weißrussischen Bauern, die keinen andern Wunsch haben, als möglichst unbehelligt ihre Scholle zu bebauen und in der Schule ihren Kindern das Vaterunser und vielleicht sogar das kleine Einmaleins in weißrussischer Sprache beigebracht zu sehen, werden gezwungen, um diese simpelsten und einfachsten Rechte ihres anspruchslosen Lebens einen erbitterten Kampf zu führen. Diese Menschen kommen nicht auf die Idee, den Kampf um ihr Recht anders als mit ihren Fäusten zu führen. Sie sehen den landfremden polnischen Siedler. Sie sehen den polnischen Lehrer in ihren alten Schulen. Sie sehen Hunderte und Tausende von schwerbewaffneten polnischen Polizisten und Grenzschutzsoldaten, und eine dumpfe und ohnmächtige Wut packt sie. Sie rotten sich zusammen. Aber wenn sie das tun, werden sie mit Säbeln und Karabinern auseinandergejagt. Ihre Führer wandern für viele, viele Jahre ins Zuchthaus. So geht es nicht.

Sie beginnen einen grausam erbitterten Kleinkrieg, einen Kampf im Dunkeln. Bald geht hier, bald dort das Gehöft eines polnischen Siedlers bei Nacht in Flammen auf. Wenn der polnische Gendarm allein über Land geht, so streckt ihn ein Schuß aus dem Hinterhalt nieder. Die polnischen Siedler wagen bald nicht mehr, unbewaffnet ihr Feld zu bestellen. Hinter dem Pflug gehen sie, das schußfertige Gewehr umgehängt.

So lebt dieses Land lange Zeit hindurch. So lebt es zum Teil noch heute.

Von Warschau aus werden immer neue Gendarmerieformationen und immer stärkere Bataillone des sogenannten Grenzschutzkorps in die Ostgebiete entsandt. Bald stehen 25000 schwerbewaffnete Männer zur Verfügung, um mit den Weißrussen fertig zu werden. Aber was nutzt es, dazwischenzuschießen, wenn auch nur drei oder fünf Menschen in irgendeinem Ort im Gespräch auf der Straße stehen? Die Brandstifter, die heimlichen Schützen fängt man nur in den seltensten Fällen.

Ist das alles nur das spontane Aufflammen der Wut? Oder ist es nicht doch vielleicht das Werk einer wohldurchdachten, großen revolutionären Organisation? Hier muß Moskau die Hand im Spiele haben. Die Konstruktion einer politischen Verbindung ist schnell geschaffen. Die Partei der weißrussischen revolutionären Sozialisten, die sogenannte H r o m a d a, hat sich der dritten Internationale angeschlossen. Das ist Beweis genug. Nun kann man von Warschau aus vielleicht endgültig den Widerstand der Weißrussen brechen. Doch die offiziellen Führer der Hromada sind vorsichtig. Sie geben keine Veranlassung für irgendwelche Eingriffe der polnischen Behörden. Sie haben keine nachweisbare Verbindung mit den unstreitig gesetzwidrigen Gewalttaten der weißrussischen Bauern.

Wenn in Polen etwas nicht weitergeht, dann muß der Generalstab helfen. Da die polnische Politik von Offizieren gemacht wird, ist diese Tatsache auch keineswegs besonders verwunderlich. Der militärische Nachrichtendienst nimmt sich mit großem Nachdruck der weißrussischen Frage an. Das geht so vor sich, daß man für viel gutes Geld einen erstklassigen Lockspitzel engagiert. In diesem Falle ist es kein gewöhnlicher Agent. Es ist der Führer der unabhängigen polnischen Bauernpartei, der Abgeordnete Wojewodski. Das ist einmal etwas anderes. Ein Parlamentarier wird von den militärischen Stellen dafür bezahlt, daß er sich Eingang in den Kreis der Führer der Hromada verschafft und ihnen Versprechungen hinsichtlich ihrer politischen Forderungen auf Autonomie macht. Weshalb soll er das auch nicht tun? Es ist an sich das gute Recht eines unabhängigen Politikers, sich für die Erfüllung legaler Wünsche einer Minorität einzusetzen. Das Peinliche in diesem Falle ist nur, daß Herr Wojewodski eben nicht ein unabhängiger Politiker, sondern ein bezahlter Agent des Warschauer Generalstabes ist, der jedes Wort, das in vertraulichen Unterhaltungen mit weißrussischen Führern fällt, sofort haargenau seinen Auftraggebern mitteilt. Und nicht nur das tut Herr Wojewodski. Herr Wojewodski führt seine Unterhaltungen so, daß die zutraulich gewordenen Weißrussen ihm hier und da auch einmal etwas sagen, was sie einem Beauftragten des Warschauer Generalstabes ohne Zweifel nicht gesagt hätten. Und gerade auf diese Äußerungen kommt es den Warschauer Herren besonders an. Ihr Agent bedient sie ausgezeichnet, und sie sammeln lange Zeit emsig alles an Material, was Wojewodski ihnen zur Verfügung stellt.

Am 15. Januar 1927 erfolgt in Wilna eine umfassende Razzia der Polizei auf alle weißrussischen Führer. Ohne Rücksicht auf die parlamentarische Immunität werden auf einen Schlag vier weißrussische Sejmabgeordnete, unter ihnen der Führer der Hromada, Taraskiewicz, sowie über hundert prominente Mitglieder der Hromada verhaftet. Am selben Tag werden in Warschau 80 führende Weißrussen ins Gefängnis gesetzt. Die Auswahl erfolgt so, daß sämtliche Direktoren und Lehrer der weißrussischen Schulen und die Leiter der Genossenschaften und Bauernbanken sowie der kulturellen Einrichtungen auf einen Schlag außer Gefecht gesetzt werden. Offiziell wird bekanntgegeben, daß die Verhafteten im Auftrage der Moskauer Komintern eine Aufstandsbewegung gegen den polnischen Staat vorbereitet hätten.

Eine maßlose Erbitterung über diesen brutalen Schlag treibt die weißrussischen Bauern zu blutigen Demonstrationen. In verschiedenen Orten kommt es zu schweren Zusammenstößen der führerlosen Bauern mit der Gendarmerie und den Grenzschutzkorps. Allein in dem Orte Kossow gibt es bei einer Demonstration von 1500 Bauern an einem einzigen Tage 5 Tote und 6 Schwerverletzte.

Das ist das Signal zur Auflösung der Hromada und aller bisher noch bestehenden Minderheitsorganisationen der Weißrussen. In Zukunft wird allein die Zugehörigkeit zur Hromada mit schweren Zuchthausstrafen bedroht.

Erst dreizehn Monate später, Ende Februar 1928, findet in Wilna ein Riesenprozeß gegen 56 weißrussische Führer statt. Unter den Angeklagten befinden sich selbstverständlich die vier Abgeordneten, die vom Sejm gegen die Stimmen der Minderheiten, der radikalen Bauern und der Sozialdemokraten ihrer Immunität entkleidet worden sind. Nicht weniger als 600 Zeugen sind zu dem Monsterprozeß geladen. Die Anklage lautet auf Vorbereitung eines militärischen Aufstandes, der zum Ziele gehabt habe, die weißrussisch besiedelten Teile des polnischen Staates mit Sowjet-Rußland zu vereinigen. Ferner wird einem Teil der Angeklagten Spionage zugunsten Sowjetrußlands und die Ermordung eines polnischen Polizeispitzels vorgeworfen.

Nach dreimonatiger Prozeßdauer wird das Urteil gesprochen: 37 Angeklagte werden wegen Landesverrats verurteilt. Darunter die vier Abgeordneten zu je 12 Jahren Zuchthaus, die übrigen zu Strafen von 3 bis 8 Jahren Zuchthaus. Im ganzen werden nicht weniger als 212 Jahre Zuchthaus verhängt.

Die offizielle Hromada ist tot. Die illegale lebt. Das polnische Zuchthaus hat ihr ebensowenig den Garaus machen können wie die ausführlichen amtlichen Warschauer Berichte über das freie und geruhige Leben der weißrussischen Minderheit in Polen, deren vollendetes Französisch dem fremden Besucher im Lehnstuhl des Hotels eine ebensogroße Befriedigung bereitet wie die entgegenkommende Liebenswürdigkeit der polnischen Beamten, die ihm ein paar Stunden vorher mit dem freundlichsten Lächeln versichert haben, daß es eine Lust sei, im neuen freien Polen als Angehöriger einer nationalen Minderheit zu leben.

*

Das neue Polen legt Wert darauf, ein moderner europäischer Staat zu sein, der in der Verwendung der Kulturerrungenschaften des zwanzigsten Jahrhunderts nicht hinter seinen westlichen Nachbarn zurücksteht. Es gibt Autos; nicht sehr viele, und die Bauernpferde auf der Landstraße sind noch keineswegs an Kraftfahrzeuge gewöhnt. Es gibt in Warschau sogar schon eine Reihe von asphaltierten Straßen; dafür hat die Viertelmillionenstadt Wilna immer noch keine Kanalisation. Es gibt gute Theater, Kinos und alles, was sonst zu dem Begriff europäischer Kultur gehört. Aber auf eins sind die Polen besonders stolz. Der Tages-D-Zug, der mittags den Hauptbahnhof in Warschau verläßt, um abends in Krakau einzulaufen, verfügt über eine Einrichtung, die es zum Beispiel in Deutschland nicht gibt. Kurz nach der Abfahrt erscheint in jedem Abteil ein livrierter Boy mit einem ganzen Haufen hygienisch verklebter großer Papiertüten, die er höflich zum Preise von einem Zloty anbietet. Man nimmt, man öffnet erwartungsvoll, und heraus kommt ein Kopfhörerpaar mit einer Anschlußschnur. Man ist ein wenig erstaunt. Der höfliche Boy macht darauf aufmerksam, daß über dem Sitz ein Steckkontakt angebracht ist. Man schaltet ein und kann nun, wenn man es aushält, während der ganzen beinahe siebenstündigen Fahrt Radiotanzmusik der großen Sender von Warschau, Wien, Budapest und sogar Stockholm und Königswusterhausen hören. Wenn sich prominente ausländische Gäste im Zug befinden, so werden sie im Laufe der Fahrt nach vorne in das Radioabteil des Zuges gebeten. Dort liegt ein hübsch gebundenes Büchlein aus, in das die Prominenten neben ihrem Namen ihre staunende Anerkennung über diese letzte Kulturerrungenschaft der aufstrebenden polnischen Nation einzutragen gebeten werden.

Man ist wirklich modern und fortschrittlich auf der Strecke zwischen Warschau und Krakau. Man ist auch noch westlich und zwanzigsten Jahrhunderts zwischen Warschau und Lemberg, und für den distinguierten Fremden, der sich auf die großen Städte und die renommierten alten Hotels beschränkt, bleibt man es auch noch weiter nach Osten.

Aber nur für ihn. Und das ist ein bißchen zu wenig, wenn man bedenkt, daß in diesem ostgalizischen Lande und in der Wojwodschaft Wolhynien neben zwei bis drei Millionen Polen fünf Millionen Ukrainer leben. Diese fünf Millionen sind ganz und gar nicht freiwillig unter die Herrschaft des weißen Adlers gekommen. Blutige Kämpfe der Ukrainer gegen polnisches Militär im Jahre 1919 waren der Beginn dieses Zusammenlebens zweier Nationen unter dem Regime Warschaus. Und seit dieser Zeit hat es kaum einen Monat gegeben, in dem nicht von Zusammenstößen und Gewalttaten von beiden Seiten zu berichten gewesen wäre. Dieses Land einer teilweise recht wohlhabenden kleinbäuerlichen Bevölkerung befindet sich seit nun einem Dutzend Jahren in einem ständigen latenten Aufruhr gegen Polen.

Die polnische Minderheitenpolitik ist überhaupt nicht zu verstehen, wenn man diesen Umstand nicht berücksichtigt: daß nämlich die größte nationale Minderheit innerhalb der polnischen Staatsgrenzen in ihrer überwiegenden Masse dem polnischen Staat offen ablehnend und feindlich gegenübersteht und ohne Umschweife die nationale Selbständigkeit oder gar die Vereinigung mit der großen sowjetrussischen Ukraine auf ihr Programm geschrieben hat. Das unterscheidet die ukrainische Minderheit in Polen von allen andern Minderheiten, und viele Maßnahmen der Regierung in Warschau, die der Regelung der Minderheitenangelegenheiten dienen sollen, sind eigentlich in der Hauptsache gegen diese größte staatsfeindliche Minderheit gerichtet.

Die politischen und kulturellen Organisationen der Ukrainer ebenso wie ihre wirtschaftlichen Genossenschaften dienen alle mehr oder minder offen dem einen großen Ziel, die polnische Herrschaft in der Westukraine möglichst illusorisch zu machen. Und wenn die Erfolge nicht immer den Wünschen dieses starrköpfigen Bauernvolkes entsprechen, so ist der Grund darin zu suchen, daß die kulturelle und soziale Oberschicht in diesem Lande seit langem polnisch gewesen ist und erst ganz allmählich der Aufbau einer ukrainischen Intelligenz und Führerschicht vollzogen werden kann.

In den Jahren fortwährenden Kampfes, die sich an die Eroberung Lembergs und der Westukraine durch polnische Truppen anschlossen, hat sich daher der Kampf der polnischen Behörden in allererster Linie gegen diese werdende ukrainische Intelligenz gewandt. Die Studentenorganisationen in Lemberg, die Vereine ukrainischer Lehrer und Gymnasiasten, ja sogar die Vertreter der Geistlichkeit wurden täglich und stündlich aufs schärfste beobachtet, und die Schläge der polnischen Polizei trafen in erster Linie diese geistigen Führer des ukrainischen Volkes und ihren Nachwuchs.

Man schreckte dabei nicht vor den an anderen Stellen mehr oder minder bewährten Spitzelmethoden zurück. Man führte Prozesse wie den berüchtigten großen Lemberger Steiger-Prozeß durch, bei denen die unsaubere Kampfart der polnischen Polizei in ein wenig schönes Licht gerückt wurde. Aber man vertrat eben den Standpunkt, daß die Masse der ukrainischen Bauern selber nicht halb so gefährlich sei wie die dünne Schicht der führenden Intelligenz.

Doch diese Rechnung war falsch. Das dumpfe Gefühl des schweren Unrechts, einer drückenden Fremdherrschaft erfaßte die Bauernmassen im Laufe der Jahre in immer stärkerem Umfang. Die bewährten polnischen Schulschikanen brachten die Bauern ebenso in Harnisch wie die forcierte und künstliche polnische Siedlungspolitik. Der blutige Weg dieses ewigen, halbrevolutionären Kleinkrieges ist gekennzeichnet durch die Rauchfahnen brennender polnischer Gehöfte, durch den harten, nervenzerreißenden Knall explodierender Bomben, durch Schüsse auf polnische Polizisten und Gendarme, durch Brückensprengungen, Eisenbahnattentate, durch zerstörte Telegrafen- und Telefonleitungen, kurz, durch alle jene Merkmale, die stets die Begleiterscheinungen eines grimmigen und hoffnungslosen Volkskrieges gegen einen überlegenen, militärisch ungleich stärkeren Fremdherrscher gebildet haben.

So ist die Situation, als im Sommer 1930 die Obersten Pilsudskis vor der Aufgabe stehen, die Neuwahlen für das Parlament im November vorzubereiten und unter allen Umständen eine absolute Mehrheit von treuen Pilsudski-Anhängern in den Sejm zu bekommen. Man hat schon bei früheren Wahlen hier in diesem Lande alle möglichen Methoden angewandt, um eine allzu große Zahl von ukrainischen Abgeordneten zu verhindern. Trotzdem ist stets der ukrainische Klub im Warschauer Sejm der stärkste aller Minderheiten gewesen. Damit muß jetzt unter allen Umständen Schluß gemacht werden. Diese östlichen Provinzen sind so weit entfernt von dem empfindsamen Westeuropa, daß man hier weit leichter mit etwas energischeren Methoden operieren kann, als in andern Landesteilen.

Der Grund, nein nicht der Grund, der Anlaß für eine groß angelegte Dragonade in der ganzen Westukraine ist natürlich leicht gefunden. Man braucht nicht zu provozieren oder Ausschreitungen künstlich zu konstruieren. Das ist in diesem Land der ewigen Unruhe, der ewigen Gärung, leider wirklich nicht nötig. Man braucht nur die Brandstiftungen und Zusammenstöße einer ganz kurzen Zeitspanne zu summieren, um die Handhabe für eine energische »Befriedungsaktion« zu besitzen. Das Signal bildet Ende August 1930 ein Tag, an dem wieder einmal im ganzen Land auf einen Schlag nicht weniger als fünfzig polnische Siedlungsgehöfte in Rauch und Flammen aufgehen. Nun kann man losschlagen. Und man schlägt los in einer Art, und in Formen, die zu dem kultivierten Radio im D-Zug zwischen Warschau und Krakau in einem schauerlichen Gegensatz stehen.

In den Städten fassen die Gefängnisse nicht mehr die Zahl der verhafteten ukrainischen Politiker, Abgeordneten, Pfarrer, Lehrer, Bankvorsteher, Studenten und Gymnasiasten. Täglich werden neue Schübe von Verhafteten eingeliefert. Man weiß nicht mehr, wohin mit ihnen. Man pfercht sie zu fünfzehn und zwanzig in winzige Zellen, die eigentlich höchstens für fünf oder sechs Menschen Raum bieten. Aber man kann schließlich nicht dadurch Platz schaffen, daß man die Gefangenen in größeren Massen ohne Gericht und Urteil abschießt. Diese bequemste Art der Erledigung wird nur bei einigen wenigen besonders gefürchteten Führern angewandt. So wird der bekannte ukrainische Politiker Holowinski »auf der Flucht« erschossen.

Aber was nützt das gegenüber der Masse der ukrainischen Bauern? Es ist beim besten Willen unmöglich, reichlich zweieinhalb Millionen wahlberechtigter Ukrainer bis nach Beendigung der Sejmwahlen ins Gefängnis zu werfen. Es ist sehr wenig gewonnen, wenn zweitausend Intellektuelle auf diese Weise unschädlich gemacht werden.

Also muß man hinaus auf die Dörfer, um die Bauern einzuschüchtern.

Und das sieht so aus.

*

Durch den sonnigen Septembermorgen reitet eine Schwadron des vierzehnten polnischen Ulanenregiments. Bei Tagesanbruch ist sie aus

Lemberg aufgebrochen. Ihr Ziel ist das Dorf Gaje. Die Straße ist gut und trocken. Die Pferde greifen in geräumigem Trab aus. Die Ulanen haben die geladenen Karabiner umgehängt. Am Sattelknauf jedes Pferdes hängt eine lange ledergeflochtene Hundepeitsche. Lustig flattern die rot-weißen Lanzenwimpel im Wind.

Die Soldaten sind guter Stimmung. Das Land, das vor ihnen liegt, ist friedlich und sonnenbeschienen. Die leicht wellige Hügellandschaft der Umgebung von Lemberg präsentiert sich so freundlich wie es ihrer Eigenart entspricht.

In der Ferne die Gruppe von hochgewachsenen grünen Bäumen, umrahmt von wogenden hochaufgeschossenen Maispflanzungen, das muß das Ziel sein. Diese galizischen Dörfer liegen fast alle eingebettet in kleinen oder größeren Baumgruppen, die fast die einzige Belebung der gleichmäßig und einförmig hügeligen Gegend bilden.

Der führende Offizier läßt die Schwadron in Schritt fallen. Es ist, als ob er selber sich sammeln müßte, als ob er noch irgendwo eine innere Hemmung zu überwinden habe, ehe er an die Ausführung des gegebenen Befehles geht. Noch steht die Sonne nicht hoch. Aber der Offizier lüftet die Tschapka und wischt sich den Schweiß von der Stirn. Man ist schließlich Soldat und nicht ein mittelalterlicher Büttel. Aber was hilft's? Befehl vom Kommando, Befehl vom Marschall. Da gibt es kein Ausweichen. Der Offizier zerkaut ein wenig nervös das Pappmundstück seiner langen gelben Zigarette. Er wirft den Stummel mit einer heftigen Handbewegung in den Straßengraben und läßt wieder antraben. Je schneller man fertig ist mit dieser Schweinerei, desto besser ist es.

Die Ulanen hinter ihm lachen und scherzen. Sie sind nicht Kinder dieses Landes. Sie verstehen nur mit Mühe die fremdartige Sprache der Bauern. Sie werden tun, was ihnen ihr Offizier befiehlt. Sie haben keine Verantwortung.

Kurz vor dem Dorf kommen der Kavalkade ein paar Bauernfahrzeuge entgegen. Die braunen sehnigen Bauerngesichter blicken erstaunt auf das kriegerische Bild. Die Wagen fahren in der Mitte der Straße und erst als die Spitze des Zuges das erste Fahrzeug erreicht hat, entschließen sich die Bauern, ein ganz klein wenig auszuweichen, so wie es die Bauern überall in der Welt tun. Der Offizier ist schon im Begriff, an den Wagen vorbeizureiten, da galoppiert von hinten sein Wachtmeister zu ihm heran: »Herr Oberleutnant, diese verfluchten Hunde von Bauern nehmen nicht einmal ihre Mützen ab vor den polnischen Farben an den Lanzen unserer Ulanen.«

Nervös zuckt der Oberleutnant die Achseln. Er weiß nicht recht, was er nun unternehmen soll. Aber der Wachtmeister enthebt ihn dieser Verlegenheit. Scharf drückt er sein Pferd an den ersten Wagen heran und noch ehe der erstaunte Bauer auch nur ein Wort sagen kann, zieht sich ein blutroter Striemen durch sein Gesicht. Ein furchtbarer Schlag mit der schweren Lederpeitsche, die der Wachtmeister vom Sattelknopf gerissen hat, hat ihn getroffen. Halb besinnungslos taumelt der Geschlagene vom Wagen in den Graben. Gleichmütig stehen die beiden ponygroßen Panjepferde allein auf der Straße. Die Bauern auf den hinteren Wagen sind einen Augenblick erstarrt. Dann springen sie instinktiv ebenfalls in den Graben. Zwei laufen auf den Geschlagenen zu. Ein paar andere bleiben in kurzer Entfernung mit erschreckt vorgestrecktem Kopf stehen.

Ein kurzes Kommando. Ein halbes Dutzend Ulanen spritzen von den Gäulen und stürzen sich auf die Bauern. Die Peitschen sausen. Die Geprügelten schreien auf. Das Ganze dauert knapp zwei Minuten. Dann sitzen die Soldaten wieder auf. Der Wachtmeister reitet heran zu dem Offizier und meldet: »Herr Oberleutnant, die Hunde werden in Zukunft den Soldaten des Marschalls anständig gegenübertreten.«

Der Oberleutnant winkt ab. Weiter geht der Marsch.

Im Dorf wird vor dem Haus des Gemeindevorstehers haltgemacht. Die Ulanen sitzen ab, die Pferde werden in den Schatten geführt, man ist am Ziel. Die Arbeit kann beginnen. Das da, vor dem Dorf, das war nur ein Vorspiel.

Der Gemeindevorsteher muß heran. Ebenso die Mitglieder des Gemeinderats. Listen der Einwohner werden verlangt und anstandslos vorgelegt. Auf dem Stuhl des Gemeindevorstehers sitzt jetzt der Oberleutnant. Neben ihm sein Wachtmeister, und ein wenig verschüchtert und gottergeben stehen die Bauern vor ihnen.

»Hier in diesem Dorfe sind Waffen. Hier in diesem Dorfe ist vor ein paar Tagen der Hof eines polnischen Siedlers angezündet worden. Zur Strafe hat das Dorf innerhalb von zwei Stunden eine Kontribution von 50 Zentnern Hafer, 1000 Eiern, 20 Schweinen, 50 Zentnern Mehl und 50 Zentnern Grütze zu liefern. Außerdem volle Verpflegung für die Schwadron, einschließlich Zigaretten, Schnaps und Tabak. Wenn das alles nicht innerhalb von zwei Stunden geliefert ist, werden die Ulanen es sich selber zusammensuchen. Verstanden?«

Mit zusammengebissenen Zähnen stehen die Bauern vor dem Offizier. Wo sollen sie jetzt in dieser Eile das alles zusammenbekommen? Aber sie sehen draußen die Soldaten. Sie sehen die Karabiner und Lanzen und sie können sich denken, was die Drohung bedeutet, daß die Ulanen selber die Kontribution eintreiben werden. In den Häusern, die da draußen so friedlich in der Sonne liegen, sind ihre Frauen und Töchter.

Ohne ein Wort zu sagen, machen die Bauern kehrt und verschwinden. Sie verschlucken die Flüche und die zornigen Verwünschungen. Sie haben keine Zeit zu verlieren, wenn sie Furchtbares von ihrem Heimatort abwenden wollen.

Nach einer Stunde beginnen sie mit Fahrzeugen die befohlenen Güter auf dem Platz vor dem Haus des Gemeindevorstehers anzufahren. Jeder Sack Hafer, jedes Schwein, jedes Schock Eier, das sie da hinzählen müssen, ist ein Stück ihres sauer verdienten Vermögens. Das Dorf wird auf Wochen hinaus bitter Not leiden müssen. Aber nach Ablauf der vorgeschriebenen zwei Stunden ist alles angeschleppt.

Im Zimmer des Gemeindevorstehers sitzt während dieser Zeit der Oberleutnant. Er raucht eine Zigarette nach der andern. Sein Etui ist schon beinahe leer. Verächtlich hat er die requirierten Zigaretten beiseitegeschoben, die ihm grinsend sein Wachtmeister überbracht hat.

Schließlich ist alles da. Das letzte Schwein, das letzte Ei, das letzte Pfund Grütze. Der Wachtmeister schnauft vor Wut: »Herr Oberleutnant, die Schufte haben wirklich die Zeit eingehalten. Das ist wieder so eine Gemeinheit von diesen Lumpen.«

Müde nickt der Oberleutnant. Er weiß, daß es nichts hilft, daß jetzt, trotzdem die Kontribution rechtzeitig beigebracht ist, der zweite Teil der Strafexpedition zu folgen hat.

»Nehmen Sie die Liste vor, Wachtmeister«.

Aus seiner Kartentasche zieht der Wachtmeister eine Liste hervor, auf der säuberlich eine Reihe von Namen vermerkt sind. An Hand des Einwohnerverzeichnisses wird festgestellt, in welchen Gehöften die in der Liste angeführten Bauern wohnen.

»Lassen Sie die Leute vorführen.«

Der Wachtmeister knallt die Hacken zusammen und verschwindet nach draußen. Kleine Trupps werden eingeteilt und in die einzelnen Höfe geschickt. Nach einer halben Stunde stehen von derben Ulanenfäusten unsanft ins Zimmer gestoßen ein reichliches Dutzend Bauern vor dem Offizier. Der Oberleutnant sieht in die harten, verkniffenen Gesichter. Er sieht den verhaltenen Haß in den Augen dieser Männer. Irgend etwas würgt ihn in der Kehle. Er steht auf. Erwartungsvoll blicken die Bauern auf den Offizier. Immer noch geht er im Zimmer auf und ab. Ist hier so schlechte Luft? Wahrscheinlich ist es der Geruch von so vielen Menschen in dem niedrigen Raum. Dem Offizier ist einfach übel. Bewegungslos steht in strammer Haltung der Wachtmeister an der Tür, die von mehreren Ulanen mit entsichertem Karabiner besetzt ist. Mit ein paar großen Schritten geht der Oberleutnant zur Tür. Er schiebt die Posten beiseite. Im Hinausgehen ruft er halb über die Schulter zurück dem Wachtmeister zu: »Fangen Sie an, Wachtmeister. Fangen Sie schon an. Ich komme gleich wieder«.

Ein wenig verächtlich hebt der Wachtmeister kurz die Schultern. Dann brüllt er einen Befehl nach draußen. Zwanzig Ulanen stürzen in das Zimmer und packen die erschrockenen Bauern. Die beiden ersten werden ergriffen und auf den Tisch geworfen. In ein paar Sekunden sind ihnen die Hemden und Hosen vom Leibe gerissen. Wie mit eisernen Schraubstöcken wird jeder von den Bauern an Armen und Beinen von vier Mann festgehalten.

»Los«, kommandiert der Wachtmeister. Und auf die entblößten Körper sausen erbarmungslos die Schläge der schweren Lederpeitschen.

Verzweifelt heulen die Gefolterten auf. Sie versuchen, sich loszureißen. Aber die Soldatenfäuste halten fest. Bereits nach dem dritten Schlag platzt die Haut auseinander. Das Blut spritzt, die Peitschen sausen weiter. Nach fünfzehn, zwanzig Schlägen, mit furchtbarer Wucht geführt, werden die zuckenden Körper still. Wie tot liegen die Ohnmächtigen auf dem Tisch.

»Schlappe Hunde«, faucht der Wachtmeister. »Wasser heran.« Zwei Ulanen stürzen heraus an die Pumpe. Ein paar Eimer Wasser werden den Ohnmächtigen über den Kopf gegossen. Stöhnend kommen sie zu sich.

Halb irrsinnig vor Schmerz und Angst sehen sie auf die Soldaten. Sie machen ein paar schwache Bewegungen, um vom Tisch herunterzukriechen.

»Halt!« brüllt der Wachtmeister. »So schnell sind wir nicht fertig. Anfassen, weitermachen!«

Und wieder das grausige Sausen der Lederpeitschen. Wieder das fürchterlich qualvolle Zucken der gepeinigten Körper und wieder das langsame Stillwerden in wohltätiger Ohnmacht.

Die Halbtoten werden ergriffen und wie ein paar Bündel blutenden Fleisches in die Ecke geworfen. Die nächsten werden herangeholt. Die entsetzliche Prozedur wiederholt sich fünf- bis sechsmal.

Draußen unter den schattigen Bäumen des kleinen Gärtchens geht der Oberleutnant ruhelos auf und ab. Er hat die Schultern hochgezogen. Es würgt ihn in der Kehle. Jedesmal, wenn einer dieser schauerlichen Schreie aus dem Haus zu ihm in die friedliche Stille gellt, fährt er zusammen und hält sich die Ohren zu. Er kann schon lange nicht mehr rauchen. Er steckt die Zigaretten an. Er macht einen Zug und wirft sie fort. Ist denn das immer noch nicht zu Ende? Er kennt diese verfluchte Liste ganz genau. Vierzehn Namen stehen darauf und diese vierzehn Bauern müssen verprügelt werden. Das ist Befehl. Das läßt sich nicht ändern. Aber man soll um alles in der Welt meinethalben Zuchthäusler oder sonst wen dazu kommandieren, hier mitten im zwanzigsten Jahrhundert finsterstes Mittelalter zu spielen. Ach, was heißt spielen? Mit verflucht blutigem Ernst geht das hier zu. Es ist schon richtig. Diese ukrainischen Bauern haben sicherlich manches auf dem Kerbholz. Aber das ist doch schließlich kein Grund, ohne Untersuchung und ohne Gericht wahllos die Leute dreiviertel oder ganz totzuschlagen. Wenn man die Schuldigen an den Attentaten und Brandstiftungen findet, soll man sie bestrafen. Dann soll man sie auch in Gottes Namen aufhängen. Aber die Unschuldigen zu Dutzenden mit mittelalterlichen Methoden in die Hölle zu befördern — das kann schließlich nicht die Aufgabe eines anständigen Soldaten sein.

Der Oberleutnant fährt auf. Vor ihm steht der Wachtmeister, wie immer in tadellos militärischer Haltung, und macht seine Meldung: »Wir sind durch, Herr Oberleutnant. Befehl ausgeführt. Ein paar von den Hunden werden wahrscheinlich nicht durchkommen. Unsere Kerls haben ordentlich hingelangt. Herr Oberleutnant werden sehen, diese ukrainischen Schurken werden bei den nächsten Wahlen alle für unseren Herrn Marschall stimmen. Die haben jetzt so viel Angst, daß sie noch mal Prügel bekommen, daß sie sich in Zukunft schon in acht nehmen werden.«

Der Oberleutnant sieht über den kleinen vierschrötigen Wachtmeister hinweg. Er reckt sich: »Gut, Wachtmeister. Lassen Sie fertigmachen. Wir können abrücken. Sind die Fahrzeuge requiriert, um die Kontribution mitzunehmen?«

»Zu Befehl Herr Oberleutnant, alles in Ordnung.«

Tief zieht der Oberleutnant die sonnige Herbstluft in die Lunge. Mit großen Schritten geht er um das Haus herum auf den Platz, wo die Pferde stehen. Er könnte durch das Haus gehen. Aber dann müßte er noch einmal diesen entsetzlichen Raum betreten, in dem die wimmernden zuschanden geschlagenen Bauern liegen. Das kann er nicht. Er überlegt noch einen Augenblick. Sollte man nicht eigentlich irgendwie dafür sorgen, daß diese unglücklichen Teufel wenigstens in ärztliche Behandlung kommen? Aber dazu hat er keinen Befehl. Er hat den dringenden Wunsch, hier herauszukommen. Nur weg, das ist der einzige Gedanke.

*

Das ist das Schema, das in vielen, vielen Dörfern der Westukraine im September 1930 zur Anwendung kommt. Manchmal sieht es fast genau so aus wie in Gaje. Oft gibt es Variationen, aber das System ist immer das gleiche. Die Ulanenschwadronen reiten durch das Land. Wo sie hinkommen, herrscht Entsetzen, erfüllt das Geschrei gepeinigter Menschen friedliche Ortschaften.

Im Dorfe Hrystyce bestellt der Leutnant Neumann die Mitglieder des Gemeinderates an einem Sonntagabend um acht Uhr zu sich. Die Bauern müssen erst vier Stunden lang hintereinander stramm stehen. Wenn sie sich rühren, bekommen sie Prügel. Der Gemeindevorsteher soll angeben, wer im Dorfe Waffen hat. Als er erklärt, daß keine Waffen vorhanden sind, wird er in den Garten geschleppt und erhält fünfzig Stockhiebe auf den entblößten Körper. Die gleiche Anzahl Hiebe bekommen die Mitglieder des Gemeinderats, die Brüder Michael und Aleksander Lassaral und die Bauern Wyszczanski, Turczyn, Burbel, Wojtowicz

Olejnik und Weres. Als nach dem Abzug der Ulanen eine Deputation von Bauern sich zum Starosten begeben will, um sich zu beschweren, werden die Beschwerdeführer überhaupt nicht empfangen.

Am selben Tage werden zwanzig Bauern im Dorfe Jaryczow auf dieselbe Weise geprügelt. Der Offizier, der die scheußliche Exekution leitet, äußert dabei: »Wir haben geprügelt, wir prügeln und wir werden weiter prügeln.«

Neben den unmenschlichen Mißhandlungen werden systematisch alle Kultur- und Wirtschaftseinrichtungen in den Dörfern und kleinen Orten zerstört und geplündert. Im Dorfe Horodyslawice zerfetzen die Ulanen in der ukrainischen Bibliothek jedes einzelne Buch. Die Reste werden auf die Straße geworfen und zerstampft. Nicht einmal die Heiligenbilder sind vor den Soldaten sicher. Wer auch nur durch den Ausdruck seines Gesichtes zu erkennen gibt, daß die barbarischen Plünderungen nicht nach seinem Geschmack sind, wird auf das schrecklichste zusammengeprügelt. Gelegentlich, wenn den Ulanen selber das Schlagen und Prügeln zuviel wird, geben sie den Bauern Peitschen in die Hände und zwingen sie mit vorgehaltenem Karabiner, sich gegenseitig so lange ins Gesicht zu schlagen, bis einer oder beide blutüberströmt und ohnmächtig zusammensinken. Ihr Erfindungsreichtum beim Ausdenken immer neuer Scheußlichkeiten ist überraschend. Im Dorfe Kurowce wird der alte Bauer Politacz zunächst nach bewährter Manier solange geprügelt, bis er besinnungslos ist und mit kaltem Wasser aus seiner Ohnmacht zum Leben zurückgerufen werden muß; dann zwingt man ihn, barfuß und halb nackend durch das ganze Dorf zu laufen. Rechts und links neben ihm reitet je ein Ulan, die Peitsche in der Hand. Während dieses schauerlichen Laufes muß der Unglückliche fortgesetzt mit lauter Stimme schreien: »Es lebe Marschall Pilsudski!«. Sobald er auch nur einmal ein wenig die Stimme senkt, sausen die Peitschen auf seinen Schädel nieder. Nicht einmal vor Frauen wird haltgemacht. In Myskowice werden zwei Bauernfrauen ebenfalls bis zur Bewußtlosigkeit geschlagen. Die Polizisten, die in diesem Falle die Durchführung der Terroraktion übernommen haben, erscheinen in dem Dorf mit Bändern um die Mützen, die die Nummern verbergen, die jeder polnische Polizist als Erkennungszeichen an der Kopfbedeckung trägt. Die Zahl der Mißhandelten geht in die Tausende. Die Dörfer, die der Heimsuchung entgehen, sind leichter aufzuzählen als diejenigen, die der Dragonade unterlagen.

Eine Welle des Schreckens und Entsetzens flutet über das Land. Die hilflosen, gepeinigten Bauern, die nirgends die geringste Unterstützung finden, verzweifeln am Leben. Sie wissen nicht, wie lange diese Heimsuchung ihres Landes dauern wird. Ein Widerstand ist nicht zu organisieren, denn gleichzeitig an zehn, zwanzig oder dreißig Stellen wütet an jedem Tage die polnische Pest. Es gibt Landstriche, in denen die Bewohner der Dörfer bei Herannahen der Ulanen alles stehen- und liegen lassen und geschlossen in die Wälder flüchten. Der Zustand der Dörfer, nachdem die Ulanen in den verlassenen Häusern gehaust haben, ist nicht zu beschreiben.

Während dieser Wochen des Mittelalters in einem europäischen Lande des zwanzigsten Jahrhunderts wird gleichzeitig die Parlamentswahl vorbereitet. Es ist erstaunlich, daß überhaupt noch in einer Reihe von Ortschaften ukrainische Wahlvorschläge aufgestellt und den polnischen Behörden eingereicht werden. Wo das geschieht, werden in vielen Fällen die Listen unter den fadenscheinigsten Begründungen einfach für ungültig erklärt.

Der Erfolg ist der gewünschte. Die Zahl der ukrainischen Abgeordneten im neuen polnischen Sejm wird auf ein Minimum reduziert. Die Regierungslisten, die an vielen Stellen allein aufgestellt worden sind, erhalten überall die Mehrheit. Das heißt die Mehrheit derjenigen, die überhaupt wählen. Denn die Wahlbeteiligung schwankt teilweise zwischen vierunddreißig und achtundvierzig Prozent.

Erst ganz allmählich dringen Einzelheiten dieser fürchterlichen »Befriedungsaktion« in die europäische Öffentlichkeit. Die polnischen Behörden leugnen vorläufig einmal strikt jede Ausschreitung, jede Gewalttätigkeit. Aber wie es in Wirklichkeit aussieht, wollen sie unter allen Umständen dem Auslande verbergen. Der kanadische Journalist William Day, ein Vertreter der Canadian-Times, der, wie viele andere, den Dementis der Warschauer Behörden keinen Glauben schenkt, macht sich auf, um in der Umgegend von Lemberg selber in den Dörfern mit den Bauern zu sprechen und sich von den tatsächlichen Zuständen ein Bild zu machen. Er kommt nicht weit. Das erste Dorf, in dem ein paar Tage vorher die Ulanen gehaust haben, kann er noch besichtigen. Er macht photographische

Aufnahmen von den gefolterten und schwerverletzten Bauern. Er unterhält sich mit ihnen. Er ist so erschüttert von dem, was er gehört und gesehen hat, daß er es für seine Pflicht hält, zunächst einmal das Resultat dieser einen Besichtigung sofort der amerikanischen Presse zugänglich zu machen. Er kehrt nach Lemberg zurück und wird prompt verhaftet. Man nimmt ihm seine photographischen Apparate, seine Platten, seine fertigen Aufnahmen ab und hält ihn mehrere Tage im Gefängnis fest, ehe es der Intervention des kanadischen Generalkonsuls gelingt, ihn freizubekommen. Er muß sofort das Land verlassen. Seine Ausweisung erfolgt ebenso wie seine Verhaftung wegen »Verbreitung staatsfeindlicher Informationen«.

Die Bauern auf den Dörfern, die lebend den Fäusten und Peitschen der Ulanen entkommen, können ihre zerschlagenen Leiber wenigstens einigermaßen in menschlicher Pflege ausruhen, wenn die Welle des Schreckens über sie hinweggebraust ist. Die Hunderte und Aberhunderte von ukrainischen Gefangenen in den polnischen Gefängnissen sind Tag um Tag, Stunde um Stunde den Martern ausgesetzt, die die Niedertracht subalterner Gefängnisbeamter sich immer von neuem ersinnt. Die Nachrichten, die ganz langsam und tropfenweise durch die dicken Gefängnismauern sickern, sind so schauerlich, daß eine Wiedergabe auf bedrucktem Papier fast unmöglich erscheint. Es gibt Berichte. Es gibt Darstellungen von Dingen, die zum Beispiel im Gefängnis von Lucz sich Menschen oder Wesen, die sich Menschen nannten, gegen andere Menschen ausgedacht haben. Diese Berichte stammen von Anwälten und Angehörigen der Gefangenen. Sie sind also das, was man gemeinhin als Parteidarstellung bezeichnen würde. Aber auch wenn man fünfzig Prozent abzieht, wenn man sich vor Augen hält, daß vieles in dem Bestreben, die Methoden der polnischen Behörden bloßzustellen, übertrieben sein kann, so fühlt man sich in das tiefste und dunkelste Mittelalter zurückversetzt.

Was in Brest-Litowsk sich zutrug, ist eine heiter-kindliche Spielerei gegen die Behandlung, der die ukrainischen Gefangenen im Gefängnis von Lucz unterworfen wurden. Man glaubt, eins der finstersten Kapitel aus den Tagebüchern der Henker von Paris zu lesen, wenn man von den raffinierten Martern hört, denen die Unglücklichen wahllos, ob Mann oder Frau, unterworfen worden sind.

Die Tatsache steht fest, daß eine große Zahl der Verhafteten im Gefängnis Selbstmord begangen hat, um sich weiteren Quälereien zu entziehen. Es ist weiter erwiesen, daß Dutzende von Gefangenen in hoffnungslosem Zustande in die Krankenhäuser eingeliefert werden mußten, und es steht fest, daß eine Anzahl von ihnen, darunter ein junges Mädchen, das tagelang von den Gefängnisbeamten mit glühendem Eisen bearbeitet worden war, den Verstand verloren hat.

Als viele Wochen später die Opposition im polnischen Parlament eine Reihe von Interpellationen wegen der Vorgänge in der Westukraine und besonders im Gefängnis von Lucz eingebracht hatte, sah sich der Innenminister General Skladkowski zu der lakonischen Erklärung veranlaßt, daß nach den von ihm angestellten Ermittlungen in Lucz anscheinend »nicht alles in Ordnung gewesen sei«. Einige Zeit darauf teilte er wie zum Hohn dem Parlament mit, daß ein Gefängnisbeamter bestraft worden sei, weil er einem Gefangenen eine goldene Uhr gestohlen habe.

Das ist das einzige, was an Maßnahmen der polnischen Regierung gegenüber dem grauenhaftesten Terror, der im Europa des zwanzigsten Jahrhunderts verübt worden ist, unternommen wurde.

Fünf Millionen Ukrainer leben in diesem Lande. Ihre Zuneigung für Warschau ist niemals groß gewesen. Seit dem Herbst 1930 hassen fünf Millionen Ukrainer alles, was polnisch ist, vom Grunde ihres Herzens. Diese Saat des Hasses ist zu tief versenkt in blutige Furchen des Schreckens und des Entsetzens, als daß sie nicht eines Tages furchtbar aufgehen müßte. Man weiß das in Warschau, man fürchtet es. Aber es ist zu spät. Was geschehen ist, läßt sich nicht mehr auslöschen. Wollte man heute die Fesseln eiserner Gewalt, mit denen dieses Land einigermaßen in Friedhofsruhe gehalten wird, auch nur um ein Kleines lockern, so müßte die Westukraine im selben Augenblick für Polen verloren sein.

Der Zeitpunkt einer friedlichen Verständigung zwischen diesen beiden Völkern ist endgültig und für immer versäumt.

VIII. Kapitel

Spitzel und Spione in Oberschlesien

Der Agent Pielawski und seine Methode

Die Redaktionsräume der »Kattowitzer Zeitung« sind alles andere als prunkvoll. Aus den Fenstern blickt man in eine jener Straßen der Stadt Kattowitz hinab, die bar jedes Reizes sind. In diesen wenigen niemals ganz hellen engen Räumen arbeiten deutsche Männer nun schon seit Jahren unter polnischer Herrschaft für das Deutschtum im losgerissenen Ostoberschlesien. Sie tun das ruhig und maßvoll, abgewogen und loyal dem polnischen Staat gegenüber. Sie kämpfen mit ihren Federn für die vertraglichen Rechte, die in der polnischen Verfassung und in dem Genfer Abkommen von 1922 zum Schutz der deutschen Minderheit festgelegt sind.

Sehr einträglich nach der materiellen Seite hin ist dieser Kampf wahrlich nicht. Keiner dieser Männer kann von seinem knappen Gehalt auch nur wenige Groschen für den Fall der Not beiseitelegen. Die materiellen Opfer, die das Deutschtum in der jetzigen Wojwodschaft Schlesien tagtäglich für die Erhaltung deutscher Kultur und deutscher Sprache aufzubringen hat, sind so groß, daß man für Zeitungen und Bücher keine hohen Preise mehr verlangen kann. Das wissen diese deutschen Zeitungsleute in der Stadt Kattowitz ganz genau. Sie stellen deshalb für sich selber keine großen Anforderungen. Sie tun hier ihre Pflicht wie Tausende und Zehntausende von andern Deutschen in diesem Lande, ohne viel nach dem Lohn zu fragen.

Gerade heute ist wieder eine Lücke in ihren Kreis gerissen worden. Wieder einmal mußte der verantwortliche Redakteur auf einige Wochen seinen Redaktionsstuhl mit der Gefängniszelle vertauschen. Das kommt oft vor. Das ist für diese Männer hier nach all ihren Erfahrungen kein Grund mehr zu besonderer Aufregung. Irgendeinen Anlaß finden die polnischen Gerichte alle paar Tage, um einen Beleidigungsprozeß vom Zaun zu brechen. Man sucht das natürlich zu vermeiden, wo man kann. Jeder Artikel, jede kleine Notiz wird drei- und viermal geprüft, ob nach Form oder Inhalt irgendeine Beanstandung möglich sei. Aber es gibt Dinge, die gesagt werden müssen. Man kann brutale Überfälle auf Angehörige der deutschen Minderheit, wie sie täglich vorkommen, nicht als

Liebkosungen darstellen. Man kann auch nicht den Polen zuliebe die Tatsachen völlig verdrehen. Man hat die Pflicht, als Organ der deutschen Minderheit, die Deutschen draußen im Lande auf die ihnen zustehenden Rechte aufmerksam zu machen. Man muß ihnen sagen, gerade in diesen Tagen, am Ende des Jahres 1925 muß man das, daß es ihr Recht und ihre Pflicht ist, sich bei der bevorstehenden Volkszählung in die Listen als Angehörige der deutschen Minderheit einzutragen. Das ist wichtig. Sehr wichtig sogar, denn wenn es unterlassen wird, dann werden die polnischen Behörden den Kindern dieser Deutschen den Besuch der deutschen Minderheitsschulen verwehren.

Aber alle diese Selbstverständlichkeiten sind hier auf diesem Boden anscheinend keine Selbstverständlichkeiten. Sie sind für den, der sie ausspricht, nur zu oft gefährlich. Es hat sich bei den deutschen Zeitungen in Ostoberschlesien in diesen Jahren als notwendig herausgestellt, die Person des verantwortlichen Redakteurs alle paar Monate zu wechseln. Man kann nicht gut von ein und demselben Mann verlangen, daß er dauernd in polnischen Gefängnissen sitzt. Diese Ehrenpflicht, die scheinbar mit dem Journalistenberuf für Angehörige der deutschen Minderheit in Polen untrennbar verknüpft ist, muß von allen Angehörigen einer Redaktion abwechselnd übernommen werden.

Der Aufenthalt in polnischen Gefängnissen ist keine Annehmlichkeit. Er ist das wahrscheinlich in keinem Lande der Welt. Aber hier im neuen Polen als Angehöriger der deutschen Minderheit im Gefängnis sitzen zu müssen, ist sicherlich noch weit weniger angenehm als die gleiche Pflicht etwa jenseits der deutschen Grenze. Aber immerhin ist wenigstens in den meisten Fällen der Deutsche im polnischen Gefängnis seines Lebens einigermaßen sicher. Der deutsche Journalist, der außerhalb der Gefängnismauern seinem Beruf nachgeht, ist das keineswegs.

Die Männer, die in diesem Dezember 1925 in den Redaktionsräumen der »Kattowitzer Zeitung« arbeiten, wissen das aus vielfacher persönlicher Erfahrung. Aber sie trösten sich damit, daß es nicht ihnen allein so geht. Erst vor kurzem ist ihr sozialdemokratischer Kollege, der Sejm-Abgeordnete Kowoll, von polnischen Nationalisten so schwer zugerichtet worden, daß man tagelang an seinem Aufkommen gezweifelt hat. Drohbriefe werden kaum noch einer Beachtung für wert gehalten. Man liest sie und man wirft sie weg, selbst dann, wenn sie mit vollem Namen unterzeichnet sind. Anfangs, als die polnische Herrschaft hier noch neu war, hat man den Versuch gemacht, solche Briefe der Polizei zu übergeben. Davon ist man sehr schnell abgekommen. In keinem einzigen Fall haben die Behörden irgend etwas zum Schutze der Deutschen unternommen. Wozu soll man sich also erst die Mühe machen und die kostbare Zeit verschwenden, solche Dokumente zur Kriminalpolizei zu bringen?

An diesen Tagen wird die Zeitung wie an jedem andern Tage fertiggestellt. Der Redaktionsdienst fordert schärfste Anspannung und Konzentration von Gehirn und Nerven. Die Rotationsmaschinen laufen. Sie speien die fertiggefalzten Zeitungen aus. Die Leute des Vertriebs übernehmen sie. Das Tagewerk geht seinen gewöhnlichen Gang. Am Nachmittag liegt das Gebäude fast verlassen da. In den Redaktionsräumen ist noch vereinzelt Licht. Da werden noch Rückstände aufgearbeitet und Vorbereitungen für den nächsten Tag getroffen. Aber die Maschinensäle sind dunkel und verlassen.

Ein furchtbarer Knall erschüttert die Luft. In weitem Umkreis splittern die Scheiben. Erschreckt springen die wenigen Menschen, die sich in den Redaktionsräumen des Vorderhauses noch befinden, auf, um zu sehen, was geschehen ist. Über Schutt und Trümmer, die ihnen den Weg versperren, stürzen sie auf den Hof hinaus, wo sich ihnen ein Bild fürchterlicher Verwüstung zeigt. Die Maschinenräume, in denen noch anderthalb Stunden vorher die Rotationsmaschinen liefen, in denen die Packer die Zeitungsbündel zusammenschnürten, und die Botenfrauen auf die Ausgabe der fertigen Exemplare warteten, sind fast vollständig zerstört. Die Mauern nach dem Hof sind eingestürzt. Gespensterhaft, wie drohende schwarze Arme ragen die Teile von zerstörten Maschinen in das Dunkel des Winterabends.

Was ist geschehen? Man ruft die Polizei herbei, die zögernd und widerwillig erscheint. Aber selbst die polnischen Beamten müssen nach kurzer Zeit feststellen, daß hier ein fürchterlicher, verbrecherischer Anschlag verübt worden ist. Man hat eine Bombe in den Maschinenraum hineinpraktiziert und nur dadurch, daß die Zeitzündung dieser Höllenmaschine nicht richtig funktionierte, und die Explosion deshalb später erfolgt ist, als beabsichtigt war, wurde ein furchtbares Unglück vermieden. Wäre die

Bombe zwei Stunden früher zur Explosion gekommen, so wären unvermeidlich die meisten Menschen, die sich um diese Zeit noch in den Maschinenräumen befanden, zerrissen worden. Auch so ist der Schaden groß genug. Für eine Reihe von Tagen wird die Zeitung nicht erscheinen können, bis notdürftig die Schäden wieder behoben sind.

Und weshalb dies alles? Die Redakteure erfahren es sehr schnell. Anonyme Briefe in den nächsten Tagen sprechen ganz deutlich aus, daß das Attentat gegen die Zeitung verübt wurde, weil in ihren Spalten die Angehörigen der deutschen Minderheit aufgefordert worden waren, sich bei der Volkszählung am 31. Dezember 1925 als Deutsche in die Listen einzutragen. Als Deutsche, wohlgemerkt der Muttersprache nach.

Die polnische Polizei hat niemals auch nur einen der Urheber dieses Attentats dingfest gemacht.

So arbeitet man mehr oder weniger überall in den Städten und auf den Dörfern Ostoberschlesiens, wenn man für das Deutschtum in diesem Lande kämpft.

*

Es wäre übertrieben, wollte man das Café Astoria, wenige Minuten vom Kattowitzer Hauptbahnhof entfernt, als den Inbegriff der Eleganz bezeichnen. Es ist sogar genau genommen das Gegenteil davon. Wenn man einen Mokka bestellt, so bekommt man einen mäßigen Kaffee in einem blaßrosa Mokka-Service mit einem goldenen Rand. Aber neun von zehn Malen hat das Kännchen eine angestoßene Schnauze, und der Goldrand der Untertasse ist abgeschubbert. Dafür gibt es am Nachmittag und am Abend eine ungeheuer laute Musik. Wenn man sich unterhalten will, tut man gut daran, einen Platz zu wählen, der sich nicht in der unmittelbaren Nähe der Kapelle befindet.

Diese Erfahrung haben sichtlich auch die zahlreichen polnischen Offiziere und Beamten sehr schnell gemacht, die täglich nachmittags den hinteren Teil des Cafés Astoria füllen. Sehr groß ist die Auswahl an Stätten nachmittäglichen Vergnügens in Kattowitz nicht. Die einzig wirklich gute Konditorei ist der Treffpunkt des deutschen Bürgertums und aus diesem Grunde verfemt von allen polnischen Patrioten. So bleibt eben nur das Astoria, wenn man die kleineren und noch weniger komfortablen Cafés der Stadt nicht mitzählt. Am Abend ist das anders. Da gibt es eine ganze Auswahl von Nachtlokalen und Kabaretts, die den verzweifelten Versuch machen, Großstadtleben zu imitieren. Aber polnische Beamte und Offiziere verfügen in den meisten Fällen nicht über so hohe Bezüge, daß sie derartige Lokale häufig besuchen können. Selbst in Oberschlesien, das aus dem Grunde beliebt ist, weil es hier besondere Zulagen zu den mehr als spärlichen Staatsgehältern gibt, langt das Einkommen eines jüngeren Offiziers oder mittleren Beamten höchstens zu einem Mokka im Café Astoria.

Abgesehen von diesen selbstverständlichen materiellen Sorgen ist aber Kattowitz für strebsame und ehrgeizige junge Offiziere und Beamte ein ausgesprochen verlockender Platz. Hier gibt es Möglichkeiten, die man sonst in der polnischen Republik beinahe nirgends hat. Es sei denn in der Hauptstadt. Aber das Glück, dort in Garnison zu stehen oder gar in einem Ministerium arbeiten zu können, haben doch nur verhältnismäßig wenige.

Und deshalb ist der Oberleutnant Cychon ausgesprochen froh darüber, als er den Posten als Nachrichtenoffizier der siebenten polnischen Infanteriedivision in Kattowitz erhält. Nachrichtenoffizier einer Division nahe der Grenze, in unmittelbarer Nachbarschaft des deutschen Feindes, das ist schon eine Stellung, aus der man etwas machen kann. Das ist der erste Gedanke des ehrgeizigen jungen Oberleutnants mit dem kantigen harten Bauerngesicht und den schmalen, fast mongolisch wirkenden klugen dunklen Augen. Er beginnt seine Tätigkeit mit der Organisation eines ausgedehnten Spionagedienstes jenseits der nur wenige Kilometer entfernten deutschen Grenze. Einen solchen Dienst aufzuziehen ist in Oberschlesien eine Kleinigkeit. Täglich fluten Hunderte und Tausende von Männern und Frauen, die nicht einmal eines Passes bedürfen, nur auf Grund der sogenannten Verkehrskarte, die für das ganze ehemalige Abstimmungsgebiet Gültigkeit hat, über die Grenze. Man kann mit Leichtigkeit hier Agenten finden, die alles nur einigermaßen Wissenswerte von drüben ständig berichten.

Aber was ist schon wissenswert? Dort drüben aus Beuthen oder Gleiwitz, oder sogar aus der Provinzialhauptstadt Oppeln? Deutsches Militär gibt es in diesem ganzen Bezirk südöstlich von Oppeln überhaupt nicht. Verteidigungsanlagen sind nicht vorhanden. Oberleutnant Cychon erlebt sehr schnell die bittere Enttäuschung, daß seine so sorgsam aufgezogene Spionagearbeit keinerlei praktische Resultate zeitigt, dafür aber Geld kostet. Diese Agenten haben die schlechte Angewohnheit, sich in deutscher Währung bezahlen zu lassen. Ihre Spesenrechnungen sind meist nicht allzu niedrig, und wenn Cychon gelegentlich einmal ein paar harte Worte über unnötige Geldausgaben spricht, so hat das nur den Erfolg, daß ihm ein paar Tage später einige greuliche Tartarennachrichten von deutschen Geheimrüstungen und Militärorganisationen auf den Tisch gelegt werden, die er nach flüchtigem Hinblicken als ganz plumpe Fälschungen erkennen kann. Also damit ist es nichts. Das sieht der Oberleutnant sehr bald ein, und er beschließt, sich ein anderes Tätigkeitsfeld zu suchen, auf dem vielleicht mehr Lorbeeren zu ernten sind.

Es ist eine merkwürdige Tatsache, daß ehrgeizige junge Leute, die unbedingt ihre Fähigkeiten unter Beweis stellen wollen, immer irgendwo einen Ansatzpunkt und eine Gelegenheit finden. Der Ansatzpunkt des Oberleutnants Cychon ist nicht das, was man im allgemeinen als sehr sauber zu bezeichnen pflegt. Es ist eine mehr als zweifelhafte Existenz, auf die er bei der Suche nach einem Menschen stößt, der ihm vielleicht Material für hoch- und landesverräterische Tätigkeit der oberschlesischen Deutschen liefern kann.

Josef Perlstein ist ein Name, der keineswegs unbedingt mit der Unehrenhaftigkeit seines Trägers verbunden sein muß. Der Mann aber, der diesen Namen führt, hat in dem Augenblick, in dem er dem tatendurstigen polnischen Spionageoffizier in den Weg läuft, allen Grund, sich nicht gerne an die Zeit zu erinnern, in der er Josef Perlstein geheißen hat. Pielawski, wie er sich heute nennt, ist in der Zeit, kurz nach der Auferstehung des polnischen Staates, damals, als man jeden Mann, der fähig und willens war, in die neue polnische Armee einzutreten, brauchen konnte, polnischer Soldat und sogar für eine kurze Zeitspanne polnischer Offizier gewesen. Im ukrainischen Feldzug des Jahres 1920 hat er sich allerdings einige Dinge zuschulden kommen lassen, die ihm die Offiziersabzeichen gekostet haben. Ihm wurde nämlich die Beteiligung an einigen der damals vorgekommenen Judenmassaker nachgewiesen, und nur die dem Wunder an der Weichsel folgende allgemeine Amnestie rettete ihn vorläufig noch einmal vor dem Gefängnis. In den darauffolgenden Jahren ist ihm die Bekanntschaft mit dieser Institution der polnischen Gerechtigkeit allerdings doch nicht erspart geblieben. Josef Pielawski, wie er sich schon damals nannte, hat zu Beginn des Jahres 1925, als er den Oberleutnant Cychon kennenlernt, schon ein ganz hübsches kleines Vorstrafenregister wegen Betrügereien und Urkundenfälschung. Aber vielleicht ist gerade das eine Empfehlung für einen Mann, der in der Zusammenarbeit mit einem aktiven polnischen Offizier die Aufgabe hat, Material gegen die deutsche Minderheit zu beschaffen.

Oberleutnant Cychon stößt, als er nun den Versuch macht, die deutsche Minderheit und insbesondere die offizielle deutsche Minderheitenorganisation, den Deutschen Volksbund, auszuspionieren, sofort wieder auf Schwierigkeiten und ein sehr unergiebiges Terrain. Dieser Deutsche Volksbund arbeitet zwar sehr rege und intensiv. Aber seine Führer sind Männer und Frauen, die auch bei ihrer Tätigkeit für die deutsche Minderheit niemals ihre Pflichten als loyale Bürger des polnischen Staates im geringsten verletzen. Das ist bei ihnen keineswegs nur überlegte kluge Taktik, um den polnischen Behörden keinen Angriffspunkt zu bieten. Das ist vielmehr ihre vollste Überzeugung, die zum Beispiel so weit geht, daß der Geschäftsführer des Deutschen Volksbundes, der Abgeordnete Otto Ulitz, im schlesischen Sejm ganz offen dafür eintritt, daß die männliche Jugend Oberschlesiens noch vor Ablauf der im Genfer Abkommen von 1922 festgelegten Karenzzeit zum polnischen Heeresdienst herangezogen werden soll. Otto Ulitz ist ein alter deutscher Beamter. Otto Ulitz hat den Krieg als Hauptmann der Reserve bei einem Feldartillerieregiment mitgemacht, und er steht auf dem Standpunkt, daß Militärdienst für junge Leute eine ganz ausgezeichnete Erziehung sei und daß man alles tun müsse, um auch die deutsche Jugend in Ostoberschlesien dieses Erziehungsmittels körperlicher und moralischer Art teilhaftig werden zu lassen.

Gegen diese Leute Material zusammenzutragen ist wirklich nicht einfach. Und Oberleutnant Cychon ist fast auch an dieser Aufgabe schon verzweifelt, als der Zufall ihm Josef Pielawski in den Weg führt. Pielawski hört sich die Klagen mit unbewegtem Gesicht an. Er unterbricht nicht die zornige Redeflut des Offiziers. Nur hin und wieder stellt er eine sachliche Zwischenfrage, und als Cychon am Ende ist, beruhigt er ihn. Das wird alles gar nicht so schwer zu machen sein. Da gibt es in Kattowitz doch ein deutsches Generalkonsulat. Das ist eine ziemlich große Behörde, und bei Behörden werden Akten geführt. Pielawski kennt die schlechte Angewohnheit der Deutschen, über jeden nur denkbaren Vorgang Protokolle und Aktenstücke anzulegen. Es müßte doch sehr merkwürdig sein, wenn sich unter all diesen Akten und unter der Korrespondenz des Generalkonsulats mit den Behörden in Deutschland und mit dem Deutschen Volksbund nicht Dinge befänden, die ein Zugreifen der polnischen Gerichte möglich machen sollten. Das einzige, was notwendig erscheint, ist, daß man sich schnell Einblick in diese Akten und diese Korrespondenzen verschafft.

Oberleutnant Cychon blickt seine neue Hilfskraft ein wenig zweifelnd an. Er weiß zwar, wie Spionageagenten im allgemeinen arbeiten. Aber es widerstrebt seinem Gefühl als aktiver Offizier doch irgendwo ein bißchen, daß dieser Mensch da so selbstverständlich von all diesen Dingen spricht, in deren Besitz man auf irgendeine anständige Weise keinesfalls kommt.

Mit einer Handbewegung wischt Josef Pielawski diese Bedenken beiseite. Der Herr Oberleutnant wird sich selbstverständlich persönlich mit all den notwendigen Arbeiten gar nicht zu befassen haben. Seine Tätigkeit wird nur darin bestehen, daß er dem Herrn Josef Pielawski die nötigen Geldmittel zur Verfügung stellt und im übrigen von ihm das gewünschte Material in Empfang nimmt.

Das ist ein Vorschlag, der für den Oberleutnant viel Verlockendes hat. Er stimmt zu, und Josef Pielawski geht an die Arbeit. Zunächst informiert er sich genau über den Dienstbetrieb des deutschen Generalkonsulats. Er stellt auf der Post fest, daß die gesamte Korrespondenz, die das Generalkonsulat mit den reichsdeutschen Stellen jenseits der Grenze führt, nicht über die polnische Post geleitet wird. Das ist eine bedeutende Erschwerung. Denn Briefe und Aktenstücke, die bei der polnischen Post eingehen, kann man natürlich leichter kontrollieren als solche, die täglich aus einem Stahlfach des Hauptpostamtes in Beuthen mit dem Auto des Generalkonsuls abgeholt oder von Kattowitz aus auf demselben Wege in Beuthen zur Post gegeben werden.

Das ist die eine Seite der Angelegenheit. Außer dieser Korrespondenz gibt es aber natürlich noch einen Schriftverkehr zwischen dem Generalkonsulat und der Geschäftsstelle des Deutschen Volksbundes in der Mühlenstraße, oder wie man jetzt auf gut polnisch sagt, ulica Mlynska. Auch der muß überwacht werden. Selbstverständlich ist das ebenfalls nicht durch die Post möglich, die sich mit dem Transport der Aktenstücke nicht befaßt.

Als letztes muß man die Aktenschränke und Archive im deutschen Generalkonsulat und im Deutschen Volksbund selber intensiv in Augenschein nehmen. Auch da wird man sicherlich manches Interessante finden können.

Alles in allem ist also die Aufgabe, die Herr Josef Pielawski sich gestellt hat, recht umfangreich. Das drückt sich zunächst einmal in ziemlich beträchtlichen Vorschußforderungen an seinen Auftraggeber aus. Dann aber erfordert die wirklich ausreichende Lösung der gestellten Aufgabe eine ganz beträchtliche Zeit.

Josef Pielawski ist nicht faul. Er geht schnell und energisch an die Arbeit und nimmt dabei gleich alle drei notwendigen Teile des ganzen Problems in Angriff. Da er jetzt ja wieder über Geld verfügt, so kann er ohne Schwierigkeiten sein Äußeres einigermaßen repräsentabel herrichten. Das ist notwendig, wenn er sich die Verbindungen schaffen will, die er zu brauchen glaubt.

Der erste Vogel, der ihm auf den Leim geht, ist bereits nach kurzer Zeit eine Angestellte des Generalkonsulats. Pielawski fängt mit ihr ein etwas mehr als freundschaftliches Verhältnis an und erfährt auf diese Weise sehr bald alle Einzelheiten des Dienstbetriebes in dieser für ihn so wichtigen deutschen Behörde. Das Mädchen, das keine Ahnung hat, mit wem sie es eigentlich zu tun hat, erzählt ihm so ziemlich alles, was sie weiß. Das ist nicht viel. Aber es ist immerhin ausreichend, um Pielawski einen recht genauen Begriff von der örtlichen Situation, von der Zimmerverteilung und von der Aufbewahrung der verschiedenen Aktensorten im Generalkonsulat zu geben. Nun spannt Pielawski seine anderen, älteren Verbindungen für seine neuen Zwecke ein. Man sitzt nicht wiederholt im Gefängnis, ohne nicht einige Leute kennenzulernen, die für ein mäßiges Honorar bereit sind, einen kleinen Einbruch zu verüben. Pielawskis alte

Freunde aus dem Gefängnis sind dazu um so eher bereit, als ihnen ihr Auftraggeber einmal ganz genau die Lage jedes einzelnen Zimmers und beinahe jedes einzelnen Aktenschranks angeben kann, und ihnen zum andern glaubhaft versichert, daß die polnische Polizei sich keineswegs sehr viel Mühe geben werde, um die Akteure eines Einbruchs im deutschen Generalkonsulat hinter Schloß und Riegel zu bringen. Was ist also dabei dann noch zu riskieren? Höchstens ein unerwartetes Zusammentreffen mit einem deutschen Beamten. Nun, das dürfte für den Betreffenden weit weniger angenehm sein als für die Einbrecher.

Ganz planmäßig wird der Einbruch durchgeführt. Eine ganze Menge von Aktenstücken können photographiert werden, und eine beträchtliche Anzahl von Schriftstücken werden mitgenommen. Aber die Ausbeute ist nur quantitativ groß. Pielawski bekommt von Oberleutnant Cychon einige wenig freundliche Worte zu hören, als die Prüfung der Beute beendet ist. In all dem beschriebenen Papier ist auch nicht eine Zeile enthalten, die für die Zwecke Cychons brauchbar wäre. Wenigstens scheint das zunächst so zu sein.

Pielawski hat alle Mühe, den zornigen Oberleutnant zu beruhigen und ihm klarzumachen, daß das Resultat keineswegs ganz so negativ sei, wie es vielleicht den Anschein habe. Man ist immerhin im Besitz einer Reihe von Aktenstücken, die zwar an sich ganz harmlos sind, die aber doch vielleicht den Ausgangspunkt für weitere Aktionen bilden können. Pielawski ist sich im Augenblick, als er das sagt, noch nicht ganz klar, wie er diese ganze Affäre weitertreiben soll. Aber es wird ihm schon etwas einfallen, und für den Augenblick liegt ihm vor allem daran, den wütenden Oberleutnant zu beschwichtigen. Nachdem ihm das gelungen ist, arbeitet Pielawski unbeirrt weiter. Er fängt jetzt mit einer Angestellten des Deutschen Volksbundes ein Verhältnis an, und Fräulein Wuzik, so ist der Name seiner neuen Freundin, erweist sich sehr bald als nützlich. Sie bringt ihm Aktenstücke und Dokumente aller Art aus der Geschäftsstelle des Deutschen Volksbundes, die er photographieren kann. Fräulein Wuzik, die sich für ihre Mühewaltung neben den Liebesbezeugungen des Herrn Josef Pielawski noch ganz anständig in barem Gelde bezahlen läßt, macht ihre Sache leider nicht sehr gewandt. Es dauert gar nicht lange, bis man im Büro des Volksbundes Verdacht gegen sie schöpft. Ein paar

Tage lang ist sie etwas verängstigt, aber dann atmet sie auf, als sie hört, daß der Geschäftsführer selber, der Abgeordnete Otto Ulitz, erklärt hat: Wenn dieses Mädchen wirklich Spitzeldienste für die polnische Polizei leistet, so ist das ihre Sache. Wir haben hier nichts zu verheimlichen. Ich bin dagegen, Fräulein Wuzik aus diesem Grunde zu entlassen.

Also kann Pielawskis Freundin jetzt ganz unbesorgt täglich neue Aktenstücke des Volksbundes zum Photographieren mitnehmen. Die Anzahl der Platten, über die Pielawski nun allmählich verfügt, geht schon in die Hunderte. Aber noch immer ist nichts darunter, was den Oberleutnant Cychon einigermaßen befriedigen könnte.

Die Liebenswürdigkeiten, die Josef Pielawski allmählich zu hören bekommt, nehmen Formen an, die ihn dazu zwingen, neue Wege einzuschlagen. Er wendet jetzt zum erstenmal eine wirklich bedeutende Summe an und besticht damit den Chauffeur des deutschen Generalkonsuls von Grünau. Wochenlang bekommt er nun mindestens jeden zweiten Tag die Post vorgelegt, die der Chauffeur aus dem Stahlfach des Beuthener Hauptpostamts abholt, und ebenso lange Zeit hindurch kann er die vom Generalkonsulat nach Deutschland abgehende Post vor ihrer Auflieferung in Beuthen genau kontrollieren.

Jetzt ist ihm wirklich nichts mehr verborgen. Jetzt kennt er jeden Satz, der von irgendeiner deutschen Stelle in Kattowitz geschrieben wird. Aber Cychon ist immer noch nicht zufrieden. All diese unzähligen Photographien enthalten keine Anhaltspunkte für irgendwelche landesverräterische Betätigung der deutschen Minderheit. Cychon glaubt sich bereits ziemlich am Ende mit seinem Latein, als er sich noch einmal zu einer letzten ausführlichen Besprechung mit Pielawski zusammensetzt. Noch einmal sehen sie die Beute dieser ganzen letzten Wochen und Monate genau durch. Sie prüfen jedes einzelne Dokument auf seinen Wert. Aber plötzlich stößt Pielawski eine Art von Indianergeheul aus. Man ist doch auch zu dumm. Nun hat man bereits wochenlang all diese Dinge in Händen, und erst jetzt merkt man, daß sich darunter doch Sachen befinden, die man brauchen kann. Er zeigt dem Oberleutnant eine ganze Anzahl von Berichten, die führende Mitglieder des Deutschen Volksbundes an das deutsche Generalkonsulat gemacht haben.

Der Oberleutnant sieht sich diese Aktenstücke an und hat noch immer keine Ahnung, was an ihnen eigentlich Hoch- oder Landesverrat sein soll. Die Berichte, die vor ihm liegen, sind nichts anderes als einfache Personalauskünfte über Leute, die in Deutschland Einbürgerungsanträge gestellt haben. Die deutschen Behörden haben beim Generalkonsulat zurückgefragt, und wenn die Beamten des Konsulats nicht selber Auskunft geben konnten, dann haben sie sich an den Deutschen Volksbund gewandt, und gebeten, ihnen Mitteilungen über diese Person und das Vorleben der einzelnen Antragsteller zu machen. Nun, das ist geschehen, und der Oberleutnant Cychon kann darin beim besten Willen nichts Staatsgefährliches erblicken. Auch die Auskünfte über die Kreditwürdigkeit polnischer Firmen, die in Deutschland Geschäfte machen wollten, sind seiner Ansicht nach ganz ungeheuer harmlos.

Aber in seiner Not frißt bekanntlich der Teufel Fliegen, und der Oberleutnant Cychon läßt sich dahin belehren, daß diese Auskünfte über polnische Staatsbürger an eine fremde Macht ganz ohne Zweifel eine Schädigung des polnischen Staates bedeuten. Der Oberleutnant ist damit einverstanden, die Staatsanwaltschaft mit dem Material vertraut zu machen. Aber er hat das Gefühl, daß man über diese Belanglosigkeiten hinaus doch noch einen etwas größeren Schlager bringen müsse. Das sieht auch Josef Pielawski ein und empfiehlt sich, um am nächsten Tage mit dem befohlenen Schlager anzutreten. Er bringt dem staunenden Oberleutnant einen Brief. Dieser Brief ist an den Leiter der Schulabteilung des Deutschen Volksbundes, den Schulrat a. D. Dudek, gerichtet und enthält die genaue Schilderung militärischer Übungen, die von dem polnischen Westmarkenverein und dem Verband der Aufständischen abgehalten worden sind.

Die Hauptsache aber bildet eine Bemerkung, die an den Rand dieses Briefes geschrieben ist. Sie lautet: »Zur Kenntnis weitergereicht. D.«

Der Oberleutnant ist vorsichtig genug, nicht die naheliegende Frage zu stellen, woher denn Herr Josef Pielawski auf einmal dieses wichtige Schriftstück habe, das er bisher noch niemals zu Gesicht bekommen hat. Er nimmt es, legt es zu den übrigen und will schon mit seinen Schätzen zum Staatsanwalt gehen, als ihn Josef Pielawski noch einmal zurückhält. Mit breitem Grinsen bedeutet der Agent dem Offizier, daß das keineswegs alles sei. Er habe noch ein weiteres, sehr wichtiges Dokument herbeigeschafft. Und er zeigt eine kleine, etwas undeutliche Photographie eines Schriftstücks, das folgenden Wortlaut hat:

»Bescheinigung. Hiermit bestätigen wir, daß Viktor Bialucha, geboren 1903, Mitglied unseres Vereins ist. Er ist deutsch gesinnt und hier militärpflichtig, und deshalb muß er nach Deutschland flüchten. Für den Deutschen Volksbund: der Vorstand gez. Ulitz.«

Cychon ist im ersten Augenblick absolut starr. Wenn das tatsächlich die Photographie eines echten Dokuments ist, dann ist der Beweis erbracht, daß der Geschäftsführer des Deutschen Volksbundes in eigner Person einem polnischen Staatsangehörigen Beihilfe zur Fahnenflucht geleistet hat.

Aber sobald er nach dem ersten freudigen Schreck zu überlegen beginnt, merkt er sofort, daß eine derartige Bescheinigung nicht echt sein kann. Er versteht zwar nicht so viel Deutsch, um sehen zu können, daß in den wenigen Worten dieser Bescheinigung, so wie die Photographie sie wiedergibt, nicht weniger als sechs orthographische Fehler enthalten sind, aber er stellt ganz folgerichtig eine kurze Überlegung an. Wenn diese Bescheinigung jemals wirklich ausgestellt worden wäre, dann müßte dieser Viktor Bialucha ein vollständiger Idiot sein, wenn er nicht in Deutschland von ihr Gebrauch gemacht hätte. Das hat er aber nicht getan. Das weiß Cychon ganz genau, denn den Fall dieses Viktor Bialucha kennt er aus den Akten, die dem Einbruch im deutschen Generalkonsulat entstammen. Bialucha ist tatsächlich über die Grenze gegangen und hat in Oppeln einen Einbürgerungsantrag gestellt. Da er sich aber den deutschen Behörden gegenüber über die Gründe seiner Flucht aus Polen nicht genügend ausweisen konnte, haben die Deutschen beim Generalkonsulat in Kattowitz sich sehr eingehend nach Herrn Viktor Bialucha erkundigt. Das wäre alles nicht notwendig gewesen, wenn Bialucha eine echte Bescheinigung des Geschäftsführers des Deutschen Volksbundes, aus der der Grund seiner Flucht aus Polen eindeutig hervorging, hätte vorlegen können.

Also kann beim besten Willen dieses Dokument nicht echt sein.

Als Cychon noch einmal genau mit der Lupe die Photographie prüft, merkt er, daß sie wenigstens *ein* Gutes hat. Die Unterschrift von Otto Ulitz ist ausgezeichnet nachgemacht. Cychons Kenntnisse in der Dokumentenfälschung sind nicht so groß, daß er sich sofort sagen könnte, daß es für einen Mann wie Pielawski, der auf Hunderten von Aktenstücken und Briefen den Namenszug von Ulitz im Original gesehen hat und solche Unterschriften im Original auch besitzt, natürlich eine Kleinigkeit ist, eine solche Unterschrift auszuschneiden, auf die gefälschte Bescheinigung aufzukleben und dann auf der Platte beim Photographieren eine Retusche derart vorzunehmen, daß kein Mensch mehr sehen kann, daß diese Unterschrift eigentlich gar nicht unter diesen Wisch gehört. Er vergleicht nur den Namenszug mit der originalen Unterschrift, und dieser Vergleich befriedigt ihn. Das muß genügen.

Es genügt Herrn Cychon. Es genügt den polnischen Behörden und den polnischen Gerichten. Auf Grund des von Oberleutnant Cychon beigebrachten Materials werden am 12. Februar 1926 in Kattowitz und andern Städten Ostoberschlesiens achtundzwanzig Führer der deutschen Minderheit, darunter die meisten Geschäftsführer der Zweigstellen des Deutschen Volksbundes, und vor allem der Schulrat Dudek, verhaftet. An Otto Ulitz kann man in diesem Augenblick noch nicht heran, denn als Abgeordneter des schlesischen Sejm ist er durch die Immunität geschützt. Die polnische Presse, nicht nur in Oberschlesien, stimmt ein wahres Jubelgeschrei an. Es wird sofort von einem ausgedehnten deutschen Spionagesystem in Oberschlesien gesprochen, und ganz ohne Rücksicht auf die sonst in der Welt üblichen diplomatischen Gepflogenheiten bezeichnen die polnischen Zeitungen das Generalkonsulat in Kattowitz als »Zentrale der deutschen Spionage«.

Noch längst ehe das eigentliche gerichtliche Verfahren beginnt, erklärt der Oberstaatsanwalt am Kattowitzer Kreisgericht in einem Presseinterview, man habe zunächst nur diejenigen Deutschen verhaftet, gegen die absolut erdrückende Schuldbeweise seit langem vorlägen. Die Vergehen, um die es sich handele, seien politische und militärische Spionage, Weitergabe von Informationen an eine fremde Regierung und Erleichterung der Desertion.

Das hört sich fürchterlich gefährlich an, aber schließlich nach wochenlanger Voruntersuchung wird die Anklage doch nur noch gegen vierzehn der achtundzwanzig Verhafteten erhoben. Den Hauptfall bildet dabei die Anklage gegen den Schulrat Dudek. Die Anklageschrift wirft ihm Verrat militärischer Geheimnisse vor, der darin gesehen wird, daß Dudek an den Rand des bewußten, von Pielawski herbeigezauberten Briefes die Bemerkung »Zur Kenntnis weitergereicht. D.« geschrieben haben soll. Die Anklage kann nicht einmal angeben, wem denn dieser Brief zur Kenntnis weitergereicht sein soll, und auch die Behauptung, daß die Randbemerkung wirklich von Dudek stammt, wird durch nichts bewiesen. Den übrigen Angeklagten wird vorgeworfen, daß sie als Vertrauensleute einer fremden Regierung Auskünfte erteilt haben sollen, die im Interesse der polnischen Regierung geheim bleiben mußten. Die beanstandeten Auskünfte beziehen sich fast durchweg auf das Verhalten polnischer Staatsangehöriger, die Einbürgerungsanträge in Deutschland gestellt haben, während und nach der Zeit der oberschlesischen Volksabstimmung.

Erst Anfang Juli 1926 findet der Prozeß gegen den Schulrat Dudek statt, nachdem einmal die Verhandlung Mitte Mai wegen des Pilsudski-Staatsstreiches in Warschau vertagt worden war. Unter strengem Ausschluß der Öffentlichkeit wird zwei Tage lang gegen Dudek verhandelt, dessen Verteidigung der bekannte Warschauer Rechtsanwalt und Führer der polnischen sozialdemokratischen Partei, Dr. Liebermann, übernommen hat. Noch vor Beginn der Verhandlung hat Liebermann, der Oberstleutnant der polnischen Reserve ist, in voller Öffentlichkeit den zahlreichen ausländischen Journalisten, die anläßlich des Prozesses nach Kattowitz gekommen waren, erklärt, daß er als Pole und besonders als polnischer Offizier niemals die Verteidigung in einem militärischen Spionageprozeß übernehmen würde, wenn er nicht fest von der absoluten Unschuld seines Mandanten überzeugt sei.

Aber der Verteidiger Dudeks hätte mit Engelszungen reden können, es wäre ihm nicht gelungen, eine Verurteilung zu verhindern. Das Gericht glaubt Wort für Wort den Aussagen der Hauptbelastungszeugen Cychon und Pielawski. Mit geradezu zynischer Offenheit macht Pielawski Angaben über die Methoden seiner Spionage- und Spitzelarbeit. Um für alle Fälle gerüstet zu sein, hat man den bestochenen Chauffeur des deutschen Generalkonsuls einige Wochen vor Beginn des Prozesses mit einer größeren Summe Geld nach Südamerika geschickt. Gänzlich unbesorgt kann also Pielawski schwören, daß er den Dudek belastenden Brief von diesem nicht anwesenden Chauffeur erhalten habe.

Aber damit ist noch keineswegs die Frage geklärt, ob die inkriminierte Randbemerkung wirklich von dem Angeklagten stammt. Dudek selber bestreitet das ganz energisch und erklärt, einen derartigen Brief nie erhalten zu haben. Wer diesen Mann sieht, wird ihm das ohne weiteres glauben. Dudek ist Zeit seines Lebens stets nur an seinem Beruf als Lehrer interessiert gewesen. Es ist absolut glaubhaft, wenn er erklärt, daß kein Mensch, der ihn kennt, jemals hätte auf die Idee kommen können, sich mit einer militärischen Angelegenheit ausgerechnet an ihn zu wenden. Doch was gilt diesem Gericht Logik und Vernunft. Es liegen wichtige staatspolitische Gründe vor, die eine Verurteilung notwendig erscheinen lassen. Also wird verurteilt. Der Staatsanwalt beantragt mit eiserner Stirn die Kleinigkeit von sechs Jahren Zuchthaus. Dieser Wahnsinn ist aber selbst den polnischen Richtern zuviel. Sie verurteilen Dudek zu anderthalb Jahren Gefängnis. Um aber den politischen Erfolg dieses Prozesses, der in der Diffamierung eines leitenden Beamten des Deutschen Volksbundes liegen soll, zu erreichen, sprechen sie dem ein Menschenleben hindurch völlig unbescholtenen Dudek für die Dauer von fünf Jahren die bürgerlichen Ehrenrechte ab.

Was nutzt es, daß die Verteidigung sofort Berufung einlegt! Die polnische Öffentlichkeit hat das Urteil, das sie haben will.

Ein Vierteljahr später wird elf andern führenden Mitgliedern des Deutschen Volksbundes ebenfalls der Prozeß gemacht. Die Hauptangeklagte in diesem sogenannten zweiten Volksbundprozeß ist die Geschäftsführerin des Bundes in Königshütte, Fräulein Ernst. Wieder sind Herr Cychon und Josef Pielawski die Kronzeugen der Anklage. Wieder wird gegen jede Vernunft verurteilt, weil aus politischen Gründen verurteilt werden soll. Fräulein Ernst erhält anderthalb Jahre Festung, der Lehrer Thomas ebenfalls, der Grubenbeamte Ganster zwei Jahre. Zwei Angeklagte müssen zum Leidwesen des Staatsanwalts freigesprochen werden. Die übrigen bekommen sechs Monate Festung.

Aber all das genügt noch nicht. Der Beweis, den die Prozesse eigentlich erbringen sollten, fehlt immer noch. Man wollte den Nachweis führen, daß die für das gesamte Deutschtum in Ostoberschlesien lebenswichtige Organisation des Deutschen Volksbundes als Ganzes eine Zentrale des Hochverrats sei. Das ist mißlungen. Es ist nicht möglich, den Volksbund aufzulösen.

IX. Kapitel

Der große Schlag gegen die deutsche Schule

Weshalb ist gerade der Schulrat a. D. Dudek ein so ungeheuer gefährliches Subjekt, daß man ihn unter allen Umständen, auch auf die Gefahr einer riesigen Justizblamage hin, unschädlich machen mußte? Diese Frage erhält eine Antwort von unübertrefflicher Deutlichkeit, noch ehe der Prozeß gegen Dudek wirklich zum Abschluß gekommen ist. Im Grunde war beabsichtigt, schon in der ersten Maihälfte gegen den Leiter der Schulabteilung des Deutschen Volksbundes zu prozessieren. Pilsudskis Staatsstreich hat hier einen sehr dicken Strich durch die Rechnung gemacht. Aber die polnischen Behörden in Oberschlesien lassen sich nicht verblüffen.

In Polen beginnt das Schuljahr im Herbst. In den letzten Tagen des Monats Mai müssen die Neuanmeldungen für das neue Schuljahr vollzogen werden. Mit wachsendem Unbehagen haben die Polen in den Jahren 1924 und 1925 die stetige Zunahme der Anmeldungen zu den deutschen Minderheitsschulen in Oberschlesien verfolgt. Diese Zunahme hat ihren sehr einfachen Grund. Die neu eingerichteten polnischen Staatsschulen werden zwar nach jeder Richtung hin bevorzugt, aber es ist eine Unmöglichkeit, in wenigen Jahren für das ganze große polnische Reich die notwendige Anzahl wirklich gut geschulter Lehrkräfte heranzubilden. Anders ist das bei den deutschen Schulen. Der größte Teil der Lehrer, die in der deutschen Zeit in Oberschlesien tätig waren, ist auf die Bitten der deutschen Bevölkerung auch unter polnischer Herrschaft in ihrem Wirkungskreis verblieben. Die Schulen sind gut. Die Kinder lernen mehr als in den polnischen Anstalten, und es gibt auch unter der polnischen Bevölkerung Oberschlesiens Tausende von Eltern, die in diesem zweisprachigen Lande Wert darauf legen, daß ihre Kinder Deutsch sprechen können, selbst wenn im Elternhause die polnische Sprache vorherrschend ist.

In der Zeit vom 25. bis 31. Mai 1926 finden in ganz Oberschlesien die Anmeldungen für die deutschen Minderheitsschulen statt. Die Schulabteilung der Wojwodschaft versucht zunächst, entgegen den Bestimmungen der Genfer Konvention, einen Druck dadurch auszuüben, daß sie Anmeldungen zu den Minderheitsschulen nur auf Grund einer schriftlichen Erklärung der Eltern oder sonstigen erziehungsberechtigten Personen zuläßt. Jeder, der sein Kind zur Minderheitsschule anmeldet, muß folgende schriftliche Erklärung abgeben: »Ich erkläre, daß das oben angeführte Kind zur deutschen Sprachminderheit gehört.« Das ist nicht ganz korrekt, denn nach den Bestimmungen der Genfer Konvention genügt für die Anmeldung zu schon bestehenden Minderheitsschulen eine mündliche Erklärung gegenüber dem Schulleiter. Schriftliche Anträge der Erziehungsberechtigten müssen nur dann gestellt werden, wenn in irgendeinem Ort eine Minderheitsschule neu eingerichtet werden soll.

Trotz dieser Erschwerung beträgt die Zahl der Anmeldungen 8560. Als diese Zahl bekannt wird, herrscht in der Schulabteilung der Wojwodschaft zunächst panisches Entsetzen. Ein derartig riesiges Anschwellen des Besuchs der deutschen Minderheitsschulen hatte man nicht erwartet. Besprechungen und Konferenzen jagen einander. Man dreht und wendet jeden einzelnen in Frage kommenden Paragraphen der Genfer Konvention hin und her, um irgendeinen Anhaltspunkt dafür zu finden, wie man am besten die Zahl der Anmeldungen herabsetzt. Aber es gibt keine solche Möglichkeit. Deshalb greift man zu einem recht verzweifelten Mittel. Es wird angeordnet, daß jeder, der ein Kind für die deutsche Minderheitsschule angemeldet hat, persönlich zu einer Vernehmung durch die polnischen Behörden zu erscheinen hat. Im Laufe weniger Wochen werden auf diese Weise 5784 Personen einzeln vernommen, die 6592 Kinder angemeldet haben. Bei diesen Vernehmungen versuchen die polnischen Beamten auf alle mögliche Weise die deutschen Eltern unter Druck zu setzen. Es werden genaue Angaben über die Muttersprache der Kinder verlangt. Außerdem muß die Erklärung der Anmeldung für die Minderheitsschule noch einmal wiederholt werden. Schließlich findet natürlich eine ganz genaue Prüfung der Echtheit der Unterschriften unter die zuerst abgegebenen Anmeldungen statt.

Die Aktenberge über diese Vernehmungen werden nun in der Schulabteilung der Wojwodschaft wochenlang durchgearbeitet. Jede kleinste Unstimmigkeit wird herausgesucht, um Anmeldungen zurückzuweisen. So findet man, daß 145 Schüler angemeldet wurden, die angeblich nicht die polnische Staatsangehörigkeit besitzen. Bei 47 anderen stellt sich heraus, daß sie im Bezirk eines für ihren Wohnsitz nicht zuständigen

Schulverbandes angemeldet worden sind. 12 Schüler sind in anderen Schulen bereits angemeldet gewesen und 7 waren gar nicht mehr schulpflichtig.

Das ist für die riesige aufgewandte Mühe natürlich ein absolut lächerliches und unzulängliches Ergebnis. Also prüft man noch einmal und findet, daß 391 Anmeldungen von nicht erziehungsberechtigten Personen unterschrieben worden seien. In den meisten Fällen handelt es sich dabei um Anmeldungen, die von den Müttern der betreffenden Kinder unterzeichnet wurden, obwohl der Vater in der Lage gewesen wäre, die Unterschrift zu leisten. Es nützt nichts, daß die Väter erklären, sie seien mit den durch ihre Frauen vorgenommenen Anmeldungen einverstanden. Die Kinder werden zurückgewiesen.

Aber auch das ist noch nichts. Nun sind jedoch alle einigermaßen rechtlich haltbaren Mittel erschöpft. Will man jetzt noch die Zahl der Anmeldungen weiter reduzieren, so muß man zu gänzlich unzulässigen Mitteln schreiten. Dabei verfallen die Polen zunächst auf den Ausweg, daß sie 1307 Schüler streichen, weil ihre Eltern nicht zu den vertragswidrig vorgenommenen persönlichen Vernehmungen erschienen sind. Als Begründung wird angegeben, daß es durch das Fernbleiben der Eltern nicht möglich gewesen sei, die Echtheit der Unterschriften und die Richtigkeit der gemachten Angaben zu prüfen. Das ist schon eine rechte Verzweiflungsmaßnahme. Aber auch sie genügt den polnischen Behörden noch nicht. Mit einem einzigen Federstrich werden nun 5205 Anmeldungen gestrichen mit der kühnen Begründung, daß alle diese Kinder nicht der deutschen Minderheit angehören.

Von 8560 Anmeldungen werden auf diese Weise nicht weniger als 7114 für ungültig erklärt.

Das ist der große Schlag, den man gegen die deutschen Minderheitsschulen führt, während der Schulrat Dudek im Kattowitzer Untersuchungsgefängnis auf seine Verurteilung wartet.

Ein Aufschrei der Empörung über diese brutale Gewaltmaßnahme geht durch die ganze deutsche Minderheit Ostoberschlesiens. Der Deutsche Volksbund reicht sofort eine Beschwerde beim Präsidenten der gemischten Kommission für Oberschlesien, dem früheren schweizerischen Bundespräsidenten Calonder, ein. Präsident Calonder ist ein ruhiger, objektiv wägender Schweizer. Er hat in den vergangenen Jahren viel kleine und große Beschwerden der deutschen Minderheit in Ostoberschlesien und der polnischen Minderheit in Westoberschlesien geprüft und stets mit unbestechlicher Neutralität seine Gutachten abgegeben. Also prüft er auch in einem langen und eingehenden Verfahren diese größte und umfangreichste Beschwerde seiner bisherigen Tätigkeit in Oberschlesien. Er ordnet Vernehmungen an. Er macht Feststellungen nach jeder nur denkbaren Richtung, und als er am 15. Dezember 1926 seine Stellungnahme veröffentlicht, da ist das von ihm zusammengebrachte Material so hieb- und stichfest nach allen nur denkbaren Richtungen, daß der trockene Wortlaut der sehr langen und ausführlichen Stellungnahme eins der erschütterndsten Dokumente gegen die polnische Willkürherrschaft bildet, die jemals von irgendeiner neutralen Stelle verfaßt wurden.

Die wesentlichen Ausführungen des Präsidenten Calonder lauten folgendermaßen:

»Es ist bereits ausgeführt worden, daß die Untersuchungen, zu welchen die Erziehungsberechtigten nicht erschienen sind, im Widerspruch zu den Artikeln 75 und 131 der Genfer Konvention standen. Mit Rücksicht darauf durften deshalb die Erziehungsberechtigten wegen ihres Ausbleibens nicht bestraft werden; am wenigsten aber durften Sanktionen verhängt werden, die in der Zurückweisung ihrer Kinder von der Minderheitsschule bestanden. Außerdem haben die Erziehungsberechtigten alle Vorschriften befolgt, die von der Wojwodschaft für die Anmeldungen vorgeschrieben waren. Sämtliche aus diesem Grunde zurückgewiesenen Schüler sind daher der Minderheitsschule zu überweisen.«

Bezüglich der 5205 Anmeldungen, die von den Polen gestrichen worden waren, weil die Kinder angeblich nicht der deutschen Minderheit angehörten, sagt Präsident Calonder wörtlich folgendes:

»In Ansehung der großen Schwierigkeiten, welche sich aus der außerordentlich starken kulturellen und sprachlichen Mischung der oberschlesischen Bevölkerung ergeben, hat die Genfer Konvention auch auf dem Gebiete des Schulwesens das Prinzip der freien Selbstbestimmung aufgestellt. Überall, wo die Erziehungsberechtigten Schulfragen zu entscheiden haben — und das sind vornehmlich die beiden Fragen, ob in einer Gemeinde eine Minderheitsschule zu errichten ist und ob ein Kind die Minderheitsschule besuchen soll —, entscheidet die subjektive Willenserklärung des Erziehungsberechtigten. So wie jeder Staatsbürger frei bestimmen kann, ob er der Mehrheit oder der Minderheit angehören wolle, ebenso hat auf Grund des Artikels 131 jeder Erziehungsberechtigte das Recht, für seine Kinder zwischen der Beschulung in der Mehrheits- oder in der Minderheitsschule frei zu wählen. Hervorzuheben ist, daß es weder beim Erziehungsberechtigten noch beim Kinde auf bestimmte objektive Verhältnisse, wie Abstammung oder Muttersprache, ankommt, sondern daß die Entscheidung ausschließlich nach Maßgabe der subjektiven Entschließung des Erziehungsberechtigten gefällt wird. Das Recht der Erziehungsberechtigten, souverän zu entscheiden, ob die Schulsprache des Kindes, für dessen Erziehung er verantwortlich ist, die deutsche oder die polnische sein soll, geht zweifellos so weit, daß es ihm freisteht, eines seiner Kinder in die Minderheitsschule und die andern in die Mehrheitsschule zu schicken.«

Abschließend stellt Präsident Calonder fest, daß die im Sommer 1926 erfolgte »allgemeine administrative Untersuchung zwecks Einvernahme aller Erziehungsberechtigten, die Kinder für die Minderheitsschule angemeldet hatten, mit Rücksicht auf Artikel 75 und 131 der Genfer Konvention unzulässig war«.

Aus diesem Grunde fordert Calonder sowohl die Überweisung der 1307 zurückgewiesenen Kinder, deren Eltern zu den Vernehmungen nicht erschienen waren, wie auch der sämtlichen 5205 Schüler, die wegen angeblicher Nichtzugehörigkeit zur deutschen Minderheit abgewiesen worden waren, »ex officio« in die deutschen Minderheitsschulen.

Dieses Urteil des obersten vom Völkerbundsrat zur Kontrolle der Minderheitenrechte nach Oberschlesien entsandten Beamten ist nach Form und Inhalt für die polnische Aktion gegen die Minderheitsschulen absolut vernichtend. Doch der neue Wojwode, der nach dem Staatsstreich Pilsudskis als besonderer Vertrauensmann des Marschalls nach Kattowitz entsandt worden ist, Grazynski, weiß, daß er in Warschau unbedingt gedeckt werden wird, wenn er die klare Entscheidung Calonders offen sabotiert. Seine Antwort an Calonder ist eine blanke Brüskierung. Man merkt aus jeder Zeile den Willen und die Absicht, die Entscheidung der gemischten Kommission nicht anzuerkennen. Zu dieser Ablehnung kommt ganz offener Hohn, wenn Grazynski sagt, daß er bemüht sein werde, »die berechtigten Wünsche der deutschen Minderheit im Rahmen der bestehenden Schulverhältnisse mit der gleichen Fürsorge zu erfüllen, die alle Bürger des Staates zu fordern haben«.

Daß Calonders Gutachten gerade mit diesen »bestehenden Schulverhältnissen«, das heißt mit der vertragswidrigen Praxis der polnischen Schulbehörden, erbarmungslos ins Gericht geht, will Grazynski einfach nicht wahrhaben. Da nach wie vor die getroffenen Maßnahmen nicht rückgängig gemacht werden und auch weiterhin entgegen dem ausdrücklichen Votum Calonders diejenigen Eltern, die auf Grund der ungerechtfertigten polnischen Beschlüsse ihre Kinder nicht in die polnische Mehrheitsschule schicken, in hohe Polizeistrafen genommen werden, bleibt dem Deutschen Volksbund nichts anderes übrig, als sich beschwerdeführend unmittelbar an den Völkerbundsrat zu wenden.

Nun also geht die ganze Frage an den Genfer Rat. Sehr wohl ist der polnischen Regierung bei dieser Vorstellung nicht zumute. Und ehe Außenminister Zaleski die peinliche Reise nach Genf antritt, fährt er noch schnell nach Kattowitz herunter, um sich an Ort und Stelle mit einigem Material gegen die bösen Deutschen zu versehen. Aber was er dort bekommt, ist nicht sehr üppig. Und so bleibt ihm denn nichts anderes übrig, als sich bei den Genfer Verhandlungen im März 1927 bockſteif zu machen und möglichst auf gar nichts einzugehen.

In Warschau hat man sich überlegt, was im schlimmsten Falle die Folge eines solches Verhaltens sein könne. Man ist zu der Überzeugung gelangt, daß der Genfer Rat praktisch gar nichts tun kann. Er wird vielleicht eine mißbilligende Entschließung fassen, wenn die französischen Freunde nicht auch das verhindern. Aber er wird bestimmt nicht irgendeine fühlbare Sanktionsmaßnahme beschließen. Was kann also schon passieren, wenn man so gut wie gar kein Entgegenkommen zeigt?

In Genf wird tagelang hinter verschlossenen Türen hin und her verhandelt. Der Berichterstatter des Völkerbundrates über die oberschlesischen Beschwerden ist der kolumbische Ratsdelegierte Urrutia. Señor Urrutia hat es nicht leicht. Er soll hier nach guter alter Genfer Sitte ein Kompromiß zustande bringen, obwohl die ganze Sache sich zu einem Kompromiß ganz und gar nicht eignet. Er macht Besuche bei Zaleski und bei Stresemann. Er entwirft Kompromißentschließungen, die für alle Ratsmitglieder annehmbar sein sollen. Er ändert sie wieder ab und macht sie neu. Er hat ein schweres Leben in diesen Tagen.

Schließlich, am 12. März, ist auch diese Angelegenheit einigermaßen passabel unter Dach und Fach gebracht. Die Entschließung, die nach all diesem Kuhhandel zustande gekommen ist, ist ein etwas bläßliches Kind der Genfer Luft. Immerhin heißt es in der höflichen Völkerbundssprache:

»Der Rat nimmt Kenntnis von der Erklärung der polnischen Regierung, wonach in den Minderheitsschulen diejenigen Kinder mit deutscher Muttersprache Aufnahme finden sollen, und er lenkt die Aufmerksamkeit der polnischen Regierung darauf, daß sie doch auf den Ausschließungsmaßnahmen für folgende zwei Kategorien von Kindern nicht bestehen möge:

1. für diejenigen Kinder, die aus irgendwelchen Gründen von ihren Eltern oder Vormündern bei der Untersuchung im Sommer 1926 nicht präsentiert worden sind,

2. für diejenigen Kinder, für die bei der genannten Untersuchung als Muttersprache Deutsch und Polnisch angegeben wurde und die nicht der deutschen Minderheit angehören.«

Das ist noch ungefähr dasselbe, was Präsident Calonder verlangt hat. Aber dann folgt auch schon sofort der notwendige Genfer Pferdefuß. In der Entschließung wird als Grundsatz für das ganze Kompromiß festgestellt, daß Kinder, die nur die polnische Sprache sprechen, nicht in die Minderheitsschulen aufgenommen werden dürfen. Außerdem wird noch eine Sprachkontrolle errichtet, die der Präsident der gemischten Kommission für Oberschlesien unter Mithilfe eines von der polnischen Regierung zu bezahlenden Schweizer Schulsachverständigen ausüben soll. Wenn dann noch am Schluß des Berichtes gleichsam entschuldigend betont wird, daß die vorgeschlagene Lösung keinerlei Abänderungen der Bestimmungen der Genfer Konvention von 1922 bedeuten solle, so ist das in der Praxis angesichts dieses Kompromisses nur noch eine matte Geste.

Dem deutschen Außenminister Dr. Stresemann, der während der vorhergehenden Tage den Kampf für die deutsche Minderheit ungefähr allein hat führen müssen, wird es bitter schwer, diesem Kompromiß zuzustimmen. Aber die Haltung eines großen Teiles der Ratsmitglieder hat ihn davon überzeugt, daß es in diesem Augenblick im Interesse der deutschen Minderheit sinnlos wäre, einen großen Eklat herbeizuführen. Der Erfolg würde leider nur auf seiten der Polen sein, die dann sämtlichen bisher ausgeschlossenen Kindern den Besuch der Minderheitsschulen weiterhin verbieten würden und damit ihr Ziel erreicht hätten.

Als sich Dr. Stresemann nach der Berichterstattung des Herrn Urrutia erhebt, um die Zustimmung der deutschen Regierung zu dem Kompromiß zu erklären, merkt man ihm deutlich an, wie schwer es ihm fällt, hier im Kampf um das Recht auf halbem Wege stehenbleiben zu müssen. Er gibt seine Zustimmung nur unter der einen Voraussetzung, daß es sich bei der beschlossenen Sprachprüfung um einen einmaligen Ausnahmefall handeln dürfe. Rechtlich müsse unter allen Umständen der Standpunkt gewahrt bleiben, daß nach den Bestimmungen der Genfer Konvention sogar ein Kind, das nur Polnisch spricht, in eine deutsche Schule geschickt werden dürfe, weil nur und allein den Eltern die Bestimmung darüber zusteht, in welche Schule ein Kind gehen soll.

Diese feierliche Rechtsverwahrung des deutschen Staatsmannes ist Herrn Zaleski wenig angenehm. Er glaubt besonders wirksam vorzugehen, wenn er in seiner Antwort an Stresemann darauf hinweist, daß vor einiger Zeit die preußische Regierung darüber Beschwerde geführt habe, daß deutsche Kinder in dänische Minderheitsschulen in Schleswig-Holstein gingen.

Stresemann hat gegenüber dieser Argumentation leichtes Spiel. Mit höflicher Ironie gibt er seiner Freude darüber Ausdruck, daß der polnische Außenminister sich jetzt anscheinend den preußischen Ministerpräsidenten Otto Braun als Musterbeispiel genommen habe. Früher habe Polen für Preußen nicht soviel Verständnis gehabt, wie das jetzt anscheinend der Fall sei.

Aber dieses Wortgeplänkel ändert nichts an der traurigen Tatsache, daß der Völkerbundsrat mit seiner Entscheidung einen sehr schwerwiegenden Präzedenzfall gegen die absolut klaren Bestimmungen der Genfer Konvention und gegen das eindeutige Gutachten seines eigenen Beauftragten in Oberschlesien geschaffen hat.

August Zaleski kann befriedigt nach Warschau zurückfahren. Und der Kattowitzer Wojwode Grazynski, der ebenfalls in Genf anwesend gewesen ist, kann die beruhigte Sicherheit mit nach Hause nehmen, daß weiteren Schikanen der deutschen Minderheit in der Schulfrage keine ernsten Hindernisse in den Weg gelegt werden.

Vorläufig warten die Polen einmal das Resultat der von ihnen in Genf erreichten Sprachprüfungen ab. Der Sachverständige, der diese Prüfungen im Mai 1927 beginnt, ist der Schulinspektor des schweizerischen Kantons Luzern, Maurer. Gewiß ist auch die Schweiz ein zweisprachiges Land und deshalb ist vielleicht ein Schweizer Schulexperte noch geeigneter zu derartigen Untersuchungen, als es etwa ein Holländer oder Schwede wäre. Aber die Verhältnisse in Oberschlesien sind keineswegs so übersichtlich wie die in der Heimat von Maurer, wo die Sprachgrenzen einigermaßen klar verlaufen. Hier haben sich seit Jahrhunderten die deutsche und die polnische Sprache so vermischt, daß das Polnisch dieser oberschlesischen Menschen etwa in Warschau noch weniger verstanden wird wie ihr Deutsch in München. Hier zu prüfen und festzustellen, ob sechsjährige Kinder der Muttersprache nach mehr nach der deutschen oder nach der polnischen Seite tendieren ist fast eine Unmöglichkeit.

Der gute Wille zu völliger Objektivität wird von niemanden dem Herrn Maurer abgestritten werden. Aber es ist für jeden, der Oberschlesien nicht nur aus dem D-Zugfenster kennt, eine Selbstverständlichkeit, daß Hunderte von Eltern durch das Resultat der Sprachprüfungen des Schweizer Sachverständigen nicht befriedigt wurden und daß das Gefühl der ungerechten Behandlung und der Unsicherheit durch das ganze, dem Wortlaut und Sinn der Genfer Konvention widersprechende Prüfungsverfahren nur vergrößert werden konnte.

Bei seinen Prüfungen beschränkt sich der Schweizer vernünftigerweise nur auf die Fälle, die wirklich ernstlich zweifelhaft erscheinen. Obwohl die Polen in der sicheren Voraussicht, daß auf Grund der komplizierten Verhältnisse die Sprachprüfungen ihnen nur nützen können, zunächst gefordert hatten, daß alle Kinder geprüft werden sollten. Für die polnische Propaganda genügt es, daß von 659 geprüften Kindern des Jahrganges 1926 nur 263 für die deutsche Schule freigegeben werden. Für jeden Kenner Oberschlesiens ist es klar, daß das Verhältnis ohne den Dingen irgendwelchen Zwang anzutun, ebenso gut genau umgekehrt hätte sein können, denn der oberschlesische Sprachschatz ist in seinem polnischen Teil so stark mit deutschen Vokabeln durchsetzt, daß jeder Deutsche nach ganz kurzer Zeit zum mindesten dem Sinne nach Gespräche verstehen kann, die in dem sogenannten »wasserpolnischen« Dialekt geführt werden. Dafür aber ist das oberschlesische Deutsch in seiner Wortstellung und Satzbildung in Jahrhunderten der polnischen Syntax so stark angeähnelt, daß man häufig der Meinung sein kann, Deutsche in Oberschlesien sprächen ein übersetztes Polnisch.

Das Resultat der Prüfungen erscheint den Polen so günstig, daß sie das System gerne verewigen möchten. Dagegen setzt sich in der Ratstagung des Völkerbundes im Dezember 1927 Stresemann sehr energisch zur Wehr und verlangt ein Gutachten des ständigen internationalen Gerichtshofes im Haag über die Zulässigkeit von weiteren Sprachprüfungen. Das Haager Gericht entscheidet im August 1928 nicht anders, als man es von diesem Gremium erwarten darf. In seinem Urteil wird festgestellt, daß weder Erklärungen über die Zugehörigkeit zur Minderheit nachgeprüft werden dürfen, noch die zur deutschen Schule angemeldeten Kinder von irgendwelchen Behörden Sprachprüfungen unterzogen werden sollen.

Anders konnte das Urteil eines nur nach rechtlichen Gesichtspunkten gehenden Gerichts nicht lauten. Aber die Polen, die ja schon einmal in Genf die Probe aufs Exempel gemacht haben, lassen sich durch den Haager Spruch nicht weiter beirren. Wenn sie keine neuen Sprachprüfungen vornehmen dürfen, so wird der erfinderische Wojwode Grazynski deshalb noch andere Wege finden können, um der gefährlichen und verhaßten deutschen Minderheitsschule zu Leibe zu gehen.

Eine neue Welle des Terrors setzt ein. Die Behörden üben jeden nur möglichen Druck aus und sie finden wirkungsvolle Unterstützung durch den Verband der polnischen Aufständischen und den berüchtigten polnischen Westmarkenverein, die sich nicht scheuen, in den kleineren, aber auch in den größeren Orten Oberschlesiens öffentlich die Namen derjenigen anzuschlagen, die ihre Kinder für die deutsche Minderheitsschule anmelden. Hand in Hand damit geht eine durch die Presse und mit Flugblättern betriebene wüste Hetze gegen alle Deutschen, denen angedroht wird, daß sie ihre Stellungen in dem Augenblick verlieren, in dem sie ihre Kinder in die deutschen Schulen schicken. Um das Maß voll zu machen, schließt der Wojwode im Sommer 1928 kurzerhand sechzehn deutsche Minderheitsschulen.

So wird trotz aller Beschwerden des Deutschen Volksbundes ein ungeheuerlicher Druck auf die deutsche Bevölkerung ausgeübt, dessen Erfolg natürlich keinen Augenblick zweifelhaft sein kann. Gegenüber fast 9000 Anmeldungen zu den Minderheitsschulen im Jahre 1926 sinkt die Zahl im Jahre 1928 auf 2500.

X. Kapitel

Der Fall Ulitz

Macht das Leben unter dauerndem Druck wirtschaftlicher und seelischer Art nicht endlich diese deutschen Menschen in Oberschlesien mürbe? Die Polen sind der Meinung, daß das unbedingt der Fall sein muß. Sie vergessen dabei, daß die Last der Unterdrückung, unter der das polnische Volk selber weit über hundert Jahre gelitten hat, die nationalen Energien nur stärkte. Deshalb ist die Verwunderung und das Erschrecken groß, wenn bei allen möglichen Gelegenheiten, bei denen die oberschlesische Bevölkerung die Möglichkeit hat, ihr Bekenntnis zum Deutschtum abzulegen, die Zahl der deutschen Stimmen trotz allen Drucks nicht nur nicht zurückgeht, sondern häufig stark anwächst.

Die Gemeindevertretungen in den großen und kleineren Städten Oberschlesiens sind dafür der beste Beweis. Fast überall gibt es deutsche Mehrheiten und der Wojwode muß manches unfreundliche Wort aus Warschau einstecken, wenn er immer wieder gezwungen ist, zu berichten, daß bei Kommunalwahlen die polnischen Listen sehr stark in der Minderheit bleiben.

Um dieser peinlichen Überraschungen endlich Herr zu werden,setzt die Regierung im schlesischen Sejm die Annahme eines Gesetzes durch, nach dem der Wojwode berechtigt ist, kommunale Körperschaften aufzulösen, wenn er das im Staatsinteresse für notwendig hält. Das ist nicht mehr und nicht weniger als ein schlichtes plain pouvoir, jede deutsche Gemeindevertretung zum Teufel zu jagen. Grazynski macht von dieser Ermächtigung den weitgehendsten Gebrauch. Aber er sieht bald ein, daß er einen großen Teil seiner

Amtszeit mit der immer erneuten Auflösung von Gemeindevertretungen wird verbringen müssen, denn so oft in irgendeinem Ort die deutsche Gemeindevertretung durch das Machtwort Grazynskis nach Hause geschickt wird, so oft wählen die deutschen Bewohner eine neue deutsche Vertretung.

Grazynski ist der Verzweiflung nahe und als im Mai 1927 in der Stadt Rybnik wieder einmal eine solche Wahl stattfinden soll, greift er zu einem verzweifelten Mittel. Nicht umsonst ist er der Ehrenvorsitzende des Verbandes der Aufständischen. Was liegt also näher, als daß er seine guten Verbindungen zu dieser Organisation treuer Söhne Polens ausnutzt, um endlich einmal wirksam mit dieser deutschen Pest aufzuräumen.

Die Gemeindewahlen vom Mai 1927 in Rybnik werden unvergessen bleiben. Unheimlich ruhig bricht der Wahltag an. Unheimlich ist diese Ruhe deshalb, weil in den vorhergehenden Tagen wieder einmal eine Sintflut von Flugblättern und Drohungen über die deutsche Bevölkerung hereingebrochen war. Ein wenig scheu und erstaunt suchen die Deutschen an diesem Tage ihre Wahllokale auf. Noch geht alles ruhig und ohne Zwischenfall. Aber auf einmal ist es, als ob die Hölle losgelassen wird. Lastautos mit Angehörigen des Aufständischenverbandes jagen durch die Straßen. Sie halten vor den Wahllokalen. Zwanzig, dreißig stämmige Burschen springen herab. Bewaffnet mit Gummiknüppeln, Messern und Ochsenziemern dringen sie in die Lokale ein. An ihrer Spitze stehen ortsansässige Polen, die jeden der anwesenden Wähler genau kennen. In einer Stadt wie Rybnik weiß man, wer deutsch und wer polnisch wählen wird. Und schon sausen die Ochsenziemer, schon blitzen die Messer und eine wilde Schlägerei ist im Gange. Nicht nur in einem Lokal, fast überall, wo gewählt wird, wiederholt sich dasselbe Bild. Verzweifelt setzen sich die Überfallenen zur Wehr. Oberschlesische Menschen sind nicht ganz leicht in die Flucht zu schlagen. Aber der Kampf dauert nicht lange. Die Überzahl der organisierten Aufständischen ist zu groß. Nach kurzer Zeit schon werden weit über dreißig schwer verletzte Deutsche ins Krankenhaus eingeliefert. Schwere innere Verletzungen, Knochenbrüche, Messerstiche, aber auch Schußwunden haben alle diese Deutschen davon getragen. Die Zahl der leichter Verletzten beträgt weit über hundert.

Nach diesem Anfangserfolg besetzen die Aufständischen die Wahllokale. Andere ziehen johlend durch die Straßen der Stadt. Sie demolieren die Schaufenster deutscher Geschäfte, sie dringen in die Häuser der Deutschen und setzen ihre Mißhandlungen fort.

Polizei? Sie ist an diesem Tage wie vom Erdboden verschwunden. Erst als am Abend die Aufständischen sich verlaufen haben, tritt sie in Erscheinung.

Der wohl vorbereitete Überfall auf Rybnik hat den gewünschten Erfolg. Nach den ersten schweren Ausschreitungen hat kaum noch ein Deutscher gewagt, sein Haus zu verlassen, um ein Wahllokal zur Stimmabgabe aufzusuchen. Die deutschen Stimmen weisen einen starken Rückgang auf. Grazynskis Taktik hat sich bewährt.

Eine Welle der Entrüstung über diesen brutalen Terror geht durch das ganze Land und findet in der Weltpresse sein Echo. In Warschau bemüht man sich eifrig, die Rybniker Vorgänge zu bagatellisieren. Man dementiert, man streitet ab, und es vergeht nicht allzu lange Zeit, bis die polnische Presse den blutigen Rybniker Wahltag als eine schamlose deutsche Erfindung bezeichnet. Doch diese lügnerische Verdrehung des wahren Sachverhalts ist nicht aufrecht zu erhalten, als der schlesische Sejm in Kattowitz auf Grund einer deutschen Interpellation einen Untersuchungsausschuß über die Rybniker Vorgänge einsetzt. Grazynski tobt. In Warschau wird man nervös und die Nervosität steigt noch, als der Wojwode die ersten vertraulichen Berichte über die Resultate der Sejm-Untersuchung nach Warschau meldet.

Das ist eine Unmöglichkeit. Dieser Bericht eines polnischen Parlaments darf niemals offiziell veröffentlicht werden. Das ist die einmütige Auffassung der Warschauer Regierung. Grazynski zuckt die Achseln. Wenn man in Warschau dieser Meinung ist, dann gibt es nur einen Weg: dann muß man einfach den ganzen Kattowitzer Sejm nach Hause schicken. Dem Wojwoden soll das recht sein. Er hat ohnehin Ärger genug mit diesem Parlament, in dem die stärkste Fraktion die Deutschen bilden und in dem Herr Korfanty mit seinen Anhängern täglich der Warschauer Regierungspolitik neue Schwierigkeiten bereitet, weil langsam die Teilautonomie Ostoberschlesiens von der Zentralregierung abgebaut wird.

Das sieht man in Warschau ein. Der schlesische Sejm wird also, ehe der Bericht des Untersuchungsausschusses veröffentlicht werden kann, auf unbestimmte Zeit geschlossen.

Am Tage darauf veröffentlicht die Kattowitzer Zeitung Korfantys, die »Polonia«, einen großen Teil des Kommissionsberichtes. Diesmal ist die Polizei des Herrn Grazynski ganz ungeheuer prompt auf dem Plan. Eine halbe Stunde, nachdem das Blatt auf der Straße ist, erfolgt bereits die polizeiliche Beschlagnahme. Aber einige Tausend Exemplare dieses ungeheuer wertvollen Dokuments sind trotzdem bereits in den Händen der Bevölkerung.

In dem Bericht der Sejmkommission, der sich nicht ausschließlich mit den Rybniker Vorgängen, sondern auch mit einer ganzen Reihe von andern Terrorfällen beschäftigt, wird hauptsächlich der Zusammenhang der polnischen Behörden mit all diesen Ausschreitungen untersucht. Es wird dabei zunächst festgestellt, daß die Wojwodschaft der Arbeit der Sejmkommission jede nur erdenkliche Schwierigkeit in den Weg gelegt hat. So nahmen an den Beratungen der Kommission die Vertreter der Sicherheitsbehörden trotz verschiedener Aufforderungen nicht teil. Den Abgeordneten wurde jeder Einblick in amtliche Aktenstücke verwehrt. Und Beamte der Wojwodschaft warnten ausdrücklich die Mitglieder des Aufständischenverbandes davor, Aussagen vor der Kommission zu machen. Trotzdem stellt der Bericht einen engen Zusammenhang des Aufständischenverbandes mit einem Teil der oberschlesischen Behörden und Beamten fest.

»Die unteren Polizeibehörden, so heißt es, wissen nicht, wie sie sich den Aufständischen gegenüber verhalten sollen, da ihnen häufig mit dem Verlust ihrer Stellung gedroht wird, wenn sie gegen die Aufständischen vorgehen. Die höheren Polizeistellen haben alles unterlassen, um Terrorfälle zu verhindern. Nach schweren Ausschreitungen der Aufständischen in Bad Gotschalkowitz hatten zum Beispiel die Gastwirte des Ortes eine Resolution an den Innenminister entworfen, in der sie um Schutz vor den Aufständischen baten. Der Leiter der Polizei des Kreises versuchte, die Absendung dieser Resolution zu verhindern. Als sie trotzdem erfolgt, entzieht er dem Kurhotel die verlängerte Polizeistunde.«

Weiter wird in dem Bericht festgestellt, daß ein Überfall auf den Chefredakteur der »Polonia« in der Weise vorbereitet wurde, daß ein Vorstandsmitglied vier Aufständischen den Auftrag dazu gab und ihnen gleichzeitig mitteilte, daß die Polizei informiert sei. Bei einer etwaigen »formellen Verhaftung« würden sie sehr schnell wieder frei kommen.

Abschließend fordert der Kommissionsbericht angesichts der festgestellten nahen Zusammenhänge zwischen Aufständischenverband und der Wojwodschaft die sofortige Amtsenthebung des allein verantwortlichen Wojwoden Grazynski.

Dieser nie veröffentlichte Bericht einer Kommission des schlesischen Sejm ist keineswegs die einzige Unannehmlichkeit, die der Wojwode Grazynski mit diesem Parlament hat. Je stärker der Terror gegen die Deutschen und auch gegen jene Polen wird, die nicht zu hundert Prozent die Politik Grazynskis billigen, — in erster Linie gehören dazu Korfanty und die Mitglieder seiner Fraktion — desto häufiger und peinlicher werden die Interpellationen und die Debatten im Sejm. Grazynski sabotiert zwar, wo er kann, die parlamentarische Arbeit, aber allmählich merkt er doch, daß hier ein Widerstand vorhanden ist, der unter allen Umständen gebrochen werden muß. Das wird ihm besonders klar, als im Verlaufe von zwei Jahren der Sejm zweimal fast einstimmig die Aufhebung der Immunität des deutschen Abgeordneten Otto Ulitz ablehnt, die von der Staatsanwaltschaft gefordert wird, um endlich dem verhaßten Deutschenführer auf Grund des von dem Agenten Pielawski fabrizierten Dokuments den Prozeß machen zu können.

Die Unverfrorenheit des Sejm geht dabei so weit, daß er die Auslieferung von Ulitz nicht etwa aus allgemeinen Erwägungen ablehnt, sondern daß er ausdrücklich erklärt, die Mehrheit des Sejm halte das Ulitz belastende Dokument für eine dumme und plumpe Fälschung.

Wieder und wieder fährt Grazynski nach Warschau, um sich über das unbotmäßige schlesische Parlament zu beklagen. Aber erst zu Beginn des Jahres 1929 findet er Gehör. Man sieht nun in Warschau ein, daß ein Exempel statuiert werden müsse, und am 13. Februar erfolgt die Auflösung des schlesischen Sejm.

Grazynski hat gut vorgesorgt. Noch ehe die Presse in der Lage ist, das Auflösungsdekret zu veröffentlichen, sitzt Otto Ulitz, den jetzt nicht mehr die Immunität schützt, im Kattowitzer Untersuchungsgefängnis.

Jetzt muß der große Schlag gegen den Deutschen Volksbund geführt werden, der im Jahre 1926 so schmählich mißglückte.

*

Kattowitz im Hochsommer ist alles andere als ein Erholungsaufenthalt. Unbarmherzig brütet die Sonne auf die Straßen und Plätze. Die Luft, von Kohlenstaub geschwängert, ist noch stickiger, noch dumpfer als sonst.

Hinter einer Eisenbahnunterführung erhebt sich der stattliche rote Ziegelbau des früheren deutschen Amtsgerichts von Kattowitz, das jetzt der Sitz des polnischen Kreisgerichts ist.

Noch heute erinnert in diesem Gebäude vieles an die vergangene deutsche Zeit. In dem Zimmer, in dem am 23. Juli 1929 die Journalisten aus aller Welt sich ihre Ausweise für den an diesem Tag beginnenden Monstreprozeß gegen Otto Ulitz ausfertigen lassen, hängt verträumt an der Wand ein bedrucktes Pappschild, das auf die deutschen Pressevertreter geradezu anheimelnd wirkt. Auf ihm steht gedruckt: Inventarverzeichnis. Und dann folgt mit schöner bürokratischer Genauigkeit in deutscher Sprache die Aufzeichnung der Anzahl von Aktenschränken, Stühlen, Regalen und andern Einrichtungsgegenständen bis herunter zum obligaten Spucknapf. Und die Unterschrift dieser Papptafel lautet: Königlich preußisches Amtsgericht, Kattowitz.

Doch die Journalisten haben nicht allzuviel Zeit, sich in alte Reminiszenzen zu verlieren. Sie eilen hinüber in den großen Sitzungssaal und hier erinnert wirklich nichts mehr an vergangenes Preußen. Auf dem dunklen Rot der Wände sind als Tapetenmuster zehntausende von kleinen weißen polnischen Adlern angebracht und mancher polnische Schöffe mag schon während langer Ausführungen irgendeines Staatsanwalts oder Verteidigers den vergeblichen Versuch gemacht haben, sich durch das Abzählen dieser kleinen weißen Staatsvögel vor dem Einschlafen zu bewahren.

Heute ist diese Gefahr nicht groß. Heute ist alles in Spannung. Der Raum faßt nicht entfernt die Zahl der Neugierigen, die diesem Prozeß beiwohnen wollen. Er genügt nicht einmal für diejenigen Personen, deren Anwesenheit für das Gericht notwendig ist.

Die Anklage gegen Ulitz, die auf Beihilfe zur Fahnenflucht und Entziehung vom Militärdienst lautet, wird durch einen sehr beweglichen Beamten der Staatsanwaltschaft, den Staatsanwalt Malkoswki vertreten. Den Vorsitz führt der Gerichtsdirektor Herlinger, ein Mann von

Welt, der mit dem Angeklagten in fließendem Deutsch verhandelt, da Ulitz der polnischen Sprache nicht mächtig ist. Der berühmte Warschauer Verteidiger, Dr. Liebermann, der Ulitz verteidigen wollte, hat im letzten Augenblick verzichten müssen, weil er in Warschau gerade in diesen Tagen als vom Parlament beauftragter Ankläger in dem großen Staatsgerichtsprozeß gegen den ehemaligen Finanzminister Pilsudskis Czechowitz tätig sein muß. Ihn vertritt der nicht weniger bekannte Warschauer Anwalt Dr. Smiarowski, der von dem Kattowitzer Verteidiger Dr. Baj unterstützt wird. Dr. Baj weiß ein Lied davon zu singen, was es heißt, einen Mann wie Ulitz zu verteidigen. So etwas tut man unter der Herrschaft des Herrn Grazynski nicht ungestraft. Vor wenigen Wochen erst hat ihm die Gerichtsbehörde der Wojwodschaft das Notariat entzogen. Und zwar aus keinem andern Grunde als dem, daß er der Verteidiger von Ulitz ist.

Schon vor Eintritt in die Verhandlung wird für den Kenner oberschlesischer Verhältnisse das Knirschen der politischen Maschinerie,. die diesen Prozeß in Gang gebracht hat, peinlich hörbar. Auf dem Korridor sieht man all die bekannten Gestalten aus dem Dudek-Prozeß wieder. Da ist Herr Cychon, der inzwischen auf Grund seiner Verdienste zum Kapitän avanciert ist. Und in seiner Begleitung befindet sich Josef Pielawski, ein wenig bleich und garnicht sonnengebräunt, was verständlich wird, wenn man hört, daß er eben erst nach Verbüßung einer mehrmonatigen Gefängnisstrafe wegen Urkundenfälschung das Licht der Freiheit wieder erblickt hat. Vor dieser Strafe hat ihn selbst seine Freundschaft mit der einflußreichen polnischen Spionagebehörde nicht retten können, denn es gibt in Polen Richter, die zwar vielleicht Verständnis für den Wert politischer Dokumentenfälschungen haben, die es aber doch übelnehmen, wenn im privaten Leben gefälschte Unterschriften Verwendung finden.

Cychon ist unerhört tätig. Immer noch muß er diesem und jenem Zeugen ein paar Anweisungen geben und alle paar Minuten kommt kurzen militärischen Schritts eine Ordonnanz auf ihn zu, um ihm neue Aktenstücke und Briefe zu überbringen. Cychon weiß, daß auf den Ausgang dieses Prozesses sehr viel ankommt. Seine Nervosität ist begreiflich. Sie steht in merkwürdigem Gegensatz zu der Gelassenheit des Angeklagten Ulitz, der jetzt den Verhandlungsraum betritt. Er wird nicht aus der

Untersuchungshaft vorgeführt, aus der man ihn sechs Wochen nach seiner Verhaftung gegen eine Kaution von 70000 Zloty entlassen hat. Diese Kaution war höchst unnötig. Denn nie und nimmer hätte sich Otto Ulitz diesem Prozeß entzogen, von dem er ebenso wie alle andern Deutschen hofft, daß er als reinigendes Gewitter in der vergifteten oberschlesischen Atmosphäre wirken möge.

Das Summen der Zuhörer und der Zeugen verstummt, als der Vorsitzende nun die Sitzung eröffnet. Die Journalisten aus Berlin und Paris, aus der Schweiz, Italien und England horchen gespannt auf, als nach einigen Formalitäten der Präsident den Angeklagten Ulitz sehr höflich ersucht, sich im Zusammenhang über die gegen ihn vorgebrachte Klage zu äußern.

Groß und ruhig steht Otto Ulitz vor dem polnischen Gericht. Er ist sich nicht im Unklaren darüber, daß die politischen Kräfte, die hinter diesem ganzen Prozeß stehen, stärker sind als er und stärker auch als die Männer, die hier über ihn richten sollen. Es kann sich nicht darum handeln, eine möglichst günstige Verteidigungsstellung für ihn persönlich herauszuholen. Hier geht es um weit mehr. Hier geht es darum, mit Sachlichkeit und Würde das Netz von Haß, Lüge und Verleumdung, von Gewalt und Terror zu zerreißen, das über allen Deutschen in diesem Lande liegt. Was aus ihm wird, ist vielleicht nur deshalb nicht gänzlich gleichgültig, weil er weiß, wie bitter notwendig seine Landsleute den Führer haben. Aber die Rücksicht auf seine Person wird diesen Mann nicht hindern, hier in diesem Augenblick, in dem er das Ohr Europas und der Welt hat, auszusprechen, was im Interesse seiner deutschen Landsleute notwendig ist.

So legt Otto Ulitz seine Rede an, der die Vertreter der großen Weltpresse mit steigender Spannung lauschen. Klar und deutlich lehnt er gleich zu Beginn das ihn belastende Dokument als plumpe Fälschung glatt ab. Er kennt die wahren Zusammenhänge und es wirkt fast erschütternd, wie dieser Mann ohne theatralische Erregung den sich zusammenduckenden Pielawski hier in aller Öffentlichkeit als Fälscher brandmarkt.

Aber dann geht Ulitz sofort auf den wahren, wirklichen Kernpunkt dieses ganzen Prozesses ein. Ist die deutsche Minderheit staatsfeindlich?

Treiben ihre Führer eine illoyale Politik? Das ist die Frage, und Otto Ulitz als der leitende Kopf der größten deutschen Minderheitsorganisation gibt die klare und eindeutige Antwort in seiner Verteidigungsrede, die weit weniger ein Plaidoyer für ihn selbst als eine schwere Anklage gegen den polnischen Staat ist. Die deutsche Minderheit ist nicht illoyal. Die deutsche Minderheit erkennt ihre Pflichten gegenüber dem polnischen Staate voll und ganz an. Die Führer der Deutschen haben das nicht nur immer und immer wieder in der Öffentlichkeit ausgesprochen, sie haben auch im Kreise ihrer Landsleute stets in dieser Richtung gewirkt. Otto Ulitz selber hat die Deutschen Oberschlesiens zu vielen Malen beschworen, in ihrer alten Heimat zu bleiben und dem neuen Staat treu zu dienen und ihm das alles zu geben, was er gerechterweise von seinen Bürgern fordern kann. Es wirkt wie ein Peitschenschlag gegen die Verleumder, als Otto Ulitz gleichsam beiläufig davon erzählt, wie einmal eine rechtsradikale reichsdeutsche Organisation versucht habe, Verbindung mit ihm aufzunehmen und die deutsche Minderheit für antipolnische Aktionen zu gewinnen. »Ich habe damals,« so erzählt der Angeklagte, dem hier Hochverrat gegen den polnischen Staat vorgeworfen wird, »diesen Herren ganz unzweideutig zu verstehen gegeben, daß die deutsche Minderheit für derartige Dinge nicht zu haben sei. Und als der Beauftragte dieser Organisation mir ankündigte, daß er mich hier auf polnischem Boden besuchen wolle, habe ich ihm erklärt, daß ich ihn dringend ersuche, das zu unterlassen. Wenn er trotzdem komme, würde ich ihn sofort der Polizei des polnischen Staates übergeben lassen.«

Die Bleistifte der Journalisten fliegen über das Papier. Das ist eine Sensation, wie man sie von diesem Prozeß wohl erwarten durfte. Aber diese Sensation bleibt nicht die einzige. Die Aussagen der hauptsächlichsten Belastungszeugen bringen zwar wenig Neues für den, der die Verhältnisse kennt. Es ist jedoch für viele der ausländischen Pressevertreter nicht uninteressant, als Kapitän Cychon auch bei dieser Gelegenheit wieder mit verblüffend zynischer Offenheit die Fäden seines Spionage- und Spitzelsystemes bloßlegt. Doch die eigentliche Sensation bringt die Aussage des Marschalls des Kattowitzer Sejm, des Rechsanwalts Wolny. Der alte Mitarbeiter Korfantys aus der Zeit der schlesischen Aufstände steht hier vor dem polnischen Gericht beinahe wie ein Verteidiger des angeklagten deutschen Führers. Atemlose Stille herrscht, als Wolny wörtlich Folgendes erklärt:

»In der Sejmkommission, in der zwei Anwälte und mehrere Richter vertreten waren, wurde geschlossen der Auslieferungsantrag gegen Ulitz zurückgewiesen. Ich habe die Angelegenheit selbst untersucht und bin zu der Überzeugung gekommen, daß das Dokument, das Ulitz belastet, gefälscht ist und eigentlich der Fälscher angeklagt werden müßte. Ich habe mich gewundert, daß das Verfahren nicht niedergeschlagen worden ist. Während seiner vierjährigen Abgeordnetentätigkeit hat sich Ulitz stets korrekt verhalten auf der Basis des Rechts und der Wahrheit. Ich kenne die Photos und ich kann gut deutsch. Deshalb hat mich das Dokument sehr in Erstaunen gesetzt.«

Verzweifelt bemüht sich gegenüber diesem vernichtenden Gutachten der Kapitän Cychon darum, immer neue Belastungszeugen ins Treffen zu führen. Pielawski muß heran. Seine Freundinnen, das Fräulein Wuzik vom Volksbund und Fräulein Knebel vom deutschen Generalkonsulat werden vernommen. Der Staatsanwalt baut ihnen goldene Brücken, aber das Einzige, was herauszubekommen ist, ist wiederum rein negativ. Niemand von all den Belastungszeugen hat die angeblich für Bialucha ausgestellte Bescheinigung jemals im Original gesehen.

Noch einmal wird der Gang der ganzen Spionageaktion rekonstruiert. Noch einmal werden all diese unsagbaren Widerwärtigkeiten lebendig. Pielawski schildert, wie er von den bestochenen Mädchen täglich in aller Eile zusammengeraffte Akten erhielt, die er sofort an den militärischen Nachrichtendienst weitergab. Der Nachrichtenoffizier photographierte, ohne die einzelnen Aktenstücke genau zu lesen. In längstens zwei bis drei Stunden mußte das ganze Verfahren erledigt sein.

Auch dieser Nachrichtenoffizier, der die Photographien anfertigte, wird in ein scharfes Kreuzverhör genommen. Gewiß, er erinnert sich, die Akten Bialucha gesehen zu haben. Und zwar die Anfragen der reichsdeutschen Stellen beim Generalkonsulat in Kattowitz. Die bewußte Bescheinigung hat auch er nicht gesehen.

Pielawski erzählt weiter. Die Photographien wurden nach Krakau an das Generalkommando gegeben. Und eines Tages, ganz überraschend, befand sich bei diesen Photographien jener undeutliche kleine Abzug, der hier jetzt den Gegenstand der ganzen Verhandlung bildet.

Niemand fragt, wie das möglich gewesen ist. Man begnügt sich mit der Tatsache, daß diese Photographie jetzt da ist, und der Staatsanwalt stellt die philosophisch anmutende Behauptung auf, daß eine Photographie doch schließlich nur nach irgendeinem vorhandenen Dokument gemacht sein könne. Gegenüber dieser Logik müssen selbst die Verteidiger schweigen. Sie lassen den obersten Polizeichef der Wojwodschaft als Zeugen laden und fragen ihn, ob bei den zahlreichen Haussuchungen, di er im Laufe seiner Amtstätigkeit in den Geschäftsräumen des Deutschen Volksbundes hat vornehmen lassen, jemals eine ähnliche Bescheinigung gefunden worden sei. Oder ob auch nur Akten beschlagnahmt worden seien, aus denen man auf das Vorhandensein solcher Bescheinigungen hätte schließen können.

Der Polizeichef windet sich hin und her. Aber da er nicht Pielawski heißt, verbietet ihm sein Respekt vor dem Zeugeneid, eine andere Antwort zu geben als die eines glatten Nein. Es gibt eben nichts, was zur Stützung der Anklage ins Feld zu führen wäre.

Aber die Photographie ist da und auf dieser Photographie ist, zwar undeutlich, aber immerhin leserlich, die Unterschrift von Otto Ulitz zu erkennen. Verzweifelt klammert sich der Staatsanwalt an dieses Faktum.

Jetzt stehen der Anklage nur noch die Schriftsachverständigen zur Verfügung. Zwei polnische Experten sind zur Stelle. Der eine von ihnen, Professor Krul, hält die Unterschrift für echt. Der andere, Graf Kwieczynski, erklärt, daß es unmöglich sei, ein Gutachten abzugeben, weil die Photographie, eine Aufnahme sechs mal neun, zu klein und zu undeutlich sei.

Noch ein dritter Sachverständiger tritt auf. Professor Bischoff von der Universität Lausanne gibt sein Gutachten französisch ab. Auch er erklärt, daß es unmöglich sei, aus der Photographie eines fünf Buchstaben umfassenden Namens ein Urteil abzuleiten. »Wenn man an einer Leiche Gift feststellen soll«, so schließt der berühmte Gelehrte, »muß man sie selbst untersuchen, und kann sich nicht mit der Photographie der Leiche begnügen.«

Das ist das Resultat der Beweisaufnahme: Alle Vernunft und Logik sprechen gegen die Anklage. Nicht ein einziger Zeuge hat eine wesentliche

Stützung für die behaupteten Verfehlungen von Ulitz beibringen können. Zwei von drei Schriftsachverständigen lehnen es ab, aus dem einzigen Beweisstück irgend etwas für die Schuld von Ulitz herauslesen zu können.

Trotzdem hat der Staatsanwalt die Stirn, die Anklage aufrechtzuerhalten und ein Jahr Gefängnis zu beantragen.

Lange berät das Gericht. Und als die Richter den Sitzungssaal wieder betreten, liegt eine ungeheure Spannung über dem ganzen Raum. Man empfindet in diesem Moment nicht einmal die für den Deutschen ungewohnte, äußerlich unförmliche Aufmachung dieses polnischen Gerichtes, bei dem weder die Richter noch die Anwälte die uns gewohnten Roben tragen. Man hat das Gefühl einer unmittelbar bevorstehenden Entscheidung von ungewöhnlich weittragender Bedeutung.

Das Urteil lautet: Fünf Monate Gefängnis für Ulitz. Die Begründung schlägt dem fundamentalen Grundsatz jeder Rechtsprechung: in dubio pro reo glatt ins Gesicht. Denn dieses polnische Gericht begründet seinen Spruch damit, daß zwei der Sachverständigen nicht erklärt haben, daß es sich bei der Unterschrift von Ulitz um eine Fälschung handele. Einer habe sogar das Dokument für echt gehalten.

Die Journalisten stürzen zu den nächsten Telefonen, um diese Sensation in alle Hauptstädte Europas durchzugeben. Otto Ulitz ist von seinen Freunden umringt, die glauben, ihm Mut zusprechen zu sollen. Der Verurteilte läßt eine kurze Zeitlang alles über sich ergehen. Aber dann schiebt er mit einer leisen Handbewegung die ihn Umdrängenden beiseite. Kein Wort der Empörung, kein Wort des Zorns kommt über seine Lippen. Als er den Verhandlungssaal verläßt, ist das einzige, was er sagt: »Es ist eben nicht einfach, für eine Minderheit einzustehen.«

XI. Kapitel

Die Hölle bricht los

Anweisung aus Warschau: Am 16. November 1930 finden die allgemeinen Wahlen zum Sejm und eine Woche später, am 23. November, die Wahlen zum polnischen Senat statt. Die Wojwoden und Starosten sind unter allen Umständen dafür verantwortlich, daß die Regierungspartei überall mindestens die absolute Mehrheit aller abgegebenen Stimmen erhält. Anzustreben ist die Erreichung einer Zweidrittelmehrheit, damit sowohl im Sejm wie im Senat die notwendige Mehrheit für die geplante Verfassungsreform im Sinne der Regierung vorhanden ist.

Der Kattowitzer Wojwode Grazynski bekommt diese Anordnung. Er hat seine Bedenken. Bei den Wahlen des Jahres 1928 hat die Pilsudski-Partei in seinem Bereich ungewöhnlich schlecht abgeschnitten. Die Deutschen brachten bei weitem die meisten Stimmen auf. Ihnen folgte die Partei Korfantys, und dann erst kam in weitem Abstande die Liste der Regierungspartei.

Und nun soll er unter allen Umständen Mehrheitsverhältnisse schaffen, wie sie von Warschau gewünscht werden? Das wird nicht ohne Schwierigkeiten gehen.

Nachdenklich geht der Wojwode in seinem Zimmer auf und ab. Diese Deutschen lassen sich nun einmal nicht ohne weiteres kommandieren. Die Wahlen sind nach der Verfassung geheim. Wie soll man es machen, um diese Deutschen dazu zu bekommen, für die Regierungsliste zu stimmen, oder wenigstens zu Hause zu bleiben? Die Lösung dieser Aufgabe erfordert einiges Nachdenken. Gut zureden hilft nicht. Auf ihn werden die Leute nicht hören. Auf ihn am allerwenigsten. Nun gut! Wenn der Marschall befiehlt, dann wird man eben andere Argumente sprechen lassen müssen.

Grazynski geht an die Arbeit. Es ist eine schwere, eine umfangreiche Arbeit. Es gibt da allerlei zu überlegen. Aber dieser Mann, der es als seine Aufgabe betrachtet, die Deutschen in Oberschlesien auszurotten, verfügt über ein ganzes Arsenal von Mitteln, um dem Willen des Marschalls Rechnung zu tragen.

Seine schärfste Waffe ist der Verband der Aufständischen. Wie war das doch damals bei den Rybniker Gemeindewahlen? Hat sich das Eingreifen dieser braven Leute vom Verband der Aufständischen nicht ausgezeichnet bewährt? Aber damit Hand in Hand müssen noch eine Reihe von andern Maßnahmen gehen. In den östlichen Provinzen Polens hat man schon 1928 ausgezeichnete Erfahrungen damit gemacht, die von den Oppositionsparteien eingereichten Wahlvorschläge einfach zu annullieren.

Aber das hat den Haken, daß dann nach etwa Jahresfrist das Wahlprüfungsgericht des Parlaments kommt und diese einfache und praktische Maßregel für unzulässig erklärt. Dann gibt es neue Wahlen und neuen Ärger, und am Ende ist ziemlich wenig gewonnen. Als einziges Mittel wird sich der Wojwode damit nicht begnügen. Aber man könnte vielleicht einmal etwas anderes machen. Wie wäre es, wenn man sich die Wahllisten vornimmt und möglichst vielen deutschen Wählern einfach für ihre Person das Wahlrecht entzieht mit der Begründung, daß ihre polnische Staatsangehörigkeit zweifelhaft sei! Dann werden diese Leute Einspruch erheben. Das kann man ihnen nicht verwehren. Aber man kann von ihnen verlangen, daß sie ihre polnische Staatsangehörigkeit nachweisen. Diese dummen Deutschen werden denken, das ist leicht. Sie werden polizeiliche Anmeldung, Reisepässe, Militärpapiere, Sozialversicherungsscheine und ähnliche Dokumente beibringen, aus denen normalerweise sich die Staatsangehörigkeit ganz klar ergibt. Und sie werden verlangen, daß man sie auf Grund dieser Belege wieder in die Wählerlisten aufnimmt.

Aber das wird nicht geschehen. Grazynski lacht leise in sich hinein, als er sich überlegt, daß er einfach verlangen wird, daß jeder aus der Wahlliste Gestrichene einen besonderen Staatsangehörigkeitsausweis beibringen muß. Solche Ausweise werden für gewöhnlich überhaupt nicht gebraucht. Es sei denn für die Eheschließung. Aber dann kommen sie zu den Akten des Standesamtes, und es gibt kaum jemanden, der einen solchen Ausweis parat in der Schublade liegen hat. Alle diejenigen, die aus den Wählerlisten gestrichen werden, müssen sich also bei den Polizeibehörden die Staatsangehörigkeitsausweise neu ausstellen lassen. Wenn man die notwendige große Zahl von Streichungen vornimmt, wird das einen schönen Andrang bei den Polizeiämtern geben.

Der Wojwode ist von seiner glänzenden Idee ehrlich begeistert. Aus seiner Handbibliothek langt er sich die Wahlordnung heraus und stellt mit einem Seufzer der Erleichterung fest, daß es möglich ist, die Frist für Einsprüche gegen die Streichung in Wählerlisten auf drei Tage abzukürzen. Jetzt ist es nur noch notwendig, den Polizeibehörden Verhaltungsmaßregeln zu geben, damit sie jedem einzelnen, der sich einen Staatsangehörigkeitsausweis ausstellen lassen will, möglichst viele Schwierigkeiten machen, und dann wird die Sache schon klappen.

Aber eine große Schwierigkeit ist noch zu überwinden. Diese Deutschen in Oberschlesien heißen leider nicht alle Müller und Schulze. Sie haben Namen, die häufig genau so polnisch klingen wie der des hochmögenden Herrn Wojwoden. Dafür aber hören Tausende von braven polnischen Wählern auf widerwärtig deutsche Namen. Selbst wenn die Wahlvorsteher den Auftrag bekommen, die Listen ihrer Bezirke genau darauf hin durchzusehen, wen man wegen Verdacht deutscher Gesinnung am besten streichen kann, so ist damit noch nicht viel gewonnen. Diese Arbeit muß Leuten übertragen werden, die jeden einzelnen genau kennen, damit es nicht eine ganz große Katastrophe gibt.

Hier müssen die Aufständischen heran. Die Wahlvorsteher haben nichts weiter zu tun, als blanko Tausende von Streichungsbescheiden zu unterschreiben. Die örtlichen Organisationen der Aufständischen und der Regierungspartei werden dann die Namen derjenigen einsetzen, die im Verdacht stehen, deutsch zu wählen.

Mit fieberhaftem Eifer geht der Wojwode an die Durchführung dieser Aufgabe. Allein im Wahlkreis Kattowitz werden innerhalb von wenigen Tagen dreißigtausend deutsche Wähler aus den Listen gestrichen. Das geht so vor sich, daß die Parteibüros der Regierungspartei packenweise die fertig unterschriebenen Streichungsbescheide bekommen, die Namen einsetzen und, damit keine Zeit verloren geht, gleich selber durch ihre eigenen Beauftragten diese Zettel den Deutschen in die Häuser bringen.

Im Wahlkreis Teschen-Bilitz gibt man sich allerdings mit einer so ins einzelne gehenden Vorarbeit nicht ab. Hier beruft man sich sehr einfach darauf, daß an der Spitze der deutschen Liste als Kandidat der Schulrat a. D. Dudek steht. Dudek ist zwar nach seiner Verurteilung bereits einmal wieder Abgeordneter gewesen, aber was macht das aus. Man erklärt einfach die ganze Liste für ungültig. Weit über zwanzigtausend deutsche Stimmen hängen damit in der Luft.

Die Streichungen aus den Wählerlisten in den andern Wahlkreisen sind in vielen Fällen absolut grotesk. Viele Tausende von Wählern werden betroffen, die in der polnischen Armee gedient haben, die als Schöffen in polnischen Gerichten saßen, die als Ärzte oder Rechtsanwälte Berufen nachgehen, die nur polnischen Staatsangehörigen überhaupt offen sind. Ja sogar Abgeordneten des schlesischen und des Warschauer

Sejm wird in diesem summarischen Verfahren das Stimmrecht entzogen.

Nach diesem Auftakt merken die Deutschen sehr bald, daß es diesmal anscheinend noch weit schlimmer werden wird als je zuvor. Aber sie werden nicht kampflos die Waffen strecken. Zu Tausenden drängen sie sich vor den Polizeistationen. Sie warten Stunden und Stunden, bei jedem Wetter, um sich ihre Staatsangehörigkeitsausweise aushändigen zu lassen. Sie lassen sich durch die Schikanen und Drohungen der Beamten nicht einschüchtern. Sie fordern ihr Recht, das man ihnen in den allermeisten Fällen schließlich doch nicht vorenthalten kann.

Zwar können in den wenigen Tagen der Einspruchsfrist längst nicht alle aus den Listen Gestrichenen wieder aufgenommen werden. Viele Tausende gehen so tatsächlich ihres Wahlrechts verlustig. Aber die Aktion als Ganzes führt doch nicht zu dem Erfolg, den Grazynski erwartet hatte.

Als die Meldungen aus den einzelnen Wahlbezirken einlaufen, tobt der Wojwode. Soll sein ganzer fein eingefädelter Plan in die Brüche gehen? Das ist nicht auszudenken. Der Marschall in Warschau versteht keinen Spaß. Grazynski ist zwar sehr gut angeschrieben. Aber ihm graut davor, daß vielleicht doch gerade in seiner Wojwodschaft die Regierungsliste nicht die absolute Mehrheit erhalten könnte.

Da kommt ihm ein Erlaß des Warschauer Innenministers, des Generals Skladkowski, zu Hilfe. In diesem Erlaß wird als angebliche Antwort auf die Anfrage eines Wahlkommissars mitgeteilt, es stehe jedem Wähler frei, offen oder geheim seinen Stimmzettel bei der Wahl in das amtliche Wahlkuvert zu stecken. Das ist eine etwas freie Auslegung der Bestimmungen des Wahlgesetzes, die ganz deutlich von einer geheimen Wahl sprechen. Aber wenn es sich darum handelt, gegen den Willen der Mehrheit des Volkes dem Marschall eine treuergebene Parlamentsmehrheit zu schaffen, dann darf man eben über die Zwirnsfäden gesetzlicher Bestimmungen nicht stolpern.

Am 26. Oktober gibt Grazynski diesen Erlaß des Innenministeriums offiziell bekannt, und auf seine Veranlassung fügt der Chefredakteur des Kattowitzer Regierungsorgans, der »Polska Zachodnia«, einen Kommentar hinzu, in dem zu lesen steht, daß jeder, der bei der Wahl geheim abstimme, damit dokumentiere, daß er ein Staatsfeind sei.

Das ist ein Signal. Das wirkt so durchdringend und so anfeuernd wie der Startschuß bei einem Rennen. Nun wissen alle guten Polen, die sich bislang noch einige Zurückhaltung auferlegt haben, daß jeder Deutsche ein Staatsfeind ist. Man wird es diesen Deutschen zeigen müssen, wie in Polen Staatsfeinde behandelt werden.

Wie die hungrigen, bösartigen Ratten kommen sie nun aus ihren Löchern. In den Städten und in den Dörfern und auf dem flachen Lande, überall werden die Deutschen überfallen, mißhandelt, schikaniert. Die Aufständischen sind die Träger der ganzen Aktion. Sie sind überall und nirgends. Es gibt keine Wahlversammlung, die sie nicht zu sprengen versuchten. Die Zettelverteiler, die Wahlagitatoren der Deutschen, jeder im Lande, der im Verdacht deutscher Gesinnung steht, ist vogelfrei.

Die Behörden? Die Polizei? Ruhe und Ordnung werden nicht gestört, wenn Hunderte von Deutschen mit Knüppeln niedergeschlagen und mißhandelt werden. Mag ein Wahllokal, ein Versammlungsort noch so nahe bei einer Polizeistation gelegen sein, die Beamten sind taub und blind. Selbst in den Versammlungen, in denen Polizeibeamte anwesend sind, können blutige Überfälle durchgeführt werden. Die Staatsmacht versagt gegenüber den bewaffneten Aufständischen, sie versagt, weil man ihr Nichtfunktionieren wünscht.

Aber auch Gewalttätigkeiten, auch Brutalität müssen organisiert werden, wenn sie Erfolg haben sollen. Diese Organisation übernehmen nicht nur die Ortsvorstände des Aufständischenverbandes. Sogar beamtete Vertreter des Staats geben genaue Richtlinien für die Terrorisierung der deutschen Minderheit und der polnischen Opposition aus. Der Vorsitzende der Bezirkswahlkommission des Wahlkreises III, Kattowitz-Zalenze, erläßt folgende schriftliche Bekanntmachung:

»1. Die Wahlkommissionsvorsitzenden sowie die Beisitzer haben am Tage der Wahl in der Uniform der Aufständischen zu erscheinen.

2. In jedem Wahllokal haben acht bis zehn Aufständische anwesend zu sein und die Wähler dauernd zu beobachten, welche Zettel sie in Händen haben und was für einen Zettel sie in das Kuvert hineinlegen.

3. Im Wahllokal selbst darf natürlich kein Wähler behelligt werden. Für das jedoch, was vor dem Wahllokal geschieht, ist der Wahlkommissar nicht verantwortlich.

4. Jeder Wähler, dessen Stimmzettel von den Aufständischen nicht kontrolliert werden kann, wird als Gegner der Regierungspartei angesehen und dann außerhalb des Wahllokals entsprechend behandelt.«

Deutlicher zu werden ist nicht gut möglich. Ein Zweifel über die Stellung der Behörden gegenüber jeder Form von brutalen Ausschreitungen ist nun nicht mehr erlaubt. Vergebens wenden sich die Deutschen in Telegrammen hilfeflehend und Recht fordernd an das Innenministerium in Warschau. Auf die Telegramme kommt keine Antwort. Die Zeitungen, die den Wortlaut der Eingaben veröffentlichen, werden sofort beschlagnahmt.

*

Sechzig Jahre ist der Landwirt Josef Greitzke in diesem Lande alt geworden. Länger als ein Menschenalter bewirtschaftet er sein kleines Anwesen in Oberwiloza. Jedermann im Dorf kennt ihn. Jedermann weiß, daß der Josef Greitzke ein ruhiger, zurückhaltender Mann ist, der noch niemals Streit gesucht hat. Vieles hat der alte Bauer in diesen Jahren nach dem Ende des großen Krieges erlebt. Die Polenaufstände sind über seinen Heimatort hinweggebraust. Tote und Schwerverletzte hat der Josef Greitzke in dieser Zeit genug gesehen. In seiner eigenen Feldmark hat er noch Monate nach dem dritten Polenaufstand die verweste Leiche eines deutschen Selbstschutzmannes gefunden. Ihn selber hat man bedroht und geschlagen, weil er ein Deutscher ist. Aber als die Polen endgültig das Land nahmen, ist er geblieben, weil es selbstverständlich für ihn war, daß er seinen Hof nicht aufgeben werde. Die Jahre unter polnischer Herrschaft sind gewiß nicht leicht gewesen. Man geht im neuen Polen nicht besonders liebenswürdig mit deutschen Bauern um. Wenn der polnische Nachbar höchstens einmal höflich von der Steuer gemahnt wird, dann ist beim Deutschen schon die Kuh im Stall gepfändet.

Josef Greitzke hat das alles als eine Fügung des Himmels hingenommen. Schwere Zeiten sind dazu da, ertragen zu werden. Und solange man ihn auf dem Hof läßt, ist alles noch nicht so schlimm. Nur einmal hat Greitzke den Polen wirklich die Zähne gezeigt. Das war damals, als sie ihn durch Drohungen dazu bringen wollten, bei den letzten Wahlen nicht für die Deutschen zu agitieren. Seitdem hassen sie ihn. Das weiß er.

Aber auch das wird ihn nicht abhalten, seine selbstverständliche Pflicht als Deutscher zu erfüllen.

Auch diesmal ist er hier im Dorf der Vertrauensmann der deutschen Wahlgemeinschaft. Was soll ihm passieren? Er hat niemandem etwas Böses getan. Es ist sein gutes Recht, für die Partei zu werben, der er anhängt, und außerdem ist er ein alter Mann. Die Burschen, die in diesen Wochen von Ort zu Ort gezogen sind und randaliert haben, werden vielleicht doch vor dem grauen Haupt des Josef Greitzke Respekt haben.

Der Tag vor der Wahl ist besonders anstrengend gewesen. Viele Stunden ist der Josef Greitzke noch einmal mit Flugblättern und Propagandaschriften unterwegs gewesen. Er hat alle seine deutschen Bekannten und Freunde zum letztenmal besucht, um ihnen klarzumachen, daß es trotz aller polnischen Drohungen ihre verfluchte Pflicht und Schuldigkeit ist, morgen für die deutsche Liste zu stimmen.

Jetzt am Abend sitzt der Josef Greitzke in seinem Häuschen und ruht sich aus. Er ist nicht sehr hoffnungsfroh. In vielen Häusern, in die er heute kam, hat er Mutlosigkeit und Niedergeschlagenheit gefunden. Die Bauern und kleinen Kaufleute haben ihm oft genug gesagt, daß es zu gefährlich sei, morgen etwas anderes zu wählen als die Regierungsliste. Die Aufständischen werden dasein, mit Knüppeln und Messern, und werden jeden, der nicht mit dem Ruf: »Es lebe der Marschall!« den Stimmzettel der Regierungspartei in die Urne legt, zum Krüppel schlagen.

Der alte Bauer weiß, daß die Ängstlichen und Bedenklichen leider recht haben. Müde und sorgenbeschwert saugt er an seiner Pfeife.

Zum Teufel, was ist denn das um diese Zeit da draußen für ein Lärm?

Aus dem Auto, das vor der Tür des Josef Greitzke hält, steigt ein halbes Dutzend Männer. Einige bleiben in dem Wagen zurück. An der Spitze derer, die jetzt mit ein paar Fußtritten die Haustür aufsprengen, steht der Gemeindevorsteher von Oberwiloza. Nun sind sie in der Stube. Drohend treten sie auf den grauhaarigen alten Mann zu, der nicht weiß, was dieser nächtliche Überfall zu bedeuten hat. Er erkennt den Gemeindevorsteher, und er steht langsam und bedächtig von seinem Stuhl auf. Das steckt ihm so in den Knochen. Wenn der Gemeindevorsteher kommt, dann steht man eben auf.

Erregt schreien die Eindringlinge auf ihn ein. Was wollen sie von ihm? Er soll die Waffen und das Geld hergeben, das er versteckt hat? Josef Greitzke schüttelt den Kopf. Sie sollen keinen Unsinn reden. Er hat keine Waffen, und er hat auch kein Geld.

Sie fuchteln mit Fäusten und Knüppeln vor seinem Gesicht herum, und ein paar von den Burschen machen sich daran, Schränke und Schubladen aufzureißen und die Wohnung zu durchsuchen. Der Überfallene fühlt, daß es keinen Sinn hat, Widerstand zu leisten. Noch immer glaubt er an ein Mißverständnis. Er sieht den Gemeindevorsteher vor sich. Der kennt ihn doch. Der weiß doch genau, daß er keine Waffen besitzt.

Aber dann wird ihm sehr schnell klar, worum es geht.

»Du Hund,« schreit der eine, »du willst uns die Gelder der Deutschen und die Waffen nicht geben? Warte, du verfluchter Deutscher, dann wirst du sterben.« Instinktiv ist Josef Greitzke einen Schritt zurückgetreten. Er faßt nach dem Stuhl, um ihn dem frechen Burschen über den Kopf zu schmettern. Da saust auch schon ein schwerer Knüppel herab. Mit einem Aufschrei läßt der Getroffene den Stuhl fallen. Sechs kräftige Arme packen ihn, reißen ihn hoch und schleppen ihn hinaus in das Auto. Es regnet Püffe und Schläge, aber Josef Greitzke merkt noch, daß der Wagen nach dem Dorfausgang fährt. Kurz ehe das Ende des Dorfes erreicht ist, wird einen Moment angehalten. Der Bauer kann erkennen, daß das Gebäude, vor dem der Wagen jetzt hält, die Polizeistation ist. Der Gemeindevorsteher steigt aus und gibt den Leuten im Wagen ein paar kurze Verhaltungsmaßregeln in polnischer Sprache. Die Worte sind so leise, daß Josef Greitzke sie nicht genau verstehen kann. Dann ruckt der Wagen wieder an, und die unheimliche Fahrt geht weiter.

Erst einige Kilometer hinter dem Dorf wird wieder angehalten. Die Nacht ist klar. Ein ganz blasser Mondschein erhellt die Chaussee wohl auf zwanzig Schritt. Die Lichter des Autos werden ausgedreht.

Der Bauer sieht in den Händen seiner Henker die brünierten Läufe von Pistolen matt aufglänzen. Er beißt die Zähne zusammen, die Schurken sollen nicht merken, daß auch ein Deutscher sich nicht gern niederschießen läßt wie ein räudiger Hund.

»Steig aus, du Lump. Lauf ein paar Schritt vor das Auto. Das werden deine letzten Schritte sein«, so zischt ihm einer der Aufständischen ins Ohr. Josef Greitzke rührt sich nicht. Er wird ihnen nicht das Vergnügen machen, eine Hasenjagd auf ihn veranstalten zu können. Mögen sie ihn hier niederknallen, wenn sie den Mut dazu haben.

Aber da saust auch schon wieder ein Stockhieb über seinen Schädel. Ein Faustschlag trifft den alten Mann ins Gesicht. Blut läuft ihm aus Nase und Mund. Ein Fußtritt befördert ihn aus dem Wagen, und halb besinnungslos stolpert er einige Schritte auf der Chaussee entlang. Hinter seinem Rücken hört er das Knacken der Sicherungen an den Pistolen. Jetzt ist es aus, denkt er. Aber da packt ihn wieder so ein Bursche im Genick und reißt ihn herum.

»Totschießen ist zu schade für dich, wie wär's, wenn wir dich ein wenig überführen?«

Sie werfen ihn auf die Erde. Sie binden ihm mit ein paar Stricken Arme und Beine zusammen und legen ihn quer auf die Straße. Fünfzehn Schritt vor dem Auto. Die Maschine brummt auf. Der Wagen springt vor, auf den gefesselten, wehrlosen alten Mann zu. Josef Greitzke hört nicht mehr das schrille Kreischen der scharf getretenen Bremse. Er ist ohnmächtig in dem Augenblick, als die Vorderräder des Wagens wenige Zentimeter von ihm entfernt zum Stehen kommen.

Wieder packen ihn die Burschen. Sie schleifen ihn jetzt von der Straße herunter etwa fünfzig Meter in den Wald hinein. Sie reißen ihm Stiefel und Strümpfe von den Beinen. Sie sehen noch einmal nach, ob die Stricke gut halten, und dann prügeln sie wie die Wahnsinnigen auf die nackten Füße des alten Mannes los. Wohl zwanzig Minuten lang dauert diese schauerliche Prozedur. Dann lassen sie ihn liegen. Er rührt sich nicht mehr. Ist er tot oder nur ohnmächtig? Das kümmert die Aufständischen wenig.

Langsam verliert sich das Motorgeräusch des davonfahrenden Wagens in der Ferne.

Erst viele Stunden später findet man den schwerverletzten alten Bauern. Man schafft ihn zurück ins Dorf. Man erstattet Anzeige bei der Polizei. Dort zucken die Beamten die Achseln. Ihnen ist nichts bekannt. Sie haben nichts gehört und gesehen. Josef Greitzke, der Vertrauensmann der deutschen Wahlgemeinschaft in Oberwiloza, hat nicht wählen können, weil er in lebensgefährlich verletztem Zustande am Tage der Wahl im Krankenhaus lag.

*

Der wahnsinnige Terror hat Erfolg. Bei den Wahlen zum Sejm am 16. November 1930 verlieren die Deutschen in Oberschlesien annähernd hunderttausend Stimmen. Es ist einfach nicht möglich, frei zu wählen, denn in den Wahllokalen haben die Aufständischen die Wahlzellen entfernt. Jeder Wähler muß vor ihren Augen den »richtigen« Wahlzettel, das heißt den der Regierungspartei, in die Urne legen, sonst kommt er nicht heil wieder nach Hause. Es ist ein Wunder, daß unter diesen Umständen doch noch beinahe hunderttausend Stimmen für die Deutschen abgegeben werden.

Eine Woche später soll zum Senat, der zweiten Kammer des polnischen Parlaments, gewählt werden. Nur nicht nachlassen! ist die Parole der Aufständischen. Den Terror noch verschärfen, wenn es irgendwie geht. Denn alles in allem genommen ist das Endziel der Sejmwahlen nicht erreicht worden. Pilsudskis Anhänger bilden zwar im Sejm die absolute Mehrheit. Aber es ist nicht gelungen, die Opposition so völlig zu zerschlagen, daß eine verfassungsändernde Mehrheit von zwei Dritteln aller Abgeordneten vorhanden ist. Deshalb muß für die Senatswahlen noch mehr Druck ausgeübt werden. Wenigstens diese Körperschaft soll absolut und völlig in den Händen des Marschalls sein.

Die Überfälle auf einzelne Deutsche, die Sprengung von Versammlungen, all diese gut bewährten Mittel werden von neuem mit verstärkter Gewalt angewendet. Es ist, als ob die Zeit der Polenaufstände wiedergekehrt sei.

Nicht weit von der deutschen Stadt Ratibor, dicht an der Grenze, liegt der Ort Hohenbirken. Er ist das Ziel eines Massenüberfalls, der selbst in der an Ausschreitungen reichen Geschichte Oberschlesiens ohne Beispiel ist.

Der Abend des 19. November ist friedlich hereingebrochen. Nur hin und wieder brennt in den einfachen kleinen Häusern noch irgendwo Licht. Das ist die rechte Zeit, um von außerhalb unbemerkt in Lastwagen eine große Anzahl von Aufständischen hereinzuführen. Als Führer dienen ortskundige Polen. Sie zeigen den Banden jedes einzelne Haus, in dem Deutsche wohnen. Die Türen werden gesprengt. Die Aufständischen dringen ein. Sie demolieren alles, was ihnen in die Finger fällt. Sie hausen wie die Wahnsinnigen. Sie reißen die schlafenden Menschen aus den Betten und prügeln mit Gummiknüppeln und Eisenstangen so lange auf sie ein, bis sie blutüberströmt und ohnmächtig liegenbleiben.

Einzelnen der Überfallenen gelingt es, sich fast nackt aus der Ortschaft hinaus in den Wald zu retten. In ihren Wohnungen bleibt nicht ein Stück heil. Die Zahl der Niedergeschlagenen und Verletzten ist an diesem Abend überhaupt noch nicht festzustellen. Vergebens suchen die Gepeinigten Schutz bei der Polizei. Die Beamten stehen mit verschränkten Armen und erklären, gegen die Übermacht nichts tun zu können. Telefonische Hilferufe nach Pleß und Rybnik bleiben ebenfalls ohne Erfolg.

Der 58jährige Buchhalter August Neugebauer wird vor den Augen seiner fünfzehnjährigen Tochter so lange mit Knüppeln bearbeitet, bis er mit gebrochenen Gliedern und gequetschten Rippen besinnungslos liegenbleibt. Das verzweifelte Kind versucht, über die Grenze nach Ratibor zu laufen, um von dort für ihren schwerverletzten Vater ärztliche Hilfe zu holen, weil es in Hohenbirken selber keinen Arzt gibt. Die Aufständischen verfolgen sie, prügeln das verängstigte Kind und verhindern, daß ein Arzt Zeuge ihrer Schandtaten wird.

Viele Stunden lang, beinahe die ganze Nacht hindurch, hausen die Banden in dieser Weise in Hohenbirken. Erst als es hell wird, verlassen sie den Ort, den auf den dringenden Hilferuf der Deutschen am nächsten Tage schon Präsident Calonder persönlich besichtigt.

Zwei Tage später wird ein ähnlicher Überfall am hellichten Tage auf das Dorf Golassowitz versucht. Wieder kommen auf Lastwagen ortsfremde Aufständische in das Dorf. Ihnen fällt zunächst der Küster der evangelischen Kirche in die Hände. Sie verprügeln ihn. Sie werfen in dem Gemeindehaus sämtliche Scheiben ein. Aber dann haben sie doch wohl das Gefühl, daß bei Tageslicht nicht ganze Arbeit gemacht werden kann. Mit der Versicherung, daß sie am Abend wiederkommen wollen, verschwinden sie.

Die Vorgänge von Hohenbirken, die sich wie ein Lauffeuer durch das ganze Land verbreitet haben, sind auch in Golassowitz nur zu gut bekannt. Die Bauern wissen, daß die Aufständischen keine leere Drohung ausgesprochen haben, wenn sie erklärten, am Abend wiederkommen zu wollen. Vergeblich auch hier das Bemühen, polizeilichen Schutz zu erhalten. Für solche Dinge ist die polnische Polizei zu schade.

Als der Abend herniedersinkt, packt die Bauern eine wilde, verzweifelte Wut. Sie rüsten sich mit Dreschflegeln und Wagenspeichen aus. Es werden Posten ausgestellt, und als nach Eintritt der Dunkelheit tatsächlich die Ankunft der Aufständischen gemeldet wird, gellt die Feuerglocke durch den Ort. Aus ihren Häusern stürzen die Bauern, und auf der Dorfstraße entspinnt sich in der Dunkelheit ein wütendes Handgemenge. Das haben die Aufständischen nicht erwartet. Jetzt ist es an ihnen, die Polizei zu alarmieren. Und nun dauert es nur wenige Minuten, dann sind die Beamten da. Jetzt können sie dazwischenfahren. Jetzt gibt es keine andern Dienstverrichtungen, die sie abhalten würden, in Aktion zu treten.

Halb besinnungslos vor Wut und Verzweiflung schlagen die deutschen Bauern um sich. Der Übermacht von Aufständischen und Polizei müssen sie weichen. Neben einer Reihe von mehr oder weniger Schwerverletzten bleibt ein Toter auf dem Platz. Der Polizeibeamte Snapka, der nicht in Uniform war und der anscheinend den Aufständischen als Führer gedient hatte.

Das ist das Signal für eine Razzia ganz großen Stils auf die Deutschen. Über vierzig Bauern werden noch im Laufe der Nacht verhaftet und in den Keller des Hauses des Gemeindevorstehers eingesperrt. Sie werden ohne Verzug auf polnische Art vernommen. Man erlaubt ihnen nicht, sich zu setzen oder zu legen. In dem Keller liegen kleingehackte Steinkohlen. Stundenlang müssen die Gefangenen auf diesen Kohlen knien. Polnische Polizisten verhindern sie, auch nur für Minuten aus dieser qualvollen Stellung sich zu erheben. Man ist der Meinung, daß auf diese Weise am besten und schnellsten die Geständnisse herbeigeführt werden, die man haben möchte. Daß bei den Vernehmungen Gummiknüppel und Karabinerkolben eine erhebliche Rolle spielen, bedarf kaum noch besonderer Erwähnung.

Aber die polnische Presse hat nun das, was sie braucht. Eine deutsche Revolte. Bestialische Ermordung eines polnischen Beamten. Das sind die Schlagzeilen, die so lange gefehlt haben. Mit ihnen soll alles zugedeckt werden, was in den blutigen Tagen und Wochen vorher geschehen ist.

*

Zum erstenmal greift jetzt endlich die deutsche Regierung ein. Am 27. November richtet Reichsaußenminister Dr. Curtius an den Generalsekretär des Völkerbundes eine Note, in der er bittet, die Angelegenheit des polnischen Terrors auf die Tagesordnung der nächsten Ratstagung in Genf setzen zu wollen. Der Note ist eine genaue Aufstellung aller bis zu diesem Tage bekanntgewordenen Terrorakte und Überfälle beigefügt. Ferner enthält die Note eine genaue Darstellung aller jener amtlichen und halbamtlichen Maßnahmen, die getroffen wurden, um die Wahlfreiheit für die Deutschen in Polnisch-Oberschlesien zu beschneiden. Eine zweite Note, in der wiederum mehrere Dutzend von schweren Terrorakten aufgezählt werden, folgt am 9. Dezember.

Nun kann die Öffentlichkeit Europas an diesen Dingen nicht mehr vorbeigehen. Gleichwohl tun besonders die Franzosen alles, was sie können, um die deutschen Beschwerden zu bagatellisieren und ihre polnischen Freunde zu unterstützen. Den Vogel in dieser Pressekampagne schießt Jules Sauerwein in einem Artikel im »Matin« ab, in dem er wenige Tage vor Beginn der Ratstagung Deutschland vor einem scharfen Vorgehen in Genf warnt. Durch den Erfolg Hitlers bei den Reichstagswahlen des September 1930 sei das noch schwache internationale Vertrauen in Europa zerstört worden. Deutschland dürfe jetzt nicht wieder ein Attentat gegen das Vertrauen begehen. Sonst werde es nicht möglich sein, auch nur einen Schritt vorwärts auf dem Wege der europäischen Zusammenarbeit zu kommen.

Nach der Meinung der Franzosen wird also die europäische Zusammenarbeit durch die Beschwerde über mittelalterliche politische Terrormethoden eines französischen Bundesgenossen mehr gefährdet als durch diesen Terror selbst. Nun, man weiß jetzt jedenfalls in Deutschland, was man von dem französischen Gerechtigkeitssinn in Genf zu erwarten hat.

Um die Angelegenheit der deutschen Minderheit freier vertreten zu können, gibt Dr. Curtius den ihm für die Januartagung des Rates zustehenden Vorsitz an den englischen Außenminister Henderson ab.

Erst am 21. Januar 1931 steht die deutsche Beschwerde auf der Tagesordnung. Den Beginn macht der japanische Ratsdelegierte Yoshisawa. Drei Viertelstunden lang referiert der kleine steinerne Japaner über die deutsche Beschwerde. Er zählt trocken und unbeteiligt eine der polnischen

Untaten nach der andern auf, so wie die beiden deutschen Noten sie enthalten. Es ist, als ob ein Automat eine Grammophonplatte des Grauens wiedergäbe. Die Mitglieder des Rates, die zu Beginn noch in ihren Akten geblättert haben, werden langsam aufmerksam. Gerade die maschinenhafte Unbeteiligtheit des Asiaten wirkt erschütternd. Hier wird nicht angeklagt. Hier wird nicht geurteilt. Hier werden Tatsachen fast ohne Heben und Senken der Stimme aneinandergereiht. Und diese Tatsachen, die ein furchtbares Dokument europäischer Kulturschande sind, kommen aus dem Munde eines Asiaten.

Manch einem der Ratsdelegierten kriecht allmählich ein kalter Schauer den Rücken hinauf. Will denn diese Reihe von Greueln immer noch nicht enden? Als der Japaner, ohne sein Gesicht zu verziehen, seine Akten zusammenpackt und sich wieder auf seinen Platz begibt, geht ein Aufatmen durch den Raum. Ein Alpdruck ist gewichen.

Aber nicht für lange. Nun erhebt sich der deutsche Außenminister Dr. Curtius zu seiner großen Anklagerede. Der Rechtsanwalt am Kammergericht, Dr. jur. Curtius, ist kein hinreißender Redner. Er hat nicht die Fähigkeit Briands oder Paul Boncours, seine Hörer durch den Klang seiner Worte, durch den Flug seiner Gedanken in seinen Bann zu ziehen. Aber heute und an dieser Stelle verleiht ihm die Sache, die aus ihm spricht, verleiht ihm das Elend und die Qual von Hunderttausenden eine Wucht, der kaum einer der Anwesenden sich entziehen kann. Noch einmal entrollt sich das Bild von Jammer und Elend, von Not und Rechtlosigkeit vor den Delegierten des Völkerbundsrats.

Dann ist August Zaleski, der Außenminister Polens, an der Reihe. Seine Aufgabe ist wahrlich nicht leicht. Er kann vielleicht den einen oder den andern Fall etwas harmloser darstellen. Aber was nützt das bei der unendlichen Fülle von erdrückendem Anklagematerial, das hier vorgebracht wird. Doch August Zaleski ist nicht der Mann, auch in einer peinlichen Situation die Nerven zu verlieren. Was soll passieren? Seine französischen Freunde werden ihn nicht fallen lassen. Dessen ist er sicher. Und es ist auch noch nicht allzulange her, daß der englische Botschafter in Warschau ihn über den wahrscheinlichen Verlauf der Genfer Tagung beruhigt hat. Man legt in London jetzt keinen Wert darauf, Unannehmlichkeiten mit Paris zu bekommen. Die eigenen Sorgen sind zu groß, als daß die englische Regierung sich wegen ein paar hundert zuschanden geschlagener Deutscher auf scharfe Auseinandersetzungen einlassen werde. Trotzdem hält August Zaleski es für zweckmäßig, sich nicht nur zu verteidigen, sondern gleich zu einem sehr massiven Gegenangriff überzugehen. Mit einem kühnen Salto mortale überspringt er kurzerhand die hier vorgebrachten Anklagen. Er bläst sie sozusagen in die Luft. Er wischt sie mit einer Handbewegung fort, als ob er Platz schaffen wolle für das Eigentliche, das Wesentliche. Und das ist: die deutsche Forderung nach der Revision der Ostgrenze. Der Deutsche Volksbund in Kattowitz, so meint Zaleski, habe selber festgestellt, daß vom September 1929 bis zum Oktober 1930 eine wesentliche Verbesserung der Beziehungen zwischen Mehrheit und Minderheit zu bemerken gewesen sei. Warum sei diese Periode der Beruhigung so plötzlich zu Ende gegangen? Zaleski stellt diese Frage und da er in diesem Moment ja das Wort hat und nicht Gefahr läuft, die richtige Antwort zu erhalten, so gibt er seine Antwort. Und die lautet: Infolge der wiederholten Erklärungen des deutschen Ministers Treviranus, der die Revision der deutschen Ostgrenzen gefordert habe, sei die polnische Bevölkerung an der Grenze in eine berechtigte Erregung geraten.

Daß diese Erregung, selbst wenn man sie als berechtigt anerkennen wollte, zu sehr unberechtigten Gewalttaten geführt hat, ficht Herrn Zaleski wenig an. Was ist der Verband der Aufständischen? Eine private Vereinigung polnischer Bürger, auf die die Regierung nicht den geringsten Einfluß habe. Gibt es nicht auch in Deutschland ähnliche Organisationen? Was bedeutet es, daß der oberschlesische Wojwode Ehrenvorsitzender dieses Verbandes ist? Das bedeutet gar nichts. Ist nicht der deutsche Reichspräsident von Hindenburg Ehrenvorsitzender des Stahlhelms?

Dr. Curtius fährt auf, am liebsten würde er auf diese unerhörte Anzapfung hin sofort antworten. Aber er muß sich bis zur Nachmittagssitzung gedulden. Da erst hat er Gelegenheit, in aller Form und in einer für Genfer Verhältnisse sehr beachtlichen Schärfe den polnischen Außenminister in seine Schranken zurückzuverweisen.

»Der polnische Außenminister«, so erklärt Curtius mit starker Betonung und erhobener Stimme, »hat einen Vergleich zwischen dem polnischen Aufständischenverband und dem deutschen Stahlhelm gezogen.

Ich weise diesen Vergleich zurück. Der Stahlhelm ist kein Aufständischen-verband und hat noch keine Gewalttätigkeiten gegen Minderheiten begangen. Der Aufständischenverband in Oberschlesien wird von der Regierung gestützt, militärisch eingegliedert, er verfügt über Waffen, die ihm zur Verfügung gestellt werden. Er hält Manöver ab usw. Wenn unter diesen Umständen Herr Zaleski die Ehrenmitgliedschaft des deutschen Reichspräsidenten im Stahlhelm in Vergleich mit der des Wojwoden Grazynski beim Aufständischenverband in Oberschlesien setzt, so muß ich betonen, daß gerade dieser Wojwode der böse Geist des Deutschtums in Oberschlesien ist. Ich muß die heute morgen gezogene Parallele mit dem Reichspräsidenten von Hindenburg aufs schärfste zurückweisen. Dieser Vergleich ist in jeder Beziehung abwegig und verwerflich. Reichspräsident von Hindenburg, dessen Gerechtigkeitsgefühl in der ganzen Welt anerkannt ist, braucht nicht mit dem polnischen Wojwoden Grazynski verglichen zu werden.«

Das sind Töne, die man in Genf nicht gewöhnt ist. Die Ratsmitglieder können sich zwar der Erkenntnis nicht verschließen, daß die Ohrfeige für den polnischen Außenminister durchaus berechtigt war. Aber die Freunde Polens legen keinen Wert darauf, daß sich derartige Dinge vor der großen Weltöffentlichkeit womöglich wiederholen. Unter diesen Umständen ist es schon besser, wenn man sich zu den weiteren Verhandlungen in die geheimen Beratungszimmer zurückzieht. Besonders der englische Außenminister Arthur Henderson bemüht sich eifrig um irgendeinen erträglichen Kompromiß. Daß Briand ihm dabei hilft, ist selbstverständlich. Es muß unter allen Umständen vermieden werden, daß für den Warschauer Bundesgenossen eine allzu große Blamage herauskommt. Am 21. Januar hat das große Rededuell zwischen Curtius und Zaleski stattgefunden. Drei Tage lang wird beinahe ununterbrochen hinter verschlossenen Türen verhandelt. Bis schließlich, wenige Stunden vor Schluß der Ratstagung, der Bericht des Rates fertig vorliegt. Dieser Bericht ist das typische Genfer Kompromiß, der so angelegt ist, daß alle Ratsmitglieder, also auch Dr. Curtius, ihm zustimmen.

In dem fünf Folioseiten langen Bericht, den der Japaner Yoshisawa am 24. Januar vorlegt, wird festgestellt, daß »die polnische Regierung nicht geleugnet hat, daß Zwischenfälle vorgekommen sein können, und daß sie dargelegt hat, die Wahlorganisation in Polen habe besondere Gerichte zur Feststellung aller Fragen des Wahlrechts vorgesehen«. Über die Terrorakte wird gesagt: »255 Fälle dieser Art sind in der Petition des Volksbundes aufgeführt. Niemand hat bestritten, daß Dinge dieser Art vorgekommen sind und daß diese Tatsachen einen Ernst und eine Ausdehnung aufweisen, die den Schluß zulassen, daß in zahlreichen Fällen eine Verletzung der Artikel 75 und 83 der Genfer Konvention vorliegt. Was entscheidend in dieser Angelegenheit ist, das ist die Haltung der Behörden.«

Diese entscheidende Haltung der Behörden wird im weiteren Verlauf des Berichtes folgendermaßen gekennzeichnet:

»Natürlich darf in Gegenden gemischter Bevölkerung wie in Oberschlesien kein Verband mit so scharf betonter nationaler Tendenz irgendeine bevorzugte Stellung einnehmen, so daß dadurch die Interessen einer Minderheit geschädigt werden. Zur Erreichung dieses Zieles und mangels anderer Mittel läge es also im allgemeinen Interesse, daß die polnische Regierung diejenigen Maßnahmen ergreift, die zur Auflösung der besonderen Beziehungen zwischen den Behörden und solchen Verbänden notwendig sind, die eine politische Tätigkeit ausüben wie die obenerwähnte. Unerläßlich ist es in jedem Fall, daß der deutschen Minderheit der Wojwodschaft Schlesien ein Gefühl des Vertrauens wiedergegeben wird, das unglücklicherweise tief erschüttert zu sein scheint. Ohne dieses Vertrauen ist es unmöglich, zwischen der Minderheit und dem Staate jene Zusammenarbeit herzustellen, die in den Verträgen und in den Beschlüssen der Versammlung und des Rates als eine gebieterische Pflicht für den Staat und für die Minderheit erklärt wird. Der Rat hat den Wunsch, zu gegebener Zeit vor seiner nächsten Tagung von den Entscheidungen Kenntnis zu nehmen, welche die polnische Regierung in dieser Beziehung getroffen hat.«

Das ist aus der Genfer Sprache ins Normale übersetzt die härteste Verurteilung der polnischen Ausschreitungen, die nur denkbar ist. Wenn gleichwohl der Rat nicht einmal auf die Auflösung des Verbandes der Aufständischen bestanden hat, obwohl ein Präzedenzfall für eine derartige Forderung in der Auflösung der bayerischen Organisation Escherich vorhanden war, so ist das nur durch die Schwäche der ganzen Genfer

Institution zu erklären. Wie wenig sich Polen tatsächlich zu irgendwelchen durchgreifenden Maßnahmen auf Grund dieser Genfer Entschließung verpflichtet fühlt, zeigt sich schon sehr kurze Zeit nach dem Abschluß der Januartagung des Rates. In dem Bericht, den Zaleski vor dem Auswärtigen Ausschuß des polnischen Senats über die Genfer Tagung erstattet, sagt er mit erfrischender Offenherzigkeit, der Schlußbericht des Rates enthalte keine Erwähnung einer internationalen Untersuchungskommission über die Ausschreitungen und auch kein Wort über einen personalpolitischen Wechsel. Schließlich seien keinerlei Spezialgarantien für die Zukunft verlangt worden. Das einzige, was der Rat beschlossen habe, seien ein paar Empfehlungen.

Auf Empfehlungen hört man, wenn es einem paßt. Oder man hört nicht auf sie, wenn man keine Lust dazu hat. Das ist eine alte und feststehende Tatsache, die durch die Existenz des Völkerbundes keineswegs aus der Welt geschafft ist.

Daß Polen auf die Empfehlungen des Genfer Rates gehört hätte, können wirklich auch seine besten Freunde nicht behaupten. Noch immer ist Herr Grazynski, den Curtius mit vollem Recht als den bösen Geist der deutschen Minderheit bezeichnet hatte, Wojwode in Kattowitz. Noch immer ist derselbe Mann Ehrenvorsitzender des Verbandes der Aufständischen, und die intimen Beziehungen dieses Verbandes zu den Behörden, dessen Methoden sich seither nicht geändert haben, sind noch anläßlich der Zehnjahresfeier des dritten polnischen Aufstandes Anfang Mai 1931 durch den Besuch des polnischen Staatspräsidenten in Kattowitz unterstrichen worden, bei dem Präsident Moscicki eine betont anerkennende Rede über die nationalen Verdienste des Aufständischenverbandes gehalten hat.

XII. Kapitel

Völkerwanderung in der Neuzeit

Wie in zehn Jahren 800000 Deutsche verdrängt wurden

Der harmlose und auf die Fortschritte seiner Zeit stolze Europäer des zwanzigsten Jahrhunderts pflegt Dinge wie die Ausrottung der

Bevölkerung ganzer Landstriche als Folgen eines Krieges um einige hundert oder tausend Jahre zurückzuverlegen. So etwas hat es gewiß einmal gegeben. In der Zeit der Völkerwanderung waren derartige Maßnahmen eines Siegers vielleicht etwas Natürliches. Aber heute? Im zwanzigsten Jahrhundert kann so etwas doch unter keinen Umständen mehr vorkommen. Man erinnert sich allerdings, daß während des Krieges die türkische Regierung den größeren Teil des armenischen Volkes auf einen schauerlichen Wüstenmarsch schickte, bei dem weit über eine Million Menschen den Tod fanden. Man hat auch noch nicht vergessen, daß ein gigantischer Bevölkerungsaustausch den Abschluß des türkisch-griechischen Krieges von 1921–22 bildete. Aber diese beiden Tatsachen sind irgendwie dem Gefühl des Europäers entrückt. Es spielt da etwas von der Vorstellung Asiens hinein, und der Mensch des Westens kann zu diesen historischen Ereignissen kein rechtes inneres Verhältnis finden.

Aber der Europäer sollte nicht vergessen, daß es keineswegs notwendig ist, bis nach Asien zu gehen, um Vorgänge zu studieren, die im Erfolg, wenn auch vielleicht nicht in der Methode, dem entsprechen, was er als Eigenart der Völkerwanderung anzusehen geneigt ist. Man weiß selbst in Deutschland viel zu wenig von der Tatsache, daß in den nach dem Kriege an das neu errichtete Polen abgetretenen Teilen der preußischen Provinzen Posen und Westpreußen rund 1 200 000 Deutsche lebten und daß nach zehn Jahren polnischer Herrschaft die Zahl der Deutschen in diesen Gebieten auf etwa 350 000 zurückgegangen ist. Die ländliche deutsche Bevölkerung dieser Gebiete hat 55 Prozent ihres Bestandes, die städtische 85 Prozent verloren. Nicht weniger als 500 000 Hektar privaten deutschen Grundbesitzes sind in dieser Zeit in polnische Hände übergegangen, und die Polen können sich heute rühmen, daß die Stadt Posen den allergrößten Prozentsatz aller polnischen Städte an rein polnischer Bevölkerung hat.

Wie ist eine derartige Entwicklung im zwanzigsten Jahrhundert unter den Augen Europas möglich?

Die durch den Kriegsausgang neu geschaffenen Staaten, und unter ihnen an allererster Stelle Polen, haben alle große nationale Minderheiten in ihren Grenzen, wenn sie nicht wie die Tschechoslowakei ausgesprochene Nationalitätenstaaten sind. Die Sieger des Weltkrieges, die diesen Staaten zum Leben verhalfen, waren sich von vornherein klar, daß Nationen wie Polen und Tschechen, deren nationales Eigenleben lange Zeit stark behindert oder ganz unterdrückt gewesen war, als neu erstandene Staatsvölker den nationalen Minderheiten in ihren Grenzen, und unter ihnen natürlich besonders denen, die den früheren Herrenvölkern angehörten, nicht übertrieben wohlgesonnen sein würden. Aus diesem Grunde wurden in die Friedensverträge Schutzbestimmungen für die nationalen Minderheiten in diesen neuen Staaten eingebaut. Man hoffte, damit wenigstens teilweise die Ungerechtigkeit der aus rein machtpolitischen Erwägungen gezogenen Grenzen ein wenig zu mildern. Aber man hätte wissen müssen, daß besonders Polen niemals auch nur einen Augenblick daran gedacht hat, die Bestimmungen dieser Minderheitenschutzverträge wirklich einzuhalten. Als der polnische Minderheitenschutzvertrag am 30. Juni 1919 dem Warschauer Sejm vorgelegt wurde, wünschten die polnischen Volksvertreter zunächst seine glatte Ablehnung, und der damalige Staatspräsident Paderewski mußte sehr deutlich werden und erklären, daß dieser Vertrag eine der Hauptbedingungen für die polnische Unabhängigkeit bilde und deshalb eine Ablehnung unter keinen Umständen in Frage kommen könne, bis sich die polnische Volksvertretung dazu entschloß, diesen Vertrag anzunehmen.

Wie man sich seine Anwendung und Durchführung von vornherein gedacht hat, geht mit schöner Deutlichkeit aus einer Ansprache hervor, die im Oktober 1919 der bekannte polnische Politiker Stanislaus Grabski in einer Versammlung des Posener Landesverbandes der nationaldemokratischen Partei hielt.

»Wir wollen«, so führte Grabski unter dem begeisterten Beifall seiner polnischen Landsleute aus, »unsere Beziehungen auf die Liebe stützen. Aber es gibt eine andere Liebe für die Landsleute und eine andere für die Fremden. Ihr Prozentsatz bei uns ist entschieden zu groß. Posen kann uns den Weg weisen, in welcher Weise der Prozentsatz von Fremden von vierzehn oder sogar zwanzig Prozent auf anderthalb Prozent gebracht werden kann. Das fremde Element wird sich umsehen müssen, ob es sich nicht anderswo besser befindet. Das polnische Land ist ausschließlich für die Polen da.«

Diese Äußerung eines führenden polnischen Politikers war keineswegs eine einmalige Entgleisung in der Hitze einer politischen Parteiversammlung. Die Worte Grabskis wurden in diesen ersten Monaten der polnischen Herrschaft in Posen und Westpreußen in allen möglichen Variationen in feinerer und derberer Art von den Starosten und andern polnischen Beamten und, was besonders erschreckend ist, in betont hetzerischer Form auch von den Geistlichen aufgenommen und wiederholt. Es konnte unter diesen Umständen nicht ausbleiben, daß an vielen Stellen dieser Provinzen Unruhen ausbrachen, die sich durchweg gegen die deutsche und teilweise auch gegen die jüdische Bevölkerung richteten. Der Sinn dieser ganzen ersten, rein stimmungsmäßig aufgebauten Aktion war, in dem deutschen Bevölkerungsteil ein Gefühl der Unsicherheit zu schaffen, das praktisch sofort oder später seinen Ausdruck in der Option für Deutschland finden mußte. Die Bestimmungen des Friedensvertrages sahen nämlich vor, daß innerhalb einer festgesetzten Frist von mehreren Jahren jeder Bewohner der abgetretenen Gebiete das Recht habe, für Deutschland zu optieren, d. h. nicht polnischer Staatsbürger zu werden, sondern die deutsche Staatsangehörigkeit zu behalten. Diese Optanten sollten dann, ebenfalls unter Wahrung festgelegter Fristen, in der Lage sein, ihr unbewegliches Besitztum zu veräußern und ihr bewegliches Hab und Gut ungehindert nach Deutschland mitzunehmen. Hand in Hand mit dieser künstlich entfachten Volksbewegung gegen die Deutschen gingen schon damals die Bestrebungen der polnischen Behörden, dem deutschen Element das Leben so schwer wie möglich und auf die Dauer gänzlich unerträglich zu machen. Alle Formen von Polizei- und Verwaltungsschikanen fanden Anwendung, und welchem Zweck sie dienten, sprach der damalige Ministerpräsident Witos ganz offen aus, als er einer Deputation von deutschen Domänenpächtern, die sich beschwerdeführend an ihn gewandt hatte, erklärte: »Dies ist der erste Stoß gegen die deutsche Intelligenz. Es ist höchste Zeit, daß die sogenannten deutschen Kulturträger verschwinden.«

Und sie verschwanden. Zehntausende und Hunderttausende wanderten bereits damals aus. Unter dem Druck der Unruhen, unter der Angst vor täglich sich erneuernden Drohungen und Gewalttaten verkauften sie überstürzt ihr Hab und Gut und verließen ihre Heimat. Die Gefahr für das Deutschtum, die diese erste Massenflucht mit sich brachte, lag damals noch viel weniger in der zahlenmäßigen Verminderung des deutschen Elements als in der Tatsache, daß die Polen durch ihre Terrormethoden einen ersten und beinahe überraschend großen Erfolg bei der Entdeutschung der neu gewonnenen Gebiete erzielen konnten. Sie gewannen dadurch den Eindruck, daß ihre Methoden erfolgreich seien und nur noch einer gewissen Verschärfung bedurften, um in verhältnismäßig ganz kurzer Zeit die neuen Provinzen zu rein polnischen Gebieten zu machen.

Doch der Teil des Deutschtums, der nicht in der ersten Aufregung und der ersten Angst die Flucht ergriffen hatte, zeigte sich von unerwarteter Widerstandsfähigkeit. Es ist bezeichnend und auch begreiflich, daß der bäuerliche Teil der deutschen Bevölkerung, der mit der Scholle und mit dem ganzen Land weit mehr verwachsen war als die Städter, von dieser ersten Welle der Entdeutschung verhältnismäßig wenig erfaßt wurde. Den Hauptverlust hatten die Städte zu tragen, und sie haben sich von diesem Schlage nie wieder ganz erholen können.

Die zurückbleibenden Deutschen fanden sich bald in wirtschaftlichen und kulturellen Organisationen aller Art, die es sich zur Aufgabe machten, die der deutschen Minderheit vertragsmäßig zustehenden Rechte zu wahren und zu vertreten. Die Spitzenorganisation der Posener und westpreußischen Deutschen war der Deutschtumsbund, der sehr bald durch seine intensive Tätigkeit den polnischen Behörden ein besonderer Dorn im Auge war.

Man muß die Situation dieses Landes und seiner deutschen Bewohner in diesen ersten Jahren der polnischen Herrschaft richtig verstehen. Der deutsche Bauer, der an das ein wenig bürokratische, aber streng gerechte preußische Verwaltungssystem gewöhnt war, sah sich auf einmal einer ganz andern Welt gegenüber. Er stieß auf Schwierigkeiten, an die er früher nie gedacht hatte. Die alten genossenschaftlichen Organisationen wurden von den polnischen Behörden behindert, wo immer es nur möglich war. Ihre Finanzierung stieß auf Schwierigkeiten oder wurde ganz unterbunden. Die Steuerbehörden gingen mit der allergrößten Rigorosität vor, und zu alledem schwebte über Zehntausenden von deutschen Bauern die große Ungewißheit, ob sie überhaupt ihren Besitz würden behalten dürfen. Nach dem Friedensvertrage hatte der polnische Staat das Recht, alle reichsdeutschen Besitzungen innerhalb seiner Grenzen zu liquidieren. Das heißt, er durfte jedem Bauern und jedem Grundbesitzer, der nicht die polnische Staatsangehörigkeit hatte, seinen Besitz gegen eine Entschädigung fortnehmen.

Diejenigen Bauern, die für Deutschland optiert hatten, hatten das natürlich in dem Bewußtsein getan, daß sie ihre Höfe würden verlassen müssen. Aber das war nur ein verhältnismäßig sehr geringer Prozentsatz. Die andern, und zwar die große Mehrzahl, glaubten zunächst ihres Besitzes absolut sicher zu sein. Aber sehr bald mußten die Bauern merken, daß sie sich hier in einem großen Irrtum befanden. Plötzlich erschienen die polnischen Beamten in ihren Höfen und überbrachten ihnen den Befehl, innerhalb weniger Wochen ihren Besitz zu veräußern, da sie nicht polnische Staatsangehörige seien. Hilflos standen die Erschreckten derartigen rechtswidrigen Einschüchterungsmaßnahmen gegenüber. Sie hatten geglaubt, polnische Staatsangehörige zu sein, und nun auf einmal waren sie es nicht. Die fadenscheinigsten Begründungen wurden für solche Liquidationsmaßnahmen herangeholt. Da hatte z. B. der Sohn irgendeines wohlhabenden Großbauern in Berlin oder München studiert. Das genügte, um der ganzen Familie die polnische Staatsangehörigkeit abzusprechen und den Hof für den polnischen Staat zu liquidieren. Sogar die Teilnahme am Kriege wurde in einer Reihe von Fällen als Grund angegeben, dessentwegen die polnische Staatsangehörigkeit nicht anerkannt wurde.

Der besondere Haß der Polen richtete sich gegen die deutschen Großgrundbesitzer, deren Güter für den polnischen Staat schon aus dem Grunde wertvoll waren, weil die hochstehende landwirtschaftliche Kultur dieser Besitzungen ihnen einen Geldwert verlieh, der ungleich viel höher war als der gleich großer oder größerer Güter in andern Teilen des polnischen Reiches. Außer der normalen Liquidation von Besitzungen, deren Inhabern die polnische Staatsangehörigkeit abgesprochen wurde, machte man ein besonderes Agrarreformgesetz zurecht, das dazu dienen sollte, den deutschen Großgrundbesitz der Westprovinzen innerhalb kürzester Frist mit Stumpf und Stiel auszurotten. Nach diesem im August 1923 erlassenen Agrarreformgesetz sollten jährlich 220 000 Hektar zu Siedlungszwecken parzelliert werden. Von Privatgütern unterlagen nach den Bestimmungen des Gesetzes solche der Parzellierung, deren Eigentümer ihr Land von Teilungsmächten gekauft hatten, Polen feindlich waren, schlecht wirtschafteten oder ihre Güter unter Bedingungen erworben hatten, die eine polenfeindliche politische Tätigkeit der Besitzer als möglich erscheinen ließen.

Das war aus der Amtssprache ins Deutsche übertragen ein Freibrief zur Enteignung des gesamten deutschen Großgrundbesitzes.

»Leider« konnte dieses Gesetz in vollem Umfange nicht zur Durchführung gelangen, weil der Völkerbundsrat seine Anwendung verbot, da die Bestimmungen des Gesetzes in allzu offenkundigem Widerspruch mit den bindenden Vorschriften des Minderheitenschutzvertrages standen, der den Angehörigen der Minderheit die gleichen Rechte wie den Staatsbürgern polnischer Nationalität zusichert.

In all diesen Fällen hatte sich in den ersten Jahren der Deutschtumsbund als Organisation zur Vertretung der deutschen Rechte gut bewährt. Seine Rechtsberatungsstellen waren stets überfüllt, und die Ratschläge, die den teilweise ungeschickten und rechtsunkundigen Bauern erteilt wurden, waren den polnischen Behörden mehr als unangenehm. Man kam sehr bald zu der Einsicht, daß es notwendig sei, diese Organisation zu zerschlagen, wenn man die Verdrängung der Deutschen ungehindert und vor allem ungestört durch internationale Instanzen durchführen wollte. Der Deutschtumsbund hatte nämlich bei verschiedenen Gelegenheiten nicht gezögert, sehr ausführliche Beschwerden nach Genf zu richten, und der Völkerbundsrat war mehrmals gezwungen gewesen, recht energisch gegen die polnischen Verwaltungsmethoden Einspruch zu erheben.

Anfang August 1923 unternahmen deshalb die Polen einen großen Schlag gegen den Deutschtumsbund. An drei aufeinanderfolgenden Tagen wurden in allen Orten, in denen sich Zweigstellen des Deutschtumsbundes befanden, riesige polizeiliche Razzien abgehalten. Die Organisation klappte glänzend. Das gesamte Aktenmaterial des Deutschtumsbundes im Gewicht von vielen Zentnern wurde beschlagnahmt und in die Keller des Posener Gerichts verstaut. Der Deutschtumsbund selbst wurde aufgelöst unter der Begründung, daß seine Führer sich hochverräterischer Handlungen hätten zuschulden kommen lassen. Mit einem ungeheuren Aufwand von Pathos und Druckerschwärze wurde in die Welt hinausgeschrien, daß eine riesige staatsfeindliche Organisation aufgedeckt worden sei. Doch die natürliche Folge einer solchen sensationellen Entdeckung trat keineswegs ein. Keiner der Führer des Deutschtumsbundes wurde vor Gericht gestellt. Eine sogenannte Voruntersuchung wurde selbstverständlich eingeleitet, aber wie Voruntersuchungen das so mitunter an sich haben: sie schwebte. Sie schwebte nicht monatelang, sie hat nicht weniger als beinahe sechseinhalb Jahre geschwebt. Der Zweck der ganzen Unternehmung bestand ja auch keineswegs darin, Straftaten der deutschen Minderheitsführer abzuurteilen, sondern man wollte lediglich die Organisation als solche zerschlagen. Und das gelang gründlich. Hunderte und aber Hunderte von Prozessen und Rechtsbeschwerden, die der Deutschtumsbund für Angehörige der deutschen Minderheit in die Hand genommen hatte, konnten nicht weitergeführt werden oder gingen verloren, weil die deutsche Partei in diesen Streitverfahren ja nicht an ihr Material konnte, das wohlversiegelt im Keller desselben Posener Gerichtsgebäudes lag, in dessen Sitzungssälen die deutschen Klagen hohnlächelnd abgewiesen wurden. Aber nicht nur diese unmittelbare Wirkung war der Erfolg der polnischen Aktion. Die Rechtsunsicherheit, die geschaffen wurde, weil die Deutschen lange Zeit hindurch nicht wußten, an wen sie sich in ihrer Not um Hilfe wenden könnten, und sogar in Zweifel waren, ob es nicht gefährlich sei, sich an irgendeine deutsche Organisation zu wenden, war für die Polen Gold wert.

Erst ganz allmählich gelang es, in mühevoller Kleinarbeit wieder eine Art von Organisation zu schaffen, deren büromäßiger Betrieb allerdings bis zum heutigen Tage auf die durch die Immunität wenigstens einigermaßen geschützten Privaträume der wenigen deutschen Sejm- und Senatsabgeordneten beschränkt geblieben ist.

Nach diesem Erfolge glaubten die Polen nunmehr freie Bahn zu haben. Mit verstärkter Intensität gingen sie daran, in Hunderten und Tausenden von Fällen, die rechtlich zum Teil ganz ungeklärt waren, die Liquidation deutschen Grundbesitzes durchzuführen. Das Verfahren war dabei so fein ausgeklügelt, daß in den allermeisten Fällen die gesetzmäßig zu zahlenden Entschädigungen an die liquidierten Besitzer nur einen winzigen Bruchteil des wirklichen Wertes der Güter ausmachten.

Als erster Schritt erfolgte stets die Benachrichtigung von der bevorstehenden Liquidation, mit der gleichzeitig die Aufforderung verbunden war, den Besitz in einer Frist von längstens einem halben Jahre freihändig zu verkaufen. Gleichzeitig mit dieser Benachrichtigung wurde den Eigentümern eine ganze Liste von Verkaufsbedingungen mitgeteilt, die eingehalten werden mußten, wenn nicht hohe Strafen verwirkt werden sollten.

In dem Augenblick, in dem die Liquidationsandrohung bekannt wurde, stürzte sich meist eine ganze Meute von polnischen Agenten auf den Besitzer, um ihm Angebote zu machen, die natürlich immer weit unter dem wahren Wert des Objekts lagen. Häufig machten die Agenten gar kein Hehl daraus, daß ihre Angebote an sich natürlich indiskutabel seien, aber sie wiesen darauf hin, daß der Besitz auf alle Fälle verlorengehen werde und daß sie im Falle der Ablehnung ohne Zweifel zu einem noch weit geringeren Kaufpreis in den Besitz des deutschen Gutes kommen würden.

Blieb der Besitzer fest, so ruhte im allgemeinen das Verfahren eine ganze Reihe von Monaten. Das war wohlerwogene Absicht, denn in vielen Fällen zeigte es sich, daß die Unsicherheit über das bevorstehende Schicksal sich in der Bewirtschaftung ungünstig auswirkte — man scheute naturgemäß Investierungen und vielleicht notwendige Renovierungen und Ergänzungen des Inventars —, und auf diese Weise wurde tatsächlich der Wert des Gutes gedrückt.

Etwa nach Ablauf eines Jahres erschien dann die Liquidationskommission von neuem und nahm eine Schätzung des Besitzes vor. Die Taxen, die bei dieser Gelegenheit abgegeben wurden, waren in fast allen Fällen durchweg lächerlich. So wurde zum Beispiel das Gut des Freiherrn von Fircks im Kreise Radolin auf etwa eine Viertelmillion Goldzloty taxiert, obgleich eine wenige Tage vorher durch den Besitzer selbst veranlaßte gerichtliche Taxe einen Wert von zwei Millionen Goldzloty festgestellt hatte. Die großen Besitzungen der Frau von Hindersin im Kreise Lissa wurden von der Liquidationskommission auf 40000 Dollar gegen 451000 Dollar der gerichtlichen Taxe eingeschätzt.

Nach diesem zweiten Vorstoß erfolgte meist wiederum eine Zeitlang gar nichts, und während dieser Galgenfrist erneuerten sich die Angebote der polnischen Agenten. War der Deutsche immer noch nicht weich geworden, so erfolgte als letztes und schwerstes Druckmittel die Einsetzung eines Zwangsverwalters. Was die deutschen Besitzer dabei auszuhalten hatten, sind ganze Romane. In einer Reihe von Fällen waren die Zwangsverwalter identisch mit den Persönlichkeiten, die später die Güter übernehmen sollten. Sie erschienen, richteten sich häufig unter dem Schutz bewaffneter Gendarmen häuslich im Herrenhause ein, und von dem Augenblick ihres Eintreffens an hatte der Besitzer auf seinem eigenen Grund und Boden nichts mehr zu sagen. Nach Gutdünken verfügte der Zwangsverwalter nicht nur über die Gutswirtschaft, sondern auch über das gesamte Privateigentum der alten Besitzer. Niemals wurde daran gedacht, irgendeine Abrechnung vorzulegen. Der Deutsche war für den neuen polnischen Herrn Luft. Er bekam keinen Pfennig Geld ausgezahlt und häufig auch nichts zu essen. Wovon er sich verpflegte, wovon er und seine Familie leben sollten, war dem Zwangsverwalter gänzlich gleichgültig.

Hielt der Deutsche auch diese seelische Tortur einige Monate lang aus, so erfolgte eines Tages seine Exmittierung und einige Zeit darauf wurde ihm die Liquidationsakte mit der Abrechnung vorgelegt. Dabei stellte sich dann heraus, daß nicht nur für das ganze noch laufende Jahr eine Einkommensteuer von dem Liquidationserlös in Abzug gebracht wurde, die in keinerlei Verhältnis zu der Liquidationstaxe stand, sondern meist hatte der Zwangsverwalter angeblich mit großen Verlusten gewirtschaftet, für die ebenfalls der Besitzer haftbar gemacht wurde. Der Erfolg war, daß schließlich für Güter im Werte von vielen Hunderttausenden ein paar tausend Mark zur Auszahlung gelangten.

Bei kleineren Objekten kam es nicht nur vereinzelt sogar vor, daß die angeblichen Kosten die Entschädigung um ein Beträchtliches überstiegen.

In seiner zweihundertfünfzigsten Jubiläumssitzung am 27. Mai 1927 stellte das Liquidationskommissariat fest, daß im Laufe von drei Jahren 4000 ländliche Besitzungen und 2000 städtische und gewerbliche Grundstücke liquidiert worden waren. Der Umfang des auf diese Weise der deutschen Minderheit fortgenommenen Grund und Bodens betrug etwa 200000 Hektar.

Neben der Liquidierung von angeblich oder tatsächlich reichsdeutschem Grundbesitz spielte die Annullierung von bäuerlichen Siedlungen im

Programm der polnischen Verdrängungspolitik eine sehr beträchtliche Rolle. Bei diesen Annullierungen handelte es sich um die Inhaber von bäuerlichen Siedlerstellen, die ihre Besitzungen auf Grund der preußischen Siedlungsgesetzgebung vor dem Kriege erworben hatten. Der polnische Staat, der sich als Rechtsnachfolger Preußens fühlte, nahm für sich das Recht in Anspruch, ohne Innehaltung von Fristen und ohne jede Entschädigung alle diejenigen Siedler von ihren Höfen zu verjagen, die infolge des Krieges für ihre Besitzungen noch nicht die gerichtliche Auflassung erhalten hatten. Da während des Krieges in der Verwaltung der preußischen Grundbuchämter durch den Ausfall von Personal teilweise erhebliche Stockungen eingetreten waren, hatten annähernd 4000 Bauernsiedler bei der Übernahme des Gebietes durch Polen die gerichtliche Auflassung noch nicht erhalten. In all diesen Fällen erkannten die Polen die Rechtmäßigkeit des Besitzes nicht an und die Bauern wurden oft unter Anwendung roher Gewalt kurzerhand auf die Straße gesetzt. Insgesamt wurden auf diese Weise 3964 deutsche Siedler, deren Besitzungen zusammen etwa 60000 Hektar Ackerland betrugen, von ihrem Besitz verdrängt.

Aber auch in den Zehntausenden von Fällen, in denen dieses vereinfachte Verfahren nicht möglich war, weil alle rechtlichen Voraussetzungen des Besitzes erfüllt waren, versuchten die polnischen Behörden häufig mit gutem Erfolge das deutsche bäuerliche Element zu verdrängen. Zu diesem Zweck konstruierte man das sogenannte Wiederkaufsrecht. Nach der preußischen Siedlungsgesetzgebung hatte nämlich der Staat, mit dessen finanzieller Unterstützung die Siedler ihren Boden erworben hatten, das Recht auf den Wiederkauf der einzelnen Bauernstellen, wenn der Siedler seinen Besitz verkaufen wollte oder wenn er im Erbgang aus den Händen der deutschen Familie zu kommen drohte. Der polnische Staat nahm für diese ehemals preußischen Bauernsiedlungen nun das gleiche Recht in Anspruch, obwohl der preußische Staat bereits vor Inkrafttreten des Versailler Vertrages alle seine Rechte gegenüber den Siedlern an die deutsche Bauernbank in Danzig abgetreten hatte.

Sobald einer der alten Siedler verstarb, durften seine Erben den Hof nicht übernehmen. Er verfiel sofort dem polnischen Staat. Daß ein freihändiger Verkauf nur an Polen möglich war, war selbstverständlich.

Jahrelang schwebten bei den internationalen Gerichten die Klagen gegen diese polnische Anmaßung des Wiederkaufsrechts, die juristisch nicht zu halten war. Während dieser ganzen Zeit wurde aber in vielen Hunderten von Fällen trotzdem von dem Wiederkaufsrecht Gebrauch gemacht. Erst der Abschluß des deutsch-polnischen Liquidationsabkommens im Jahre 1929 nahm von etwa 9000 deutschen Siedlerfamilien mit insgesamt rund 60000 Köpfen den fortwährenden Alpdruck, den das Wiederkaufsrecht in seiner widerrechtlichen Anwendung durch die polnischen Behörden darstellte.

Als Ergänzung aller dieser Maßnahmen und besonders zu dem Zweck, eine Neuansiedlung von deutschen Bauern unter allen Umständen zu verhindern, diente die gesetzliche Bestimmung, die bei jedem Besitzwechsel von Grund und Boden, der nicht im Erbgang erfolgt, ein Vorkaufsrecht des polnischen Staates vorsieht. Für den Fall, daß jedoch trotzdem irgendwann einmal versehentlich dieses Vorkaufsrecht nicht ausgeübt werden sollte, wurde die Bestimmung getroffen, daß die gerichtliche Auflassung für jeden Grunderwerb ohne Angabe von Gründen von dem zuständigen Landamt stets verweigert werden kann.

Dieses engmaschige Netz von direkten Verdrängungsmaßnahmen und indirekten Behinderungen für jeden deutschen Landwirt in den früheren preußischen Provinzen Posen und Westpreußen hat im Sinne der polnischen Politik auf die Dauer ausgezeichnet funktioniert. Die Zahlen, die über den Erfolg der einzelnen Maßnahmen vorliegen, sind keineswegs vollständig. Denn sie erfassen immer nur die direkten Fälle und lassen alle jene außer acht, die mit dem ganzen System der Verdrängungspolitik nur indirekt im Zusammenhang stehen. Aber gerade die Hoffnungslosigkeit, die dauernde Unsicherheit und Furcht vor irgendwelchen neuen und unerwarteten Schikanen oder vor rechtswidrigem Druck haben Tausende von deutschen Besitzern zu angeblich freiwilligem Verkauf ihrer Güter und Höfe bewogen. So schmerzlich es ist, daß diese Deutschen die Flinte ins Korn warfen, man wird bei ruhiger Überlegung nur sehr selten den Stab über sie brechen dürfen. Das Leben, das diese Menschen viele Jahre lang unter der dauernden Bedrückung und Unsicherheit führen mußten, läßt es verständlich erscheinen, daß viele von ihnen den Mut zum Aushalten verloren haben.

Um so höher ist das Verdienst der Zehntausende zu schätzen, die trotz allem an ihrer Scholle festhielten und selbst der rohen Gewalt nicht gewichen sind. Die Zahl der Deutschen mag erschreckend zurückgegangen sein, die Qualität derjenigen, die heute noch in den Wojwodschaften Posen und Pommerellen auf ihren angestammten Grund und Boden sitzen, ist über allem Zweifel erhaben.

Das wissen die Polen und deshalb führen sie ihren Kampf mit unverminderter Energie auch heute noch weiter. Eine Reihe von Möglichkeiten sind ihnen durch das deutsch-polnische Liquidationsabkommen genommen worden. Liquidationen dürfen jetzt nicht mehr erfolgen, und auch der Verzicht auf das Wiederkaufsrecht bedeutet eine sehr fühlbare Erleichterung für das deutsche bäuerliche Element. Weit weniger gesichert dagegen ist leider die Lage des deutschen Großgrundbesitzes in diesen Gebieten. Gegen ihn kann immer noch sehr wirksam mit der Waffe der sogenannten Agrarreform vorgegangen werden. Wenn auch die überdeutlichen politischen Bestimmungen des Agrarreformgesetzes von 1923 nicht angewandt werden dürfen, so werden doch in der Praxis die deutschen Güter sehr viel weitgehender zu den Parzellierungen für die Agrarreform herangezogen als die Besitzungen, die sich in polnischen Händen befinden. Durch Liquidation, Annullierung oder Angstverkäufe hat sich das Verhältnis von deutschem zu polnischem Großgrundbesitz in den Westprovinzen auf etwa 28 zu 72 verschoben. Trotzdem entfielen im Jahre 1926 von dem für Zwecke der Agrarreform enteignetem Boden 91,2 Prozent auf deutschen und nur 8,8 Prozent auf polnischen Grundbesitz. Energische Beschwerden beim Völkerbund hatten zur Folge, daß in dem darauffolgenden Jahre einzelne deutsche Güter über 50 Prozent ihres Bodens abgeben mußten, während der Höchstsatz bei polnischen Besitzungen 5,5 Prozent betrug. Hier hat auch das Liquidationsabkommen kaum eine Erleichterung geschaffen und es ist nur ein schwacher Trost, daß die zahlenmäßig ja wesentlich bedeutungsvollere bäuerliche Bevölkerung von der Agrarreform gar nicht oder nur ganz minimal betroffen wird.

So leben diese Deutschen, wenn man das ein Leben nennen will. Sie führen mit zusammengebissenen Zähnen den aussichtslosen Kampf um ihre wirtschaftliche Existenz. Sie weichen nicht, es sei denn der rohen Gewalt, die leider oft genug unter den fadenscheinigsten Vorwänden Anwendung findet. Besonders beliebt ist die Waffe der Hochverratsprozesse gegen Angehörige der deutschen Minderheit. Man kann sich vielleicht in Deutschland nur einen sehr schwachen Begriff davon machen, was es heißt, den Behörden eines Staates ausgeliefert zu sein, der sich nicht scheut, durch seine Organe Hochverratsanklagen konstruieren zu lassen, wie etwa die beiden folgenden:

Da wird der Deutsche Gehrke allen Ernstes vor ein Gericht gestellt. Er wird monatelang durch die Voruntersuchung schikaniert und seinem Berufe entzogen. Es schwebt über ihm das Damoklesschwert einer langjährigen Zuchthausstrafe. Und das alles, weil er während des Krieges dem Führer eines deutschen Truppenteils Mitteilung davon gemacht hat, daß ein Ort, den die Deutschen nur mit schwachen Kräften besetzt hatten, von überlegenen Kosakenformationen umgangen und abgeschnitten zu werden drohte. Daraus macht ein polnisches Gericht mehr als zehn Jahre später eine Hochverratsanklage gegen Gehrke, weil er als polnischer Bürger dem Feind in seinen Polen feindlichen Handlungen geholfen habe. In diesem ganz absurden Fall, der eine Handlung gegen den damals noch gar nicht bestehenden polnischen Staat zur Unterlage hat, kommt es wirklich zur Anklage, wenn auch eine Verurteilung von vornherein nach gesundem Menschenverstand ganz unmöglich erscheint. Aber kann man wirklich mit dem Sieg des gesunden Menschenverstandes rechnen, wenn es überhaupt dazu kommt, einen solchen Wahnsinnsprozeß zu beginnen? Der Angeklagte kann jedenfalls nicht mit Sicherheit den Freispruch erwarten, der allerdings in diesem Falle doch den Abschluß der ganzen Groteske bildet.

Das eine Mal hat also die Vernunft im letzten Augenblick doch noch ein Wort mitzureden gehabt. Daß das keineswegs immer der Fall ist, beweist der Prozeß gegen den Geschäftsführer des Deutschtumsbundes Scherff in Konitz. Hier wird der Angeklagte wegen Hochverrats tatsächlich zu viereinhalb Jahren Zuchthaus verurteilt. Die Verurteilung erfolgt nicht, weil Scherff im Sinne des deutschen Strafgesetzbuches, das in den ehemals preußischen Teilen des neuen polnischen Staates noch Gültigkeit hat, etwas Strafbares nachgewiesen ist, sondern nur weil der Schatten eines Verdachtes künstlich konstruiert worden ist. Scherff hatte aus Deutschland einen Brief erhalten, in dem er gebeten wurde, auf einem beigefügten Fragebogen Angaben darüber zu machen, ob zwei deutsche Optanten wirklich aus Polen verdrängt worden seien. Die deutschen Behörden brauchten diese Feststellung zur Abmessung der Entschädigung, die diesen beiden Optanten zugesprochen werden sollte. Scherff, der ein überaus vorsichtiger Mann war, und die polnischen Behörden gut genug kannte, um zu wissen, daß sie nur allzu leicht einem Deutschen aus einem Nichts einen Strick drehen, hatte diese Anfrage überhaupt nicht beantwortet. Aber man fand den Fragebogen bei ihm und, da er als Geschäftsführer des kurz zuvor aufgelösten Deutschtumsbundes tätig gewesen war, folgerte das polnische Gericht, daß ein Mann wie Scherff, der eine führende Stellung in einer aufgelösten deutschen Organisation innegehabt hatte, eben deshalb gar nichts anderes im Sinne gehabt haben könne, als doch noch die Anfragen zu beantworten und damit einen hochverräterischen Akt gegen den polnischen Staat zu begehen.

Erst nachdem Scherff volle zweiundzwanzig Monate im Zuchthaus gesessen hatte, hob das oberste polnische Gericht das völlig unhaltbare Urteil wieder auf. Scherff selber erhielt nicht nur keine Entschädigung für die unschuldig verbüßte Zuchthausstrafe, sondern er wurde sofort nach seiner Entlassung ohne weitere Angabe von Gründen aus Polen ausgewiesen.

Zuchthaus, Gefängnis, das sind Begriffe, mit denen der Deutsche im neuen Polen sich unbedingt vertraut machen muß, wenn er es sich zur Aufgabe gemacht hat, die Rechte seiner Landsleute zu vertreten. Anderthalb Jahre, dreiviertel Jahre, ein Jahr drei Monate, ein halbes Jahr, kürzer oder länger — das sind die Auszeichnungen, die die polnischen Gerichte mit besonderer Vorliebe den deutschen Journalisten in den Städten der Provinzen Posen und Westpreußen verliehen haben. Von den leitenden Redakteuren der deutschen Blätter hat wohl kaum einer in diesen ersten zehn Jahren polnischer Herrschaft nicht im Gefängnis gesessen. Und es hat Monate und Jahre gegeben, in denen die redaktionelle Herstellung bedeutender deutscher Zeitungen dadurch in Frage gestellt war, daß ein Teil der Redakteure im Gefängnis saß und der andere Teil durch eine Sturmflut von Prozessen mit täglichen Vernehmungen und allen andern Annehmlichkeiten solcher gerichtlicher Verfahren so absolut in

Anspruch genommen war, daß für die berufliche Arbeit einfach nicht die notwendige Zeit blieb.

Trotz alledem gibt es auch heute noch in den Wojwodschaften Posen und Pommerellen eine ausgezeichnete deutsche Presse, die sich ebensowenig kleinkriegen läßt, wie die Bauern draußen auf dem Lande. Besonders in Wahlzeiten haben die polnischen Behörden das Vorhandensein dieser Organe des Deutschtums immer wieder peinlich empfunden. So war es denn eigentlich kaum ein Wunder, daß während des Wahlkampfes im Jahre 1930 eins der führenden deutschen Blätter, das Posener Tageblatt, kurzerhand während der ganzen Vorbereitungszeit für die Wahlen am Erscheinen verhindert wurde. Da selbst die findigen polnischen Gerichte keinen einigermaßen plausiblen Grund hatten, die Zeitung zu verbieten, wurde einfach der ganze Druckereibetrieb stillgelegt unter der Begründung, daß seine technischen Einrichtungen nicht den erforderlichen sanitären Ansprüchen genügten. Dabei ist die Druckerei des Posener Tageblatts vielleicht die modernste und besteingerichtete in ganz Westpolen. Aber was tut das, wenn man auf diese Weise einen unangenehmen Mahner mundtot machen kann und gleichzeitig dem verhaßten Deutschtum eine schwere wirtschaftliche Schädigung zugefügt wird?

Ebenso wie gegen die Presse wird der Kampf gegen alle deutschen Kultureinrichtungen ohne Unterbrechung seit vielen Jahren fortgesetzt. Die Tragikomödien, die sich dabei fast täglich abspielen, sind kaum zu zählen. Eine besondere Groteske bildet in diesem endlosen Reigen von halben und ganzen Gesetzwidrigkeiten der Fall einer Guttemplerloge in Graudenz, gegen die eine Spionageanklage erhoben wurde, weil man angeblich im Keller von Mitgliedern der Loge Sprengstoff und eine Brieftaube gefunden hatte. Führende Mitglieder dieser wirklich sehr harmlosen Vereinigung wanderten ins Gefängnis und erst als hervorragende Führer des internationalen Guttemplerordens eingriffen, stellte sich heraus, daß der gefundene Sprengstoff zwei Tage vor der Haussuchung durch die Polizei mit Hilfe eines Einbruchs in den Keller gebracht worden war und daß die Brieftaube einem polnischen Geheimpolizisten gehörte, der sie vorübergehend hergegeben hatte, damit sie ebenso wie der Sprengstoff in dem Keller gefunden werden könne.

*

Die Jahre der polnischen Herrschaft, in denen es gelungen ist, weit über 800000 Deutsche allein aus zwei Wojwodschaften zu verdrängen, sind an den Zurückgebliebenen nicht spurlos vorübergegangen. Diese Menschen, die all das ausgehalten haben, die jeden Tag von neuem den Kampf um ihre Existenz, den Kampf um ihr Deutschtum zu führen haben, sind hart geworden. Wenn einer von ihnen heute auf ein paar Tage oder Wochen ins Reich herüberkommt, dann kann man es verstehen, daß er der inneren Zerrissenheit in Deutschland verständnislos gegenübersteht. Die da draußen haben längst gelernt, daß dem Vernichtungswillen, der sie täglich bedroht, nur dann einigermaßen Widerstand geleistet werden kann, wenn alles Trennende zurückgestellt wird und wenn jeder, der die deutsche Sprache spricht, dem andern hilft, wo immer er nur helfen kann. Da wird nicht viel geredet. Da gibt es keinen Parteihader. Da handelt man deutsch, weil man Deutscher ist und weil es darum geht, das Deutschtum zu erhalten, das Deutschtum, das dieses Land in jahrhundertelanger Arbeit auf eine Kulturstufe gebracht hat, die heute nirgends im ganzen neuen polnischen Reiche auch nur annähernd erreicht ist.

XIII. Kapitel

Der Nachbar, dem es nicht gefällt

Im Jahre 1931 wurde einmal in Polen eine reichsdeutsche Zeitung beschlagnahmt, weil sie in der Auseinandersetzung mit dem Artikel eines radikalen französischen Blattes erklärt hatte: Pilsudski ist nicht wahnsinnig. Dieser an sich gänzlich unbedeutende kleine Vorfall ist typisch für den Geist, der heute das neue Polen beherrscht. Man könnte es verstehen, daß der Kreis der Männer um Pilsudski, die seit Jahren die gesamte Staatsmacht in Händen haben, die immer neue Mittel und Wege suchen und finden, um die Macht des Staates zu vergrößern und damit das System ihrer Herrschaft zu festigen, nicht zulassen will, daß irgendeine ausländische Zeitung mehr oder weniger beleidigende Äußerungen über Josef Pilsudski druckt. Aber daß sie es als unerträglich empfinden, wenn andere ausländische Organe sich mit derartigen Äußerungen sachlich und kritisch auseinandersetzen, das ist interessant, denn es beweist, wie unendlich unsicher diese Männer innerlich sind, die heute vielleicht, abgesehen von den Herren im Kreml und dem faschistischen Parteiapparat in Italien, das größte Maß absoluter Staatsmacht in irgendeinem europäischen Staate aufgehäuft haben.

Die Armee, die noch zur Zeit des Staatsstreiches von Pilsudski keineswegs ganz geschlossen hinter dem Marschall stand, wird heute bis in die niederen Stellen des Offizierkorps hinab nur von ausgesuchten Anhängern des Pilsudski-Regimes geführt. Verwaltung und Polizei sind im Laufe der Jahre von allen Gegnern des Systems systematisch gesäubert worden und selbst die sozialen Einrichtungen, ja sogar alle maßgeblichen Finanzinstitute werden heute ebenso wie der größte Teil des Gerichtswesens von Funktionären des Pilsudski-Systems verwaltet. Man ist zu diesem Zwecke so weit gegangen, die Unabsetzbarkeit der Richter »vorübergehend« aufzuheben. Man hat alles getan, was sich nur denken läßt, um die Macht, die dem Marschall zur Durchführung seiner politischen Ideen zur Verfügung gestellt werden sollte, zu vermehren.

Dieser Teil des Programms, wenn man von einem Programm überhaupt sprechen will, muß als vollständig gelungen bezeichnet werden. Es gibt keine Lücke mehr in diesem System. Jede Opposition ist zur völligen Aussichtslosigkeit verurteilt. Die Staatsmacht des Marschalls ist eisern fest begründet.

Doch kein Anzeichen verrät, wozu dieses ungeheuerlich übersteigerte System staatlicher Machtaufspeicherung verwendet werden soll. Man könnte alles, was zu diesem Zwecke geschehen ist, auch ohne es zu billigen, verstehen, wenn irgendwo eine Andeutung dafür vorhanden wäre, wozu es dienen soll. Es ist so, wie ein alter polnischer Sozialist es einmal einem ausländischen Journalisten gegenüber charakterisierte: Das Pilsudski-System ist wie ein ungeheurer eiserner Brückenbogen, der sich über ein Flußbett spannt, es ist wie ein Damm, der die Wogen in eine bestimmte Richtung preßt, aber weder Brücke, noch Damm stehen in irgendeiner unmittelbaren inneren Beziehung zu dem Wasser selbst, das dahinfließt, unberührt von den künstlichen Konstruktionen, die es zu beherrschen glauben. Die Wogen des Flusses suchen ihren Weg und sie finden ihn, ohne daß Brücke und Damm wissen, wo die Mündung des Flusses sein wird.

Die Männer wechseln. Das System bleibt. Wenn einer aus dem Kreise des Marschalls sich erlaubt, eine eigene Meinung zu haben, so verschwindet er und ein anderer tritt an seine Stelle. Das war das Schicksal des ungemein fähigen und energischen Obersten Matuschewski, der Jahre hindurch das undankbare Amt eines polnischen Finanzministers versah. Als die große Wirtschaftskrise der Jahre 1930 und 1931 auch an den Grundfesten der polnischen Finanzen bedrohlich zu nagen begann, hatte er das durchaus richtige Gefühl, daß schärfste Sparsamkeit zur Anwendung kommen müsse. Er versuchte, Abstriche am Etat zu machen, wo immer nur die Möglichkeit vorhanden zu sein schien. Er fand die Billigung des Marschalls bis zu dem Moment, in dem er die Gehälter der Offiziere in gleicher Weise um fünfzehn Prozent kürzen wollte wie die der Beamten. Pilsudski lehnte das schroff ab und erst, als Matuschewski sehr deutlich auf die katastrophale Finanzlage hinwies, verstand er sich zu einem Abstrich von fünf Prozent. Aber Matuschewski selber mußte gehen und an seine Stelle trat der Bruder des Marschalls, Jan Pilsudski, bei dem nicht die Gefahr bestand, daß er eigene Ideen in peinlicher Weise zum Ausdruck bringen werde.

Es ist ein Unfug, wenn man heute gelegentlich im Ausland davon spricht, daß das Pilsudski-System zusammenbrechen müsse. Damit ist unter keinen Umständen zu rechnen, weil es in ganz Polen auch nicht den Ansatz und die Möglichkeit gibt, irgendeine Opposition so zu organisieren, daß sie zu einer Gefahr für die zusammengeballte Staatsmacht in den Händen der Männer des Pilsudski-Kreises werden könnte. Aber der Kreis dieser Männer ist klein. Und noch kleiner als er ist die Zahl der positiven Ideen, die ihm bisher entsprungen sind.

Die Situation der polnischen Politik ist für diese Behauptung der beste Beweis. Man lebt politisch in Warschau heute noch absolut in den Vorstellungen des Jahres 1919. Alles, was inzwischen in der Welt und in Europa geschehen ist, existiert nicht. Man betrachtet sich als den Vorposten eines Europas, das geschlossen zum Kampf gegen die bolschewistische Gefahr von Osten her aufmarschiert ist und man übersieht vollständig, daß die Entwicklung inzwischen ein beträchtliches Stück weitergeschritten ist und daß das Europa von heute mit dem von 1919 nur noch sehr wenig Ähnlichkeit hat und daß wiederum unser Kontinent nach Ablauf eines weiteren Dutzend von Jahren ein ganz anderes Aussehen haben wird als heute.

1919 war Polen der vorgeschobene Posten des siegreichen Frankreich gegen Rußland, und der Kettenhund, der das niedergebrochene Deutschland von Osten her zu bewachen hatte. Dieses französische System des Europas der Friedensverträge von 1919 bildet das A und O jeder polnischen Politik. Ihm zuliebe wurden die militärischen Verträge mit Rumänien geschlossen, die dazu dienen sollen, die Sicherung gegen Rußland bis an das Schwarze Meer hinunter durchzuführen.

Unter diesem Gesichtswinkel hat man jahrelang in Warschau die Versuche der deutschen Politik, zu einer endgültigen Verständigung mit Frankreich zu gelangen, mit sehr gemischten Gefühlen verfolgt. Zunächst hoffte man, daß eine Annäherung zwischen Paris und Berlin von Frankreich nur unter der Bedingung zustande kommen würde, daß Deutschland endgültig sich mit den Ostgrenzen des Jahres 1919 abfand. Der Abschluß der Locarnoverträge im Herbst 1925 machte dieser Hoffnung der Warschauer Politik ein trübes Ende. Die Bemühungen Briands, ein Ost-Locarno herbeizuführen, waren vergeblich geblieben, und von diesem Augenblick an löste jeder Versuch Stresemanns, das Verhältnis zwischen Deutschland und Frankreich zu bessern, in Warschau eine neue Welle von Befürchtungen aus. Man glaubte nun, daß eine endgültige Verständigung zwischen Paris und Berlin die Preisgabe der französisch-polnischen Freundschaft bedeuten werde. Das erste Opfer dieser Furcht war der polnische Außenminister Alexander Skrzynski, der für Polen die Locarno-Verträge unterzeichnet hatte. Er mußte gehen, obgleich er vielleicht der klügste und gewandteste aller polnischen Nachkriegsdiplomaten gewesen ist.

Von diesem Augenblick an hat die Warschauer Franzosenpolitik etwas eigentümlich Verkrampftes erhalten. Man läßt keine Gelegenheit vorübergehen, die geeignet erscheint, die enge Freundschaft zu Frankreich mit möglichst großem Nachdruck zu betonen. Man tut das sogar dann, wenn wirkliche Gelegenheiten gar nicht vorhanden sind. Der Weg von Genf nach Warschau, den die polnischen Außenminister mehrmals im Jahre nach Abschluß der Tagungen des Völkerbundes zurückzulegen haben, wird niemals direkt gemacht. Herr August Zaleski wählt stets den Umweg über Paris. Er wählt diese Reiseroute auch dann, wenn brennende Probleme keineswegs zu lösen sind und obwohl er in Genf selbst reichlich Gelegenheit gehabt hat, sich mit Aristide Briand auszusprechen. Der Abstecher nach Paris dient nur dem einen Zweck, der Welt zu zeigen, daß Polen der engste und treueste Freund Frankreichs ist und stets bleiben wird.

Es ist eine offene Frage, ob diese polnische Anhänglichkeit an Paris nicht vielleicht schon heute eine gewisse Belastung für den Quay d'Orsay darstellt. Aber es dürfte weit weniger fraglich sein, daß sie eines Tages für Polen selber zu einer ungeheuren Gefahr werden kann, denn es ist klar, daß die Neugestaltung Europas, die im Osten und Südosten sich anzubahnen beginnt, in erster Linie den osteuropäischen Staaten gefährlich werden muß, deren Politik ohne jede Einschränkung und ohne jedes Augenmaß für kommende Entwicklungen nach Paris orientiert ist, nach Paris, wo der Schwerpunkt des Europa liegt, das im Jahre 1919 geschaffen wurde und das umzugestalten auch gegen den Willen Frankreichs heute allmählich begonnen wird.

Irgendwo im Unterbewußtsein spürt man diese Gefahr in Warschau. Aber man bringt nicht die geistige Spannkraft auf, um sich über ihren Umfang und über ihre tieferen Hintergründe klar zu werden. Man empfindet sie nur dumpf und man reagiert aus dieser Dumpfheit mit den ungeeignetsten Mitteln darauf. Aus dieser dunklen Furcht vor einem künftigen Schicksal erklärt sich der krampfhafte Versuch der polnischen Politik, die nationalen Minderheiten, koste es, was es wolle, zu zerschlagen und ihre Reste zu polonisieren. Man fürchtet, keine Zeit für eine großzügige weitblickende Nationalitäten-Politik zu haben, deren Ziel es sein müßte, die Minderheiten an den Staat heranzuziehen und sie zu geistigen und politischen Brücken zu ihren Muttervölkern zu machen. Auf dem Standpunkt, auf dem die polnische Politik steht, kann sie derartige Brücken gar nicht gebrauchen. Denn es gibt weder nach Osten noch nach Westen so lange einen gangbaren Weg für Polen, als dieser Staat der starrste Exponent des französischen Europa zu bleiben wünscht.

Aus dieser Furcht heraus erfährt die gesamte polnische Wirtschaft eine Gestaltung, die in gleicher Weise unnatürlich und nutzlos ist. Man baut in dem Gefühl, sich in einer belagerten Festung zu befinden, die Wirtschaft krampfhaft autarkisch aus, obwohl man wissen müßte, und schon heute aus den Mißerfolgen erkennen könnte, daß dieser Versuch zum Mißlingen verurteilt ist, und nur unendliches Geld kostet, das für andere Zwecke eine weit bessere Verwendung finden könnte.

Aus dieser Furcht heraus ist auch die Überbetonung alles Militärischen zu verstehen. Dieser Staat, der sein Dasein und darüber hinaus seine viel zu weit gesteckten Grenzen dem militärischen Zusammenbruch Rußlands, Österreichs und Deutschlands verdankt, schwört auf die Logik von Kanonen, Tanks und Flugzeugen.

Es ist heute so, daß ernsthafte polnische Politiker ganz energisch von jener Denkschrift Roman Dmowskis abrücken, in der 1918 der Anschluß der Provinz Ostpreußen an Polen gefordert wurde. Aber dieses Abrücken erfolgt nur offiziell, nur mit dem Verstande. Gefühlsmäßig beansprucht man Ostpreußen auch heute noch für Polen, ebenso wie Danzig. Nicht, weil es polnisches Land wäre, sondern weil man, befangen in den Ideengängen von 1919, der Meinung ist, daß der unsichere Besitz des sogenannten Korridors nur dann wirklich gesichert werden könnte, wenn Ostpreußen nicht mehr zum deutschen Reiche gehört. Die Versponnenheit in diese Ideen französischer Machtpolitik ist so stark, daß nirgends in Polen das Gefühl aufkommt, wie sinnlos es ist, einen unmöglichen Zustand durch die Übertrumpfung mit einer neuen Widersinnigkeit stabilisieren zu wollen.

Man kann nicht anders und man will nicht anders, weil es an den großen Ideen fehlt, die die polnische Politik und damit das ganze polnische Volk befähigen würden, positiv an der Neugestaltung Europas mitzuarbeiten.

Diese Einstellung findet ihren Ausdruck keineswegs nur in unverantwortlichen Pressestimmen oder tönenden Versammlungsreden, sondern sie ist in einer Reihe von Dokumenten und Büchern niedergelegt, die alle ein deutlicher Ausdruck des zum mindesten latenten polnischen Expansionswillens sind. Man kann demgegenüber zwar geltend machen, daß das neue Polen in territorialer Hinsicht völlig saturiert sei und angesichts der Schwierigkeiten, die es schon heute mit den starken nationalen Minderheiten in seinen Grenzen hat, nicht den Wunsch haben könne, neue Minderheiten dazuzubekommen. Aber diese Überlegung, die ohne Zweifel auch in Warschau von einsichtigen Politikern angestellt wird, ist nicht in der Lage, eine politische Taktik zu verhindern, die aus der Furcht vor einer Veränderung des Status quo kommt und in der Praxis selber auf eine Veränderung dieses Status zugunsten Polens hinausläuft.

Es existiert zum Beispiel eine aus dem Jahre 1929 stammende Denkschrift des polnischen Legationsrats Zalewski, der lange Zeit der erste Mitarbeiter des polnischen Generalkommissars für Danzig, Dr. Strasburger, war. In dieser sehr ausführlichen Denkschrift, die nicht weniger als einunddreißig Seiten umfaßt, wird bis ins einzelne gehend ein Plan für die polnische Taktik gegenüber Danzig entworfen, der darauf hinausläuft, wie es in der Denkschrift heißt, »Danzig unlöslich an Polen zu ketten«.

Diese Denkschrift, die im Februar 1929 durch ein großes deutsches Nachrichtenbüro zuerst veröffentlicht wurde, ist natürlich von amtlicher polnischer Seite dementiert worden. Minister Strasburger selber erklärte, die Denkschrift stamme weder von ihm noch von einem seiner Mitarbeiter. Der Wortlaut sei zum großen Teil aus Verlautbarungen und Artikeln maßgebender polnischer Persönlichkeiten zusammengestellt. Verschiedene Hauptgedanken entsprächen daher den Grundlinien der polnischen Politik Danzig gegenüber.

Dieses Dementi ist also nicht mehr und nicht weniger als ein glattes Zugeständnis, daß die in der Denkschrift enthaltenen Gedankengänge die Linien der polnischen Politik auf diesem Gebiet richtig wiedergeben und es ist deshalb für den Nachweis der polnischen Expansionsbestrebungen gänzlich belanglos, ob der Verfasser des Dokuments Herr Zalewski oder irgend jemand anders ist.

Ganz ungemein weitgehende territoriale Forderungen auf Kosten Deutschlands stellt ein polnischer Autor in einem Buch auf, das 1926 in Warschau erschienen ist. »Erfahrungen und Irrtümer unserer auswärtigen Politik im Hinblick auf die Aufgaben der Gegenwart«, nennt der Verfasser, der sich hinter dem Pseudonym Konsulibus verbirgt, seine Arbeit. Aus ihr geht nicht nur die positive Tendenz polnischer Expansionsbestrebungen hervor, sondern, was vielleicht im Hinblick auf die hier gekennzeichneten Beweggründe der polnischen Politik gegenüber Deutschland besonders interessant ist, auch die Furcht vor Deutschland.

So schreibt der anonyme Autor an einer Stelle:

»Deutschland hat bereits die diplomatische Offensive eröffnet und im Augenblick, wo es zum militärischen Angriff übergeht, müssen wir einen Handlungsplan, ein territoriales Programm und ein Bündnis mit Litauen haben, und damit können wir uns nicht mehr auf die Verteidigung des Versailler Vertrages beschränken. Ostpreußen muß dann sofort von zwei Seiten besetzt und unwiderruflich geteilt werden. Dieses Ungeheuer hat für immer von den Karten Europas zu verschwinden. Aber nicht nur der günstige Ausgang eines bewaffneten Konflikts kann Polen und Litauen in den Besitz Ostpreußens bringen. Es wird sich zweifellos auch die Gelegenheit bieten, es auf friedlichem Wege zu bekommen.«

Daß Herr Konsulibus neben ganz Oberschlesien auch noch die Provinz Niederschlesien verlangt, ist weniger als Ausdruck polnischen Eroberungswillens als durch seine Begründung dieser Forderung interessant. Er schreibt darüber folgendermaßen:

»Niederschlesien gehört auch geographisch nicht zu Deutschland, denn es bildet die natürliche polnisch-tschechische Brücke, auch führt der kürzeste Weg von Warschau nach Prag über Breslau. Obwohl die Rücksichtnahme auf die Sprache der Bevölkerung alle Achtung verdient, ist es doch ein Unding, dem Prinzip zuliebe ausgeprägt einheitliche Gebiete zu verunstalten.«

Man darf gegenüber diesen Zitaten nicht einwenden, daß es sich um die Äußerungen einzelner radikaler Chauvinisten handele. Die Zahl ähnlicher Äußerungen läßt sich fast beliebig vermehren und unter den Autoren befinden sich Namen wie die von Stanislaus Grabski, einem der Führer der nationaldemokratischen Partei, und von K. Kierski, dem langjährigen Präsidenten der polnischen Generalprokuratur in Posen. In seiner Schrift »Das polnische Pommerellen« sagt Kierski unter anderm: »Von vornherein müssen wir betonen, daß die im Vertrage festgelegten Grenzen keineswegs unsere nationalen und politischen Ansprüche befriedigt haben.« Der frühere polnische Generalkonsul in Königsberg, St. Srokowski schreibt in einem 1925 erschienenen Buch über Ostpreußen: »Keine Opfer können zu groß sein, um Ostpreußen auf die eine oder andere Weise zu gewinnen und es in den Kreislauf des Polentums einzubeziehen.«

Alle diese hier zitierten und unendlich viele andere Äußerungen ähnlicher Art besagen natürlich keineswegs, daß die amtliche polnische Politik Mittel und Wege sucht, um die in dieser oder anderer Form ausgesprochenen Expansionswünsche möglichst schnell zu verwirklichen. Es wäre falsch, wenn man von einer akuten Gefahr auf diesem Gebiet sprechen wollte, aber man darf bei aller Objektivität doch nicht außer acht lassen, daß Männer wie Stanislaus Grabski keineswegs allein stehen, sondern sehr beträchtliche Teile des polnischen Volkes zum mindesten gefühlsmäßig hinter sich haben.

Die offizielle polnische Politik ist weder so unvorsichtig, noch so ungewandt, um in dasselbe Horn zu stoßen. Aber sie tut wohlweislich auch nichts, um derartige heute rein stimmungsmäßige Gefühlsaufwallungen zu unterdrücken. Besonders solange der Kreis der Männer um Pilsudski die uneingeschränkte Macht in Polen hat, wird man in Deutschland keine übertriebenen Befürchtungen zu haben brauchen. Pilsudskis politische Grundeinstellung ist viel mehr gegen Osten als gegen Westen gerichtet. Der alte Kämpfer gegen russische Unterdrückung seines Volkes ist auch heute noch in allererster Linie ein Feind Rußlands, und die allmählich fortschreitende Besetzung auch aller außenpolitisch wichtigen Posten in Polen mit Männern des engsten Vertrauens des Marschalls bildet bis zu einem gewissen Grade sogar eine Sicherung für Deutschland.

Allerdings nur bis zu einem gewissen Grade. Wenn man den Fall einer irgendwie gearteten engeren Zusammenarbeit zwischen Sowjetrußland und Deutschland als möglich annimmt, so wird man von diesem Augenblick an mit der erbitterten Gegnerschaft auch des Pilsudski-Kreises zu rechnen haben.

*

Als im Sommer des Jahres 1931 die Wogen der Wirtschaftskrise so hoch gingen, daß sie den Bestand der deutschen Wirtschaft ernsthaft in Frage stellten, sagte eines Tages ein kluger jüngerer polnischer Diplomat zu einem ihm bekannten deutschen Journalisten: »Das polnische Problem scheint mir heute für Deutschland an die dritte Stelle gerückt zu sein.« Das mag in einer Zeit, in der das deutsche Volk sich verzweiflungsvoll gegen die erdrückende Last der Reparationsverpflichtungen und gegen die Wirkungen der Weltwirtschaftskrise wehren muß, durchaus zutreffend sein. Aber neben dem Tributproblem, neben der Frage der Gleichberechtigung Deutschlands mit andern Völkern, die ihren schärfsten Ausdruck in dem ganzen Komplex der Abrüstung findet, steht die Frage der Beziehungen zwischen Deutschland und Polen gleichwertig und gleichgewichtig. Es hilft nichts, wenn man den Versuch macht, das polnische Problem beiseitezuschieben. Man wird es dadurch nicht lösen und ohne eine Lösung gibt es für Deutschland keine ruhige Entwicklung, die aus den Niederungen der Gegenwart in eine bessere Zukunft führt.

Kapitelübersicht